L'AMÉRIQUE QUI TOMBE

Arianna Huffington

L'Amérique qui tombe

Comment les hommes politiques abandonnent la classe moyenne et trahissent le rêve américain

traduit de l'anglais (États-Unis)
par Odile Demange

Fayard

Cet ouvrage est la traduction intégrale,
publiée pour la première fois en France, du livre de langue anglaise :
THIRD WORLD AMERICA
Édité par Crown, New York.

ISBN : 978-2-213-66248-0

Aux millions de membres
de la classe moyenne américaine
qui se battent pour maintenir en vie
le rêve américain.

Préface

À Athènes, quand j'étais petite, je passais devant une statue du président Truman en allant à l'école. Elle me rappelait quotidiennement l'existence de cette nation splendide, à laquelle on devait, notamment, le plan Marshall.

En Grèce, tout le monde avait un parent ou, comme ma famille, un ami qui était parti aux États-Unis dans l'espoir d'y trouver une vie meilleure. C'était l'expression que tout le monde associait à l'Amérique : « une vie meilleure ». C'était un pays où l'on pouvait travailler très dur, gagner correctement sa vie et envoyer de l'argent chez soi : une vie meilleure.

J'avais seize ans quand je me suis rendue en Amérique pour la première fois. J'étais venue dans le cadre d'un programme appelé Experiment in International Living, « Découverte de la vie internationale ». J'ai passé l'été à York, en Pennsylvanie, dans quatre familles différentes. À peine rentrée à Athènes, je suis repartie pour Cambridge et Londres. Mais j'avais laissé une partie de moi-même en Amérique.

Quand j'y suis retournée en 1980, j'ai su que cette fois, c'était pour toujours. Trente ans ont passé, et je n'ai aucune envie de vivre ailleurs. Au fil de toutes ces années, une des caractéristiques de mon pays d'adoption que j'ai le plus appréciées est son optimisme. Il faut dire qu'il s'accordait bien avec mon tempérament grec : Zorba le Grec n'est pas très éloigné de l'esprit américain. « L'Amérique, a écrit le journaliste italien Luigi Barzini, est d'un optimisme alarmant, elle est compatissante et incroyablement généreuse… C'est un vent spirituel qui, dès le début[1], a poussé inexorablement les Américains de l'avant. » Le seul inconvénient de cet inébranlable optimisme est qu'il peut lui arriver de nous empêcher de prendre conscience de la réalité avant qu'il ne soit trop tard.

Ces dernières années, alors qu'il était de plus en plus flagrant que notre pays s'était engagé sur une voie dangereuse – une voie qui, j'en étais convaincue, serait catastrophique si nous ne redressions pas la barre à temps –, je me suis trouvée face à un dilemme. Je ne demandais qu'à croire que tout finirait par s'arranger, comme d'habitude. Mais la réalité obstinée ne cessait de revenir à la charge, tandis que les signaux d'alarme se multipliaient. À moi de choisir si j'étais prête à me faire traiter de Cassandre ou si je préférais avaler une double ration de l'optimisme congénital de mes deux patries, de naissance et d'adoption, et faire comme s'il ne s'agissait que d'un simple ralentisseur sur la route d'« une union plus parfaite* ». Jouer les Cassandre n'a rien d'amusant. Mais vous savez aussi bien que moi que c'est elle qui avait raison. Quant aux Troyens qui étaient restés sourds à ses avertissements, ils avaient complètement tort et ils se sont retrouvés complètement morts.

Quand je contemple notre immense nation, je vois bien, évidemment, que nous ne sommes pas encore relégués au rang des pays du tiers-monde. Mais la chute est déjà amorcée. D'où la crainte tacite de beaucoup d'Américains sans emploi, et de tous ceux qui s'inquiètent de leur avenir et de celui de leurs enfants. L'objectif de ce livre est de donner l'alerte pour nous épargner de devenir un État du tiers-monde. Winston Churchill disait : « On peut toujours compter sur l'Amérique pour faire ce qu'il faut, après avoir épuisé toutes les autres possibilités[2]. » Des possibilités, nous en avons épuisé beaucoup, et pour des millions de chômeurs, de gens sous-employés, de ménages dont les maisons ont été saisies, qui ont été déclarés en faillite ou ne peuvent plus payer les arriérés de leurs cartes de crédit, le processus a déjà été terriblement douloureux. Le moment est venu de faire ce qu'il faut.

Cet ouvrage s'achève sur une note d'optimisme. Le cinquième chapitre est intégralement consacré à toutes les *bonnes choses* qui se font dans ce pays. Parce que, en définitive, malgré toutes les preuves de cupidité, de

* « A More Perfect Union », expression qui figure dans la première phrase du préambule à la Constitution américaine, est le titre du discours prononcé par Barack Obama le 18 mars 2008 lors des primaires au sein du Parti démocrate. (Toutes les notes de bas de page sont de la traductrice.)

népotisme et de mépris pour le bien public que nous donnent nos responsables économiques aussi bien que politiques, je n'en suis pas moins réconfortée par la résilience, la créativité, les manifestations largement méconnues de compassion et d'empathie que j'observe chez tant de nos compatriotes. Nous ne pourrons remonter la pente que grâce à l'effort concerté de tous les citoyens lambda qui, d'un bout à l'autre de notre pays, décideront de se défendre, de défendre leurs familles et leurs communautés – réclamant le changement tout en l'incarnant – et préserveront ainsi les promesses du rêve américain pour les générations à venir.

1

★

Les États-Unis, pays du tiers-monde

« Les États-Unis, pays du tiers-monde ».

Voilà une formule dérangeante, une formule qui va radicalement à l'encontre de l'image que nous nous faisons de notre pays, celle de la plus grande nation du monde – en même temps que la plus riche, la plus puissante, la plus noble et la plus généreuse. Elle ne correspond pas non plus à notre expérience quotidienne du pays où nous vivons – où il y a, semble-t-il, sinon une poule dans chaque pot, du moins un écran plat sur chaque mur. Et puis, nous sommes toujours l'unique superpuissance militaire du monde, pas vrai ?

Bien. Dans ce cas, que veut dire exactement cette expression provocatrice ?

Pour moi, c'est un avertissement, la préfiguration d'un avenir possible. C'est le revers du rêve américain – un cauchemar américain dont nous sommes seuls responsables.

Je l'emploie pour résumer les menaces que nous préférerions ignorer, tirer les conclusions déplaisantes que nous voudrions bien nous cacher et exprimer une des craintes les plus profondes de notre peuple, celle d'un dérapage de notre nation. C'est un signe avant-coureur, une alarme qui résonne pour nous prévenir que, si nous ne changeons pas de cap, nous risquons, malgré notre passé et ce qui a toujours paru être notre destinée, de nous transformer en pays du tiers-monde – un endroit où n'existent que deux classes sociales : les riches… et tous les autres. Songez au Mexique ou au Brésil, où les plus fortunés vivent dans de véritables forteresses aux portes blindées, surveillées par des gardes armés de mitraillettes de crainte que leurs enfants ne se fassent enlever.

Un pays qui n'a pas su rester à la hauteur de son histoire. Un pays qui ne doit pas sa chute à un ennemi extérieur, mais à la cupidité de son élite économique et à l'indifférence de ses dirigeants élus.

Tous les indicateurs de notre tableau de bord national sont au rouge : les fondements de notre industrie s'effritent, emportant dans leur sillage le type d'emplois qui constituent la colonne vertébrale de notre économie depuis plus d'un siècle ; notre système éducatif est en pleine débâcle, empêchant la main-d'œuvre de demain d'acquérir dans de bonnes conditions les connaissances et la formation indispensables aux métiers du XXIe siècle ; notre infrastructure – routes, ponts, canalisations, transports et réseaux électriques – s'écroule.

Et la classe moyenne américaine, incarnation de notre talent d'innovation et moteur de notre réussite économique – les fondements de notre démocratie –, disparaît à une vitesse vertigineuse, entraînant avec elle un élément clé du rêve américain : la promesse qu'en travaillant dur et avec un minimum de discipline nos enfants auront une chance de mieux s'en sortir que nous, de même que nous avons eu une chance de mieux nous en sortir que la génération qui nous a précédés.

Nous nous sommes engagés sur une pente savonneuse et rien ne l'illustre mieux que l'état pitoyable de notre classe moyenne. Tant que celle-ci est prospère, l'Amérique ne court aucun risque de se transformer en pays du tiers-monde. Mais la réalité révèle une autre trajectoire. Il n'est plus exagéré d'affirmer que la classe moyenne américaine est une espèce en danger.

« Voici un long moment que la classe moyenne subit des attaques », a déclaré le président Obama au début de l'année 2010 en annonçant une série de modestes propositions destinées à soutenir « la classe qui a fait du XXe siècle le siècle américain[1] ».

Pendant la campagne électorale de 2008, Barack Obama a affirmé haut et clair qu'il « n'oublierait pas la classe moyenne ». David Plouffe, son directeur de campagne, m'a d'ailleurs tenu les propos suivants après les élections : « Nous n'avons jamais perdu de vue cette étoile polaire. Nous avons commis des erreurs en cours de route, mais nous n'avons jamais oublié que nous nous présentions parce que, pour reprendre l'expression de Barack, les rêves pour lesquels tant de générations se sont battues sont en train de s'évanouir[2]. » Ce que je peux vous dire, c'est qu'à l'heure qu'il est il faudrait un télescope sacrément puissant pour distinguer cette étoile polaire.

Selon Plouffe, Obama et son équipe ont décidé qu'il fallait qu'il se présente à la Maison-Blanche parce que « le noyau de notre élite était pourri » et que « les gens se faisaient avoir[3] ». Mais l'ampleur avec laquelle ils ont continué à se faire avoir et avec laquelle la classe moyenne a continué à subir des attaques prend une évidence scandaleuse quand on compare les mesures insignifiantes prises pour renflouer Main Street* et l'opération de sauvetage de Wall Street pour laquelle on a vraiment mis le paquet. En réalité, les ravages économiques subis par la classe moyenne sont beaucoup plus menaçants pour la stabilité à long terme de notre pays que la crise financière qui a vu des milliers de milliards de dollars du contribuable canalisés – soit directement, soit par le biais de garanties gouvernementales – en direction de Wall Street.

La classe moyenne est au bord de l'asphyxie aussi incontestablement qu'AIG l'était à l'automne 2009, mais, cette fois, le désastre ne menace pas simplement une compagnie d'assurances gigantesque (et ses équivalents bancaires), mais des dizaines de millions d'Américains travailleurs qui ont respecté les règles du jeu. La classe moyenne de notre pays suit la voie de Lehman Brothers : elle disparaît sous nos yeux. Un déclin amorcé il y a plusieurs dizaines d'années se transforme aujourd'hui en chute libre.

L'étendue de la catastrophe a été résumée succinctement – et avec force – par Elizabeth Warren, présidente de la commission de contrôle du Congrès chargée de superviser le Troubled Asset Relief Program (TARP**) : « Un Américain sur cinq est au chômage,

* Littéralement la « Grand-Rue ». Main Street est devenu le symbole de la classe moyenne et de ses intérêts, par opposition aux intérêts financiers incarnés par Wall Street.

** Programme de sauvetage des actifs à risque : nom donné aux mesures gouvernementales d'aide au secteur bancaire sinistré mises en place par le président G.W. Bush en octobre 2008.

sous-employé ou tout bonnement sans travail. Une famille sur neuf est incapable de rembourser le montant minimal de ce qu'elle doit sur ses cartes de crédit. Un crédit hypothécaire sur huit fait l'objet d'un défaut de paiement ou d'une procédure de saisie. Un Américain sur huit a recours aux coupons alimentaires*. Plus de cent vingt mille familles se déclarent en faillite tous les mois. La crise économique a emporté plus de cinq mille milliards de dollars de pensions de retraite et d'épargne[4]. »

Les administrations Bush et Obama ont renfloué les grosses banques américaines parce que l'effondrement complet du système financier est soudain devenu imaginable. Quand on observe avec objectivité la situation de la classe moyenne américaine, sa disparition ne devient pas seulement imaginable, mais inéluctable, faute de mesures énergiques.

UNE CLASSE MOYENNE ARNAQUÉE

En avril 2010, une nouvelle a fait le tour du pays, ou du moins de Wall Street et de la colline du Capitole : la Securities and Exchange Commission, la Commission américaine des opérations boursières, poursuivait Goldman Sachs pour fraude[5]. L'information était capitale en soi, car Goldman Sachs était devenu la figure emblématique de la faille entre Wall Street et Main Street. Mais, chose bien plus importante que le cas particulier de Goldman, cette affaire mettait en lumière

* Bons d'alimentation distribués aux plus démunis.

les agissements auxquels se livrait depuis une trentaine d'années l'élite financière et politique de notre pays aux dépens de la classe moyenne.

Notre peuple a cru obstinément à l'idée typiquement américaine qu'en travaillant dur et en respectant les règles du jeu on pouvait s'assurer un minimum de prospérité et de stabilité, tandis qu'au même moment Wall Street présidait à un transfert massif de richesses de la classe moyenne au profit des Américains les plus fortunés. Les Américains ordinaires, ceux qui travaillent, ont été considérés comme la partie adverse d'un jeu à somme nulle : en jargon de Wall Street, le *dumb money*, l'« argent idiot », celui des petits investisseurs qui vient nourrir les gros spéculateurs.

Les résultats ont été désastreux : une classe moyenne en voie de disparition, une chute brutale des possibilités d'ascension économique et sociale et, pour finir, l'effritement des fondements mêmes de notre démocratie.

Le coût humain de l'arnaque subie par la classe moyenne est comptabilisé quotidiennement sur des sites comme Recessionwire.com, LayoffSupportNetwork.com et HowIGotLaidOff.com, où les victimes de l'escroquerie généralisée de Wall Street peuvent raconter ce qui leur est arrivé. Un récit m'a particulièrement frappée par son caractère exemplaire, parfaite illustration de la dégringolade de la classe moyenne américaine. On dirait un remake noir du rêve américain. Imaginez Horatio Alger réécrit par O. Henry – ou Rod Serling*.

* Allusion à l'écrivain politique Horatio Alger (1834-1899) qui édifiait ses lecteurs avec des histoires de jeunes gens des rues se hissant à

C'est l'histoire de Dean Blackburn, d'Alameda, en Californie. La première partie de sa vie a suivi le scénario de la *success story* classique à l'américaine. Élevé dans le Minnesota par une mère célibataire enseignante, il était « membre d'office » de la classe moyenne. Grâce à son intelligence et à son travail, il a été admis à Yale, puis, pendant dix-sept ans, a gravi régulièrement les échelons, acquérant des compétences en matière de gestion de projets et d'analyse, avant de devenir directeur d'un service informatique.

Et voilà qu'à trente-cinq ans il a été licencié, le dernier jour du mois de février 2009. Son patron avait choisi cette date pour épargner à son entreprise de devoir payer son assurance-maladie un mois de plus. « Quand j'y pense, m'a-t-il dit, ça m'a fait encore plus mal que mon licenciement proprement dit – le fait que le président de ma société puisse être si calculateur, si indifférent à mon bien-être et à celui de ma famille. » La date de son licenciement, a poursuivi Blackburn, « plaçait sous un curieux éclairage toutes ces "journées familiales" et tous ces pique-niques d'entreprise ».

Quatorze mois plus tard, Blackburn était toujours à la recherche d'un emploi. Sa femme, qui avait pris une année de congé à la naissance de leur fille, Robin, avait hâte de retrouver un poste à plein temps. Le problème

---

force de travail et de vertu dans les classes aisées. O. Henry (1862-1910), qui commence sa carrière d'écrivain après trois ans de prison pour détournement de fonds dans la banque où il travaillait, est l'un des maîtres de la nouvelle américaine au début du XXe siècle. Rod Serling (1924-1975) est l'un des grands scénaristes des années 1950, auteur notamment de *La Quatrième Dimension* et de *La Planète des singes*.

était double : ils devaient à la fois trouver une école maternelle abordable pour leur petite de deux ans et les emplois qui financeraient sa scolarité. En attendant, ils ont essayé de ne pas s'enfoncer dans la déprime en continuant à vivre comme avant, « mais on regarde tout le temps les prix, et on ne sait pas ce qui se passera quand nos économies auront fondu, m'a confié Blackburn. Je dis bien "quand", et non pas "si" ».

En essayant de faire face aux difficultés financières immédiates dues à sa période de chômage prolongée, Blackburn a pris conscience d'une manière aiguë des conséquences plus générales de l'arnaque dont est victime la classe moyenne. « En dernière analyse, explique-t-il, il ne s'agit pas d'un recul des bénéfices des sociétés, mais d'un changement d'attitude des entreprises – un changement qui fait que plus personne n'a d'emploi stable et n'en aura plus jamais. »

C'est une des raisons pour lesquelles il a décidé de monter sa propre boîte, NaviDate, un système piloté par données sur les sites de rencontres en ligne : « Il ne s'agit plus de trouver un compromis entre ce qu'on a envie de faire et la stabilité. La stabilité a disparu depuis belle lurette, alors autant faire quelque chose qu'on aime ! »

Jouir de la stabilité propre à la classe moyenne a toujours été une composante majeure du rêve américain mais, comme le remarque Blackburn, désormais, la mobilité se fait de plus en plus à sens unique : « Les paliers, qui peuvent être un bon endroit pour s'arrêter un moment et souffler, ont disparu. Maintenant, il faut grimper, grimper, grimper, sinon c'est la dégringolade immédiate. » Résultat : « On risque fort de se retrouver en bas, à moins d'avoir une sacrée chance. »

La chance. Voilà sur quoi repose désormais le rêve américain. Autrefois, c'était l'éducation, le travail et la persévérance, mais aujourd'hui le système est tellement truqué que la vie de la classe moyenne dépend du gros lot d'un jeu de hasard. La révélation de la corruption qui a provoqué la crise financière a placé l'idée même de classe moyenne et de rêve américain « sous un curieux éclairage », comme dit Blackburn.

Beaucoup de ceux qui sont au sommet de la « chaîne alimentaire » économique ont été très forts pour plumer la classe moyenne. Pourtant, les perdants de ces paris n'ont pas été les investisseurs de Goldman Sachs, mais les millions d'Américains travailleurs dont l'unique crime a été d'être assez optimistes pour croire au rêve américain, avant de découvrir que celui-ci a été remplacé par une arnaque sophistiquée.

En novembre 2008, alors que les premières répliques du séisme économique se faisaient sentir, David Brooks, journaliste au *New York Times*, prédisait le développement d'une nouvelle classe sociale, « la classe anciennement moyenne », constituée de ceux qui venaient d'accéder à la classe moyenne à la fin de la période de prospérité et sont retombés dès le début de la récession. « Pour eux, écrivait-il, le fossé entre le point où ils se trouvent et celui où ils se trouvaient ne peut que paraître immense et décourageant[6]. » Mais, au moment même où Brooks écrivait ces lignes, les rangs de la classe anciennement moyenne avaient grossi pour englober bien d'autres gens que ceux qui l'avaient rejointe à l'extrême fin de la croissance. Et, pour des millions d'Américains, ce fossé « immense et décourageant » prend de surcroît une allure définitive.

Les preuves de l'arnaque régulière subie par la classe moyenne sont tellement écrasantes – et les résultats tellement néfastes potentiellement pour notre société – que certains bastions de la pensée de l'*establishment* sont eux-mêmes en état d'alerte. Dans un article de stratégie de 2010, le Hamilton Project – le groupe de réflexion économique fondé en 2006 par l'ancien secrétaire au Trésor Robert Rubin (un grand bénéficiaire de l'escroquerie dont a été victime la classe moyenne) – reconnaissait que « la tradition américaine d'accroissement des chances d'une génération à l'autre est en péril parce que nous ne faisons pas les investissements nécessaires en capital humain, matériel et environnemental[7] ».

La situation est bien pire encore, je ne vous le cache pas. Non contents de ne pas procéder aux investissements indispensables pour l'avenir, nous réduisons notre investissement actuel dans les ressources humaines, à grand renfort de coupes budgétaires dans les domaines de l'éducation, de la santé publique et des services sociaux, dans un État après l'autre, d'un bout à l'autre de l'Amérique.

Quarante-cinq États au moins ont adopté des réductions budgétaires qui portent préjudice aux familles et réduisent les services vitaux assurés aux membres les plus vulnérables de leur population. Les personnes touchées par ces mesures comprennent les enfants, les seniors, les handicapés, les malades, les SDF et les malades mentaux, ainsi que les étudiants et les enseignants[8].

Selon un rapport du Center on Budget and Policy Priorities*, vingt-neuf États au moins ont réduit leurs programmes de santé publique, vingt-quatre les programmes à destination des personnes âgées et des handicapés, vingt-neuf l'aide à l'enseignement primaire et secondaire, et trente-neuf les subventions accordées aux universités et aux établissements publics d'enseignement supérieur[9].

Pour l'année fiscale 2010, les États américains ont dû faire face à un déficit budgétaire cumulé de 166 milliards de dollars[10]. On estime que le total des déficits pour l'exercice budgétaire 2011 atteindra 380 milliards de dollars – et il risque d'être plus élevé en fonction de l'évolution du chômage.

Ce sont des chiffres impressionnants. Mais si vous vous rappelez que nous avons dépensé 182 milliards de dollars pour renflouer AIG[11] (dont 12,9 milliards sont allés directement à Goldman Sachs[12]), vous constaterez que cette somme aurait largement suffi à elle seule à boucher le trou du budget 2010 de tous les États de l'Union. En y ajoutant les 45 milliards que nous avons donnés à Bank of America[13], qui a renoué avec les bénéfices, et les 45 milliards que nous avons versés à Citigroup[14], qui en a fait autant, nous aurions pu éviter toute diminution des services vitaux assurés par les États durant l'année 2011.

En réalité, cet argent est allé aux banques, sans qu'on engage la moindre réforme en profondeur du système et sans qu'on leur impose le moindre décret

---

* Groupe de réflexion sur les priorités budgétaires et politiques des familles modestes.

ni la moindre contrainte sur les montants qu'elles auraient dû s'engager à prêter pour contribuer au redressement économique effectif – en fait, sans même qu'on les oblige à nous dire ce qu'elles ont fait de notre argent.

Le couperet budgétaire s'abat d'un bout à l'autre du pays. Certains détails font prendre la mesure des conséquences désastreuses de cette réalité :

> La Californie est en train de supprimer CalWORKS, un programme d'aide financière destiné aux familles dans le besoin, une mesure qui touchera 1,4 million de personnes, dont les deux tiers d'enfants[15]. Ce plan prévoit également une réduction des subventions de l'État au profit de l'aide à l'enfance, qui affectera 142 000 enfants.
>
> Le Minnesota a supprimé un programme assurant l'accès aux services médicaux à 21 500 salariés adultes sans enfants[16].
>
> Rhode Island a réduit l'assurance-maladie de mille familles à revenus modestes.
>
> Le Maine a diminué les bourses d'enseignement et le financement d'abris pour les SDF.
>
> L'Utah a abaissé les remboursements de Medicaid* pour tout ce qui relève de la kinésithérapie, de l'ergothérapie, de l'orthophonie et de l'aide aux malentendants.

* Programme d'assurance-maladie destiné aux plus démunis et financé conjointement par le gouvernement fédéral et par les différents États.

Le Michigan, le Nevada, la Californie et l'Utah ont supprimé la couverture des soins dentaires et ophtalmologiques pour les bénéficiaires de Medicaid.

L'Alabama a supprimé des services permettant le maintien à domicile de onze cents personnes âgées et leur épargnant d'être envoyées dans des établissements de soins.

La Géorgie a réduit de 112 millions de dollars une initiative destinée à réduire l'écart de financement entre districts scolaires riches et pauvres.

L'Arizona a diminué les allocations en espèces dont bénéficiaient 38 500 familles modestes.

La Virginie a abaissé le montant des sommes versées aux personnes souffrant d'arriération mentale, de troubles mentaux et de toxicomanie.

L'Illinois a rogné le financement des programmes de protection de l'enfance et d'aide à la jeunesse.

Le Connecticut a réduit des programmes de prévention de la maltraitance infantile et d'aide juridique aux enfants placés en famille d'accueil.

Le Massachusetts a procédé à des coupes claires dans Head Start*, dans les programmes d'école maternelle pour tous et dans les services de préscolarisation des enfants à problèmes.

Rappelez-vous que toutes ces mesures d'économie surviennent à un moment où de plus en plus de gens

* Programme d'aide à l'enfance démunie.

ont besoin de ces services. C'est une véritable avalanche de coups durs pour la classe moyenne.

Pourtant, le débat national reste largement indifférent aux conséquences humaines de la crise financière. Je songe essentiellement à ceux qui occupaient des emplois stables ; aux gens diplômés, qui payaient leurs factures, mettaient de l'argent de côté pour leur retraite, faisaient les choses correctement – et qui ont, dans bien des cas, tout perdu. Les épreuves qu'ils endurent quotidiennement n'épargnent aucune région du pays.

Dans ces conditions, pourquoi ne relève-t-on aucun sentiment d'urgence à Washington ?

La raison se trouve peut-être dans les résultats stupéfiants d'une enquête menée par le Center for Labor Market Studies* de la Northeastern University, qui a ventilé le taux de chômage en fonction des revenus. Au dernier trimestre de 2009, on ne comptait que 3 % de personnes sans emploi dans la tranche de revenus égaux ou supérieurs à 150 000 dollars par an. Le taux de chômage de ceux qui se situaient dans la tranche moyenne de revenus était de 9 % – un taux assez proche de la moyenne nationale. Quant au taux de chômage des 10 % de la population composant la tranche inférieure des revenus, il atteignait le chiffre atterrant de 31 %[17].

Ces données, selon Robert Frank, du *Wall Street Journal*, « conduisent à s'interroger sur la théorie qui sous-tend ce qu'on appelle familièrement l'"économie

* Centre d'études sur le marché du travail.

de ruissellement", car le plein emploi au sommet ne semble pas se traduire par un nombre accru d'emplois au bas de l'échelle[18] ».

En fait, ces données ne conduisent pas seulement à s'interroger, elles apportent également des réponses.

Qui pourrait croire que le sentiment d'urgence de Washington ne serait pas tout autre si le taux de chômage des 10 % de la population composant la tranche supérieure des revenus était de 31 % ? Si le tiers des producteurs de télévision, des experts, des banquiers et des lobbyistes étaient au chômage, les mesures proposées par la Maison-Blanche et par le Congrès seraient-elles si pitoyables ? Bien sûr que non. Le sentiment d'urgence nationale serait tel que vous entendriez hurler les sirènes des alertes antiaériennes.

Or nous nous contentons d'emplâtres sur une jambe de bois – d'initiatives timorées qui n'ont guère de chances de remédier à une crise qui menace de transformer la structure même de notre société. Pendant une grande partie de notre histoire, l'Amérique a été célèbre pour ses promesses d'ascension sociale. Ces promesses ont été remises en cause au cours des trente dernières années, et une période prolongée de chômage élevé pourrait en sonner le glas.

« Des taux de chômage de ce genre poussent vers l'indigence des familles à revenus modestes qui ont déjà du mal à s'en sortir, a écrit Bob Herbert du *New York Times*. Des écarts de situations si épouvantables entre les groupes qui occupent le sommet et le bas de l'échelle économique sont les signes indubitables d'une instabilité sociétale imminente. C'est une situation dangereuse[19]. »

L'absence de sentiment d'urgence que nous constatons à Washington – et l'absence d'intérêt pour la réalité humaine – ne peut manquer de surprendre dans la mesure où les conséquences de la faillite de notre système financier se manifestent un peu partout. Mettre un peu de chair sur les statistiques froides et arides, c'est braquer les projecteurs sur des êtres humains dont la vie a été happée par le dérèglement de notre système financier.

Ron Bednar et Mary McCurnin, de Rancho Cordova, en Californie, forment un couple heureux. S'ils ont divorcé l'année dernière, ce n'est pas à cause de problèmes conjugaux, mais parce qu'ils n'ont pas trouvé d'autre moyen de joindre les deux bouts. Touchés par le chômage et par une faillite due à des problèmes de santé prolongés, ils se sont retrouvés un beau matin avec 300 dollars en tout et pour tout sur leur compte en banque. Divorcer a permis à Mary McCurnin, dont le premier mari est décédé en 1989, de toucher l'allocation veuvage de la Sécurité sociale. « Nous vivons littéralement au jour le jour », reconnaît-elle.

Kimberly Rios, de North East, dans le Maryland, a vendu son alliance sur Craigslist, un site de petites annonces en ligne, pour pouvoir payer ses factures d'eau, de gaz et d'électricité. « Ce n'est pas une blague, je cherche un acheteur sérieux, expliquait le texte de son annonce. Il fait trop froid pour que nous nous passions d'électricité et de chauffage, alors si vous lisez ce message, réfléchissez à mon offre. » Après avoir vendu sa bague, elle s'est enfermée dans sa salle de bains sous prétexte de prendre une douche, pour pouvoir pleurer tout son saoul sans inquiéter sa famille. « J'avais l'impression que c'était le dernier élément du peu qui me restait, dit-elle. Je suis ressortie souriante comme toujours, et j'ai essayé de me montrer assez enthousiaste pour convaincre mon mari et ma fille que c'était une excellente chose. »

Faye Harris a perdu son emploi de comptable à l'hôpital universitaire Emory d'Atlanta l'année dernière. Atteinte d'un cancer, elle se battait courageusement contre la maladie. Mais dès l'expiration de son congé garanti par le *Family and Medical Leave Act**, elle a reçu une lettre de licenciement et son assurance-maladie a été annulée. « Suis-je censée me coucher et attendre la mort ? Je n'ai donc plus aucune valeur ? s'est-elle demandé. J'ai travaillé toute ma vie. J'ai fait des études, j'ai élevé quatre enfants, j'ai respecté les règles du jeu, j'ai fait des économies, et cette unique maladie m'a complètement liquidée. »

Ricky Macoy, de Quinlan, Texas, est un électricien de cinquante-deux ans qui a connu une longue période de chômage. Il a du mal à retrouver du travail depuis la fin de 2008 et a commencé à mettre en gage ses possessions, outillage compris, et à faire les vide-greniers pour gagner de quoi nourrir sa famille. « Le plus douloureux a été de devoir brader la PlayStation 3 de mon fils, sa Wii et sa guitare électrique, raconte Macoy. Nous vivions bien. L'Amérique moyenne, quoi. Je suis habitué au bâtiment, à l'alternance entre périodes de prospérité et périodes de récession… [mais] je ne m'attendais pas à rester si longtemps sans boulot. »

* Loi de 1993 qui donne droit à un congé de douze semaines pour raisons familiales et médicales.

Heather Tanner, de Pacifica, en Californie, a réussi ses études de droit en prenant des cours du soir après son travail – rêvant de pouvoir faire quitter un jour leur appartement à sa famille et acheter une maison. En août, elle a été licenciée par le cabinet d'avocats où elle gagnait 100 000 dollars par an – et s'est mise en quête d'un nouvel emploi. « J'ai postulé chez Target, chez Macy's*, comme animatrice de camps de vacances, dit-elle. J'ai accumulé les entretiens d'embauche, mais, chaque fois que je me présente pour un poste extérieur au secteur juridique, on me demande : “Pourquoi avez-vous besoin de ce genre d'emploi ?” C'est que j'ai une famille à nourrir, moi. » Son mari et elle se sont fait rembourser leur plan d'épargne-retraite et ont utilisé leurs économies pour payer les factures. « Les enfants ne comprennent pas », remarque-t-elle, et elle ajoute que le plus pénible a été d'être obligée de les décevoir, en renonçant par exemple à les inviter à Disneyland pour leur anniversaire parce que leur budget ne leur permettait plus ce genre de sorties. « J'aimerais tant réaliser leurs rêves, mais, pour le moment, il faut qu'on essaie de s'en sortir. C'est la seule chose qui compte. »

Il y a, malheureusement, des millions de récits comme ceux-ci. D'histoires qu'il faut absolument raconter. D'histoires qui, si on les raconte assez souvent, replaceront l'élément humain au premier plan du débat et frapperont l'imagination du public.

Dans le dernier chapitre de *Dispatches*, Michael Herr évoque l'impuissance du journalisme conventionnel à « révéler » la guerre du Vietnam : « La presse disposait

* Deux grands magasins.

de tous les faits (plus ou moins) [...]. Mais elle n'a jamais trouvé le moyen de parler clairement de la mort, alors que, de toute évidence, il ne s'agissait pas d'autre chose[20]. » Et dans *The Birth of « The New Journalism » : Eyewitness Report* (« La naissance du "nouveau journalisme" : témoignage »), Tom Wolfe aborde l'incapacité du journalisme conventionnel à rendre la turbulence des années 1960 : « Vous ne pouvez pas imaginer à quel point la litote était populaire tant chez les journalistes que chez les gens de lettres... Le problème est qu'au début des années 1960 la litote s'était transformée en un voile opaque[21]. » Eh bien, nous en sommes revenus au même point : nous sommes incapables de rendre la turbulence de notre temps par des discours susceptibles d'aider le grand public, et d'obliger nos dirigeants à s'associer à la douleur et à la souffrance qui devraient stimuler les efforts pour redresser la barre tant qu'il est encore temps.

LES SOUFFRANCES DE LA CLASSE MOYENNE REJOIGNENT LA TÉLÉ-RÉALITÉ

Avant de devenir Premier Ministre britannique, Benjamin Disraeli avait cherché à attirer l'attention de ses compatriotes sur la situation effroyable de la classe ouvrière. En 1845, il avait donc écrit un roman, *Sybil*, évoquant le risque de voir l'Angleterre se disloquer en « deux nations entre lesquelles il n'existe aucune solidarité [...] comme s'il s'agissait d'habitants de planètes différentes[22] ». Ce livre avait fait sensation, et le scandale qu'il avait provoqué avait permis l'adoption de réformes sociales fondamentales.

Au XIXe siècle, un des meilleurs moyens de faire toucher du doigt à un vaste public le désespoir muet de la classe ouvrière était d'écrire un roman réaliste. En 2010, c'est la télé-réalité.

Je sais bien que ce qu'on nous présente sous ce nom est, en fait, à cent lieues de la réalité. Les exploits de Snooki, du gentleman célibataire et de toutes ces « véritables » *Housewives* ne reflètent guère la vie que connaît et mène la majorité des Américains.

L'Amérique réelle souffre ; elle ne prend pas l'avion pour une destination exotique où elle se fera des câlins dans une « suite de rêve ». Mais les statistiques dont on nous abreuve régulièrement (et je vous en présenterai tout à l'heure quelques-unes qui parlent d'elles-mêmes) ont beau donner à réfléchir, les épreuves et les souffrances que vivent des dizaines de millions d'Américains sont presque entièrement absentes de notre culture populaire. C'est regrettable, parce que le drame et le récit permettent de faire évoluer les idées avec une efficacité qui n'est en aucun cas à la portée des chiffres bruts.

Mais voici *Undercover Boss* (« Les patrons au boulot »), l'émission de télé-réalité de CBS dans laquelle des P-DG se déguisent pour aller passer quelques jours dans la peau d'un ouvrier lambda de leur entreprise. C'est le genre de divertissement populaire qui commence comme une émission de télévision amusante, fondée sur une idée toute simple, mais qui aboutit à autre chose, jetant un éclairage singulier sur l'esprit du temps et révélant clairement à quel point les chefs d'entreprise américains sont déconnectés de la réalité. Leur ignorance ne touche pas seulement le travail de leurs ouvriers, mais la vie qu'ils mènent.

Depuis la diffusion de *Roseanne**, les histoires de membres de la classe ouvrière américaine avaient presque disparu de nos écrans ; aujourd'hui, chaque semaine, des millions de téléspectateurs peuvent voir les conséquences que les réductions d'effectifs et les exigences de hausse constante de la productivité imposées par Wall Street ont eues sur l'existence d'un grand nombre d'Américains, avant même le début de la crise économique.

Aux États-Unis, le gouffre entre les nantis et les démunis a atteint les proportions du Grand Canyon. Il y a quarante ans, les cadres dirigeants des entreprises du S&P 500** gagnaient en moyenne trente fois plus que les employés ; aujourd'hui, ils touchent trois cents fois leur salaire[23]. Voilà le genre de statistiques auxquelles une émission comme *Les Patrons au boulot* peut apporter une touche humaine. En voici quelques autres :

> Entre 2007 et 2008, plus de 800 000 ménages américains supplémentaires ont été contraints d'essayer de vivre avec

* Série télévisée très populaire diffusée entre 1988 et 1997, mettant en scène une famille ouvrière qui essaie de joindre les deux bouts. C'était une des premières séries à avoir pour personnages une famille où les deux parents exerçaient un emploi.

** Standard and Poor's est l'une des trois grandes agences de notation financière. Le S&P 500 est un indice regroupant cinq cents sociétés américaines cotées en Bourse. Il est devenu la référence pour Wall Street, devant le Dow Jones.

moins de 25 000 dollars par an, portant leur nombre total à près de 29 millions[24].

En 2005, les 20 % de ménages les plus pauvres disposaient d'un revenu moyen de 10 655 dollars, contre 159 583 dollars pour les 20 % les plus riches – un écart de 1 500 %, le plus important jamais enregistré[25].

En 2007, les 10 % les plus riches de la population empochaient près de la moitié de l'argent gagné en Amérique – le plus haut pourcentage enregistré depuis 1917 (1928, apogée de la bulle boursière des « années folles », comprise, a noté le rédacteur de *Business Insider*, Henry Blodget[26]).

Entre 2000 et 2008, le taux de pauvreté dans les banlieues des plus grandes métropoles des États-Unis a augmenté de 25 %, les transformant en lieu de regroupement de la fraction de pauvres la plus importante et la plus rapidement croissante de notre pays[27].

Pour aggraver encore la situation, alors que la fracture sociale ne cesse de se creuser, avec une classe moyenne en grand danger de disparaître intégralement, la mobilité entre les classes a diminué. Le rêve américain se définit par la promesse d'ascension économique et sociale, mais la Réalité américaine prouve à quel point ce rêve est devenu inaccessible. En fait, les possibilités d'ascension sociale sont supérieures aux nôtres au Canada, en Allemagne, au Danemark, en Finlande, en Suède et même en France, un pays pourtant si souvent décrié.

Voici quelques chiffres :

Près de 100 millions d'Américains vivent dans des familles dont le revenu réel est inférieur à celui de leurs parents au même âge[28*].

Le pourcentage d'Américains nés de parents situés dans la tranche des 20 % de revenus les plus faibles qui accéderont à la tranche des 20 % les plus élevés à l'âge adulte n'est que de 7 %[29].

Si vous avez des parents riches et que vous n'avez pas fait d'études supérieures, vous avez plus de chances d'être riche que si vous avez fait des études supérieures mais que vous êtes né dans une famille pauvre[30].

En d'autres termes, alors que la classe moyenne est pressurée et que de plus en plus de gens sont entraînés vers le bas, grimper devient plus difficile que jamais. Dans une étude sur la mobilité économique, Isabel Sawhill de la Brookings Institution et John E. Morton des Pew Charitable Trusts écrivaient : « La promesse inhérente de l'Amérique est compromise si le statut économique est – ou est considéré comme – une simple question de hasard, certains ayant la chance de vivre à une période bénie et d'autres la malchance de vivre dans une période maudite. Ce n'est pas l'Amérique dont nos traditions annonçaient l'avènement, ni celle dont des millions de nos prédécesseurs ont fait l'expérience concrète[31]. »

Pourtant, c'est indéniablement la réalité que nous vivons aujourd'hui et, en partie du moins, celle que

* Rappelons que les États-Unis comptent 308 millions d'habitants.

l'on peut voir dans *Les Patrons au boulot*. Je ne vais pas jusqu'à suggérer que cette émission puisse fomenter la révolte de la classe ouvrière ou provoquer directement l'adoption d'une vague de réformes sociales. Mais elle devrait susciter le débat dont notre nation a grand besoin, surtout à Washington.

Si nos représentants élus se déguisaient pendant quelques jours et découvraient comment vivent des millions de familles américaines dont la situation s'est considérablement aggravée à cause des actions et des inactions de Washington, peut-être obtiendrions-nous quelques vrais changements.

LES EMPLOIS DE LA CLASSE MOYENNE ET « UN IMMENSE BRUIT D'ASPIRATION* »

Depuis le début de la récession à la fin de 2007, les États-Unis ont perdu plus de 8,4 millions d'emplois[32], dont plus de 2 millions d'emplois manufacturiers, ceux-là mêmes qui ont traditionnellement permis l'accession des familles américaines à la classe moyenne – et les y ont maintenues[33]. Pour la seule année 2009, 1,2 million d'emplois manufacturiers ont été détruits[34]. Et bien que les chiffres de l'emploi jouent au Yo-Yo, la

* « A giant sucking sound » : expression utilisée par Ross Perot, candidat à l'élection présidentielle américaine en 1992, pour dénoncer les effets délétères de l'Accord de libre-échange nord-américain (Alena) ; il prédisait que son entrée en vigueur (en 1994) aboutirait à faire « aspirer » par le Mexique plusieurs millions d'emplois américains.

perte de ces métiers ouvriers se poursuit depuis des décennies.

En 1950, les activités manufacturières représentaient plus de 30 % des emplois non agricoles[35]. L'année dernière, elles ne dépassaient plus 10 %. De fait, le tiers de l'ensemble de nos emplois manufacturiers a disparu depuis l'an 2000[36]. Cette désastreuse tendance à la baisse a largement contribué à l'érosion de la classe moyenne.

Ces dernières décennies ont été marquées par plusieurs récessions, et notre économie a toujours rebondi. Cependant, à chaque reprise, ceux qui appartenaient à la classe moyenne ont eu plus de mal à y rester, et ceux qui aspiraient à en faire partie encore plus de difficulté à y accéder.

Le remplacement du secteur utile de notre économie par son secteur inutile est rarement évoqué à Washington, mais les chiffres ne trompent pas : la part de notre économie consacrée à fabriquer des choses de valeur diminue, alors que la part consacrée à donner de la valeur à des choses artificielles se développe (les produits dérivés sur risque de crédit, vous connaissez ?). C'est ce qu'on appelle la financiarisation de l'économie.

Selon Thomas Philippon, professeur à la Stern School of Business de l'université de New York, l'industrie financière représentait en 1947 2,5 % du PIB américain. En 1970, elle atteignait 4 %. En 2006, juste avant l'effondrement, elle en était à 8,3 %[37].

La tendance est encore plus forte quand on se penche sur la part du secteur financier dans les bénéfices commerciaux. Comme l'a rapporté l'année dernière dans l'*Atlantic* Simon Johnson, professeur au MIT, entre 1973 et 1985 la part de l'industrie financière dans les bénéfices des entreprises nationales plafonnait à 16 %. Dans les années 1990, elle se situait entre 21 et 30 %. Juste avant la crise financière, elle atteignait 41 %[38].

Vous avez bien lu : plus de 40 % des bénéfices de l'ensemble des entreprises américaines revenaient à l'industrie financière[39]. James Kwak, coauteur de The Baseline Scenario, un blog très consulté sur l'économie et la politique publique, explique pourquoi cela pose un problème : « Rappelez-vous que les services financiers constituent un produit intermédiaire, autrement dit, nous ne les mangeons pas, nous n'y habitons pas, nous ne les enfilons pas tous les matins. Ils sont censés permettre une répartition plus efficace du capital pour augmenter la productivité de l'économie non financière. Or, ce que nous observons depuis les années 1980, c'est le décrochage du secteur financier par rapport au reste de l'économie[40]. »

Autrement dit, le secteur financier est censé être au service de notre économie, il ne doit pas *devenir* notre économie.

L'expansion de l'industrie financière s'est faite à un prix non négligeable pour nous. Ceux qui l'ont payée le plus cher sont les membres de la classe moyenne américaine – et ses anciens membres. Selon Paul Krugman du *New York Times*, « une masse croissante d'analyses suggère qu'une industrie financière surdimensionnée est préjudiciable à l'économie en général. La réduction de cette industrie surdimensionnée ne ferait pas plaisir à Wall Street, mais ce qui est mauvais pour Wall Street serait bon pour l'Amérique[41]. »

D'où le profond soupir de soulagement qu'a poussé Wall Street quand le Sénat a adopté le *Restoring American Financial Stability Act** en mai 2010. On a considéré que, s'agissant de réforme financière, c'était mission accomplie. Malheureusement, cela ressemblait plus à la « mission accomplie » de George W. Bush** qu'à celle d'*Apollo 13*. En effet, à l'image de la cérémonie de Bush sur le pont du porte-avions, la loi adoptée par le Sénat était particulièrement remarquable par ce qu'elle avait laissé inaccompli.

Pour commencer, elle n'en a pas fait suffisamment pour serrer la bride à Wall Street. Elle n'a pas mis fin aux banques dites « *too big to fail* » – trop grosses pour faire faillite, c'est-à-dire pour que l'État les laisse faire faillite –, elle n'a pas recréé, dans l'esprit du *Glass-Steagall Act****, de cloison étanche entre banques de dépôt et banques d'affaires, elle n'a pas mis les contribuables à l'abri de tout nouveau renflouage bancaire et a laissé de dangereuses échappatoires dans la régulation des produits dérivés. À Washington, rédiger une loi sans possibilité d'y échapper serait comme faire du pain sans levain. Elles sont invisibles, mais c'est le ferment des textes législatifs de Washington.

---

* Loi sur le rétablissement de la stabilité financière de l'Amérique.

** Allusion à un discours prononcé par G.W. Bush le 1er mai 2003 sur un porte-avions, annonçant la réussite de l'opération américaine en Irak, devant une immense banderole portant les mots « *Mission Accomplished* ».

*** Nom donné au *Banking Act* de 1933 imposant une séparation complète entre banques de dépôt et banques d'investissement, abrogé en 1992.

Malgré son nom, cette loi ne rétablira pas la stabilité financière de dizaines de millions d'Américains travailleurs dont la vie a été mise sens dessus dessous par la crise économique.

Sur presque tous les fronts de l'économie réelle – des emplois aux dépenses des ménages et au problème des saisies immobilières –, nous n'avons enregistré presque aucun progrès. Alors que Washington et les médias ne songeaient qu'au débat titanesque sur ce projet de réforme, les souffrances concrètes d'êtres humains concrets au sein de l'économie concrète sont demeurées un sujet tabou, à en juger en tout cas par la rareté avec laquelle elles ont fait la une des journaux ou l'ouverture des bulletins d'information.

Pourtant, les données nous assaillent de toutes parts. Dans un discours, Sandra Pianalto, présidente de la Cleveland Fed*, a examiné l'environnement économique et n'a distingué qu'une foule de difficultés, graves et durables, dont certaines dues à la perte de compétences considérable que subissent les chômeurs de longue durée. « La recherche [...] nous apprend que les travailleurs perdent des compétences précieuses au cours de longues périodes de chômage et que certains emplois disparaissent tout bonnement, a-t-elle

* La réserve fédérale régionale de Cleveland est l'une des douze banques de réserves fédérales régionales constituant la Réserve fédérale, qui joue le rôle de banque centrale aux États-Unis depuis 1910 et a un statut mi-public, mi-privé. Ce sont les principales banques privées commerciales qui adhèrent au système de la Fed qui sont actionnaires des réserves fédérales régionales ; leur direction est composée de banquiers élus et d'autres nommés par le *board* de la Réserve fédérale.

expliqué. Multipliez cet effet plusieurs millions de fois et il aura la capacité d'étouffer la productivité économique générale pendant des années[42]. »

Sa conclusion : « Pour bien des gens aujourd'hui, le rêve américain se résume à la "sécurité financière"[43]. » Autrement dit, l'idée centrale du rêve américain – travailler dur et gravir l'échelle sociale et économique – a été vidée de sa substance même. De nos jours, le rêve américain se limite à essayer de ne pas tomber, ou à tout faire pour ralentir la chute.

N'espérez pas avoir suffisamment d'argent en banque pour donner à vos enfants le coup de pouce qui leur permettra de s'en sortir mieux que vous. Vous aurez déjà assez de mal à conserver votre emploi jusqu'à votre retraite – en admettant que vous en ayez une. Lors d'un forum pour l'emploi destiné aux travailleurs âgés organisé à Washington en mai 2010 sous le slogan « Savoir se vendre à cinquante ans et plus », plus de trois mille demandeurs d'emploi se sont présentés pour y participer[44]. Rien d'étonnant si l'on songe qu'à cette date la durée moyenne de chômage des personnes sans emploi de plus de cinquante-cinq ans était d'environ quarante-trois semaines. (Un petit conseil à l'adresse des hommes politiques en mal de renommée : vous voulez attirer du monde à vos meetings électoraux ? Baptisez-les « Forum pour l'emploi », les gens s'y bousculeront.)

Leurs enfants et petits-enfants fraîchement diplômés ne s'en sortent pas mieux. Selon *BusinessWeek*, le taux de chômage des 1,6 million de jeunes qui se présentent sur le marché de l'emploi avec leurs diplômes si chèrement acquis frôle les 20 % – « le niveau le plus élevé depuis que le ministère du Travail a commencé à enregistrer les chiffres en 1948[45] ».

Quant aux salariés qui ont réussi à conserver leur emploi, ils sont de plus en plus nombreux à devoir accepter une baisse de salaire et assumer une part plus importante de leurs frais d'assurance-maladie[46]. « Mon entreprise n'a pas supprimé mon emploi, elle a simplement supprimé mon salaire, raconte Mike Cheaure, directeur de marketing. Le lendemain, j'ai repris mon travail en *free lance* pour le quart de ma paye et sans primes. » Cette expérience lui a fait toucher du doigt la nouvelle réalité. « Pour nous, le rêve américain s'est évanoui, dit-il. Maintenant, on essaie de s'en sortir, c'est tout. »

Pour couronner le tout, un nombre croissant de mères qui travaillent sont obligées de renoncer à leur emploi et de vivre de prestations sociales parce que les États réduisent les services d'aide à l'enfance qui leur permettaient d'exercer une activité professionnelle[47]. L'été dernier, des enfants ont été livrés à eux-mêmes à la suite des coupes claires opérées par plusieurs États dans les programmes de soutien scolaire pendant les vacances[48].

On a observé ce printemps une forte hausse des dépenses de consommation, qui a conduit à parler de « redémarrage » de l'économie. Or cet accroissement des dépenses était économiquement déséquilibré. Comme l'explique Don Lee du *Los Angeles Times*, la « réalité méconnue » qui se dissimule derrière ces « chiffres encourageants » est qu'« une importante proportion de ces nouvelles dépenses n'est pas le fait de la vaste classe moyenne américaine mais d'une petite frange de gens aisés qui occupent le sommet» de l'échelle des revenus[49]. En fait, selon le département du Travail, 40 % de l'ensemble des dépenses étaient le fait des 20 % des ménages américains les plus riches.

Les nouvelles en matière de prêts à la consommation sont tout aussi alarmantes – surtout de la part des banques que les contribuables ont le plus aidées. Selon la Federal Reserve, entre juin 2009 et juin 2010, les plus grosses banques ont réduit leurs prêts aux entreprises de plus de 148 milliards de dollars[50] – une preuve supplémentaire du fossé qui sépare l'économie de Wall Street de l'économie réelle. Bien sûr, le cloisonnement entre ces deux économies n'est pas étanche – celle de Wall Street ne demande qu'à accepter des transfusions monétaires massives de la classe moyenne en déclin.

Cela ne veut pas dire que l'on n'a pas envisagé de prendre des dispositions pour aider Main Street dans le cadre du *Restoring American Financial Stability Act*. Celles-ci ont été nombreuses, mais elles ont presque toutes été repoussées au moment du vote ou bien retirées avant d'être mises aux voix. Y compris une mesure aussi simple et aussi raisonnable que le plafonnement des taux d'intérêt sur les cartes de crédit. L'amendement présenté en ce sens par le sénateur Sheldon Whitehouse a été repoussé par 60 voix contre 35[51]. Tant pis pour la « stabilité financière » ! Tout dépend, je suppose, de quelle stabilité financière on parle, celle des banques ou celle des contribuables.

Quant aux prêts sur salaire – ces avances sur salaire largement déréglementées qui peuvent faire l'objet de taux d'intérêt à trois chiffres[52] ? Dans le Missouri, par exemple, ces taux peuvent s'élever à 600 %. Oui, vous avez bien lu. Curieuse recette de « stabilité financière » ! Kay Hagan, en Caroline du Nord, a proposé un amendement qui aurait pris des mesures autoritaires contre l'industrie à 40 milliards de dollars. Il a été repoussé sans vote[53].

On pourrait aussi parler de l'amendement Merkley-Levin qui aurait interdit aux grandes banques de se livrer à des activités spéculatives sur leurs titres propres, une variante de la *Volcker Rule**. Il n'a jamais été mis aux voix non plus, et ce n'est pas parce qu'il n'avait aucune chance d'être adopté. Au contraire, la colère de tous ceux qui s'étaient laissé prendre au piège de l'économie réelle avait été entendue par un nombre suffisant de législateurs pour que cet amendement ait de bonnes chances de passer. Raison pour laquelle, comme le dit Simon Johnson, « les grandes banques ont dû redoubler de zèle pour l'en empêcher[54] ».

Au cours des deux dernières années, on nous a dit et répété que, dès que Washington aurait réglé ce qu'il avait en cours, il s'attaquerait à l'emploi. Cela fait un moment qu'on attend, mais on ne voit rien venir. Je fais souvent un cauchemar, tout à fait ordinaire : je suis perdue dans une forêt d'où je n'arrive plus à sortir. J'ai une amie qui fait le même genre de rêve, à cette différence près que ses pieds sont enfoncés dans le sol et qu'elle ne peut pas bouger. Cela ressemble étrange-

---

* Proposition de « loi Volcker », du nom de Paul Volcker, conseiller économique d'Obama et ancien président de la Réserve fédérale, qui plaide pour interdire aux banques toute spéculation qui ne serait pas faite au nom de leurs clients – ce qui interdirait toute spéculation pour son compte propre.

ment à l'attitude de nos dirigeants face aux souffrances massives qu'endure l'Amérique.

Une récente étude de Duha Tore Altindag et de Naci H. Mocan pour le National Bureau of Economic Research a révélé les conséquences préoccupantes que les effets du chômage peuvent avoir sur un système politique. Les auteurs ont étudié des données portant sur 130 000 individus dans 69 pays. Conclusion : « Nous avons pu établir que l'expérience personnelle du chômage se traduit par des opinions négatives sur l'efficacité de la démocratie[55]. »

Rien de bien surprenant. Mais cela devrait inquiéter tous ceux qui se soucient sincèrement de notre stabilité, financière et autre – surtout si l'on songe qu'un ouvrier ou une ouvrière sur six a perdu son emploi au cours de la dernière récession[56], un chiffre qui rejoint ceux de la crise de 1929. Andrew Sum, directeur du Center for Labor Market Studies de la Northeastern University de Boston, déclare : « Notre aptitude à préserver une classe moyenne en bonne santé dépend beaucoup de notre aptitude à remettre un grand nombre de ces individus au travail pour assurer le fonctionnement du reste de l'économie [...]. De nombreuses activités manufacturières ont des effets multiplicateurs considérables. Aussi la perte d'emplois se répercute-t-elle sur le reste de l'économie[57]. »

Mais, après tout, pleurer sur la disparition d'emplois manufacturiers ne serait-il pas l'équivalent, version XXIe siècle, des angoisses qu'a suscitées au XIXe la transformation de la société agraire américaine en société industrielle ? L'avenir de l'Amérique ne réside-t-il pas dans les nouveaux métiers de l'industrie du service, des métiers meilleurs, plus modernes ?

L'économiste Jeff Madrick ne le pense pas, pour toutes sortes de raisons.

Pour commencer, les emplois manufacturiers ne sont pas seulement plus productifs et plus utiles que les emplois du casino de Wall Street, ils sont aussi plus utiles que les emplois de service. « Fabriquer des marchandises est, à tout prendre – à quelques exceptions près –, plus productif qu'assurer des services, et la hausse de productivité est la source fondamentale de la prospérité, explique Madrick. Une grande nation doit être capable de préserver durablement l'équilibre de son compte courant (et de sa balance commerciale), et les marchandises sont nettement plus négociables que les services. Sans produits à exporter, un pays sera soit surendetté, soit obligé de réduire son niveau de vie[58]. »

Autrement dit, en l'absence d'industrie manufacturière, la seule façon de rivaliser avec les pays du tiers-monde est de *devenir* un pays du tiers-monde. C'est exactement ce qui se passera si nous laissons disparaître notre classe moyenne.

Qui plus est, ce ne sont pas seulement les emplois manufacturiers ou de service peu qualifiés qui sont détruits. Selon le Hacket Group, un cabinet de conseil en stratégie d'entreprise, on peut prévoir que les sociétés ayant des revenus égaux ou supérieurs à 5 milliards de dollars exporteront quelque 350 000 emplois au cours des deux prochaines années – près de la moitié dans les technologies de l'information, les autres dans la finance, les services d'approvisionnement et les ressources humaines[59].

Linda Levine, du Congressional Research Service*, affirme que certains envisagent « le transfert possible à l'étranger de 3,4 millions d'emplois dans le secteur des services d'ici à 2015, dans une gamme de métiers de cols blancs relativement bien rémunérés[60] ». Une enquête de 2006 réalisée par le cabinet de conseil Booz Allen Hamilton a établi que la délocalisation des emplois de service ne concerne plus seulement les centres d'appel et les transactions sur les cartes de crédit. Aujourd'hui, « les entreprises délocalisent des activités haut de gamme traditionnellement considérées comme "fondamentales" pour l'économie, parmi lesquelles la conception de microprocesseurs, les études financières et juridiques, la gestion d'essais cliniques et la préparation de textes pour la publication[61] ».

Vous avez entendu ? C'est l'immense bruit d'aspiration de Ross Perot amplifié en un grondement assourdissant – et les enjeux dépassent largement ceux de l'Alena. Accenture emploie aujourd'hui plus de personnel en Inde qu'en Amérique[62]. IBM prend la même voie. Et l'horizon ne cesse de s'assombrir. Une étude réalisée en juin 2008 par la Harvard Business School a établi que près de 42 % des emplois américains – plus de cinquante millions – sont susceptibles d'être délocalisés[63].

Mais la raison pour laquelle un nombre si élevé d'emplois sont transférés à l'étranger est plus inquiétante encore. Il ne s'agit pas seulement de maîtrise des coûts. « Ce qui était autrefois une mesure tactique permettant d'économiser des frais de main-d'œuvre, explique l'enquête Booz Allen Hamilton, est devenu un

* Service de recherches du Congrès.

impératif stratégique de compétition pour capter les talents à l'échelle mondiale[64]. » En d'autres termes, la réserve de talents de l'Amérique – s'agissant surtout de métiers comme ceux d'ingénieurs ou d'informaticiens – se tarit. Alors même que l'on a de plus en plus besoin de ces travailleurs hautement qualifiés, le nombre d'Américains qui obtiennent des diplômes d'ingénieur a baissé.

Nous continuons à subir les effets de notre manque d'investissement dans notre population – notamment en matière d'enseignement, deuxième pilier (avec un bon métier) d'une classe moyenne solide.

Voilà ce qui arrive quand un pays accepte de dépenser des milliers de milliards de dollars pour mener des guerres inutiles, tout en laissant les coûts de la formation universitaire atteindre des niveaux qui la mettent hors de portée de beaucoup de ses citoyens. Et voilà ce qui arrive quand un pays confie son économie au casino de Wall Street.

Il n'est pas trop tard pour changer de cap. La financiarisation de notre économie ne s'est pas faite toute seule. Des décisions ont été prises qui l'ont rendue possible, et l'on peut toujours revenir sur des décisions. Mais, d'abord, nous devons choisir, en tant que pays, le genre d'économie que nous souhaitons : une économie favorable aux familles de la classe moyenne, ou une économie conçue pour engraisser Wall Street.

« Le secteur financier, écrivait Martin Wolf du *Financial Times*, ressemble à une machine destinée à transférer des revenus et de la richesse des gens de l'extérieur vers ceux qui sont dans la place, tout en aggravant la fragilité de l'ensemble de l'économie[65]. » Quand le principal chroniqueur économique du *Financial Times* se met à parler comme la réincarnation de Karl Marx, on peut se dire que la situation a échappé à tout contrôle.

ATTENTION À L'INFARCTUS ÉCONOMIQUE

Autre problème potentiellement catastrophique qui se profile à l'horizon, celui de notre endettement croissant. Rassurez-vous, je ne rejoins pas les rangs de ceux qui tirent prétexte de l'explosion de la dette pour prôner la réduction ou la suppression de la Sécurité sociale ou de Medicare*. Abandonner la question à ces penseurs rétrogrades ne fait que renforcer plus encore la difficulté à s'attaquer sérieusement à ce problème, ce qui est pourtant bien nécessaire.

L'Amérique est comme un patient qui risque une crise cardiaque massive. Nous réussirons peut-être à la retarder grâce à un acte de chirurgie ambulatoire, mais nous ne pourrons pas l'éviter si nous ne réformons pas de fond en comble notre mode de vie. L'infarctus économique ne s'est pas encore produit, mais il nous menace. Voici simplement deux symptômes des ennuis considérables qui nous guettent :

> En 2020, les seuls intérêts de la dette totale des États-Unis atteindront 900 milliards de dollars par an[66].

> La même année, cinq secteurs de dépenses publiques – Medicare, Medicaid, la Sécurité sociale, le service de la dette et les dépenses de défense – représenteront, selon

---

* Medicare est le système d'assurance-maladie géré par le gouvernement fédéral destiné aux personnes de plus de soixante-cinq ans.

les estimations, 77 % de l'ensemble des dépenses gouvernementales[67]. Toutes les autres dépenses fédérales devront se contenter des 23 % restants.

Un récent rapport de la Banque des règlements internationaux (BRI) révèle qu'il s'agit d'un phénomène mondial. Le conseiller financier John Mauldin résume le bilan de ce rapport : « Tout le monde sait intuitivement que les déficits actuels des budgets gouvernementaux du monde développé sont inacceptables[68]. »

Les chiffres de l'étude de la BRI le montrent clairement. En Grèce, par exemple, un pays qui suscite actuellement une inquiétude générale, la dette publique pourrait représenter 130 % du PIB en 2011[69]. Et la Grèce est loin d'être un cas isolé. En Grande-Bretagne, on prévoit qu'elle pourrait atteindre 94 %, soit une hausse de plus de dix points en un an. Et aux États-Unis, nous risquons de ne pas être loin des 100 %. En tant qu'Américaine d'origine grecque, je suis toujours ravie de relever des points communs entre mes deux pays, mais je préférerais ne pas ajouter une dette invalidante à leur liste.

« S'il est indispensable de s'attaquer rapidement aux problèmes budgétaires, affirme le rapport de la BRI, la difficulté essentielle pour les autorités budgétaires est de trouver comment faire sans compromettre l'amorce de redressement économique[70]. »

On ne saurait mieux dire. Et il faut que ces autorités budgétaires se souviennent que s'attaquer à la crise du déficit ne passe pas seulement par la réduction des dépenses. Il faut penser à plus long terme – réorienter notre économie pour qu'elle redevienne un moteur de production et de productivité, et non le véhicule de paris financiers et de spéculation. Comme le dit Mauldin à propos de l'ordre ancien – et toujours en place – qui règne à Wall Street : « Soyons très clair. Il s'agissait de pari pur et simple. Aucune somme d'argent n'était investie en hypothèques immobilières ni dans aucune autre entreprise productive. Un groupe pariait contre un autre, c'est tout, et l'on procédait à de *très nombreuses* transactions de ce genre un peu partout à New York et à Londres[71]. »

Mauldin se demande ensuite pourquoi les grands investisseurs institutionnels ont eu l'idée de parier sur des produits synthétiques comme les obligations adossées à des actifs (les CDO*) : « C'est un investissement qui ne met en œuvre aucun capital productif et qui n'a aucune valeur pour la société, de près ou de loin. Il n'a pas servi à financer des hypothèques ou à acheter de l'équipement d'investissement, des centres commerciaux ou des immeubles de bureaux[72]. »

S'exprimant sur la crise de la dette qui nous menace, Alan Blinder, économiste à Princeton, notait que, « en 1980, les [politiques] savaient très bien ce qui se passerait en 2010, mais c'était si loin ». Eh bien, ça ne l'est plus et, dans la mesure où une grande partie de notre problème de déficit est due au nombre considérable de salariés nés il y a plusieurs décennies et qui arrivent aujourd'hui à l'âge de la retraite, Blinder a lancé cette pointe : « Le long terme est aujourd'hui le court terme et ils s'associent[73]. »

Les besoins du passé et les exigences du présent réclament énergiquement notre attention, alors que

* Collateralized Debt Obligations, obligations adossées à des actifs : il s'agit d'une structure de titrisation.

l'avenir ne semble guère avoir de partisans – nous pourrons toujours nous en occuper plus tard. Il fut un temps où nous pouvions nous contenter de repousser les problèmes, car nous étions convaincus que nos réserves suffiraient toujours à nous tirer d'affaire. Mais ces réserves sont aujourd'hui épuisées, et notre filet de sécurité est effiloché et troué.

DES PRIORITÉS FAUSSÉES

Je vois un autre indice de notre tendance à nous tiers-mondialiser dans les milliards de dollars que nous continuons à dépenser pour mener des guerres inutiles et fabriquer des armes de plus en plus puissantes, alors que notre population, ici, chez nous, se serre la ceinture.

Vous ne voyez pas en quoi cette mentalité est typique du tiers-monde ? Que dites-vous de la Corée du Nord, qui rejoint le club nucléaire tandis que sa population crie famine ? Depuis la chute de l'Empire romain, un des signes distinctifs des nations en déclin a toujours été l'accroissement de leurs dépenses militaires. Rappelez-vous les Soviétiques qui essayaient de rivaliser avec l'Amérique, à l'ogive nucléaire près.

L'historien Arnold Toynbee était convaincu que la mort des civilisations est presque toujours due non pas à l'assassinat, mais au suicide[74]. Autrement dit, notre avenir dépend des choix que nous faisons et des choses auxquelles nous décidons d'accorder du prix.

Petite interro surprise en idéologie. Savez-vous qui est le libéral au grand cœur qui a dit : « Chaque canon fabriqué, chaque bâtiment de guerre lancé, chaque roquette tirée représente, en dernière analyse, un vol à l'égard de ceux qui ont faim et ne sont pas nourris, ceux qui ont froid et ne sont pas vêtus. Ce n'est pas seulement de l'argent que dépense ce monde en armes. C'est la sueur de ses travailleurs, le génie de ses chercheurs, les espoirs de ses enfants[75] » ?

Alors ? Est-ce Noam Chomsky ? Michael Moore ? Bernie Sanders ?

Perdu. L'homme qui tenait ces propos était ce gauchiste impénitent de Dwight Eisenhower, général cinq étoiles, en 1953, quelques mois seulement après son entrée en fonction – à une date où l'économie était prospère et où le taux de chômage n'était que de 2,7 %[76]. Et pourtant, à l'heure actuelle, alors que l'économie américaine piétine sans arriver à remonter la pente et que la classe moyenne se bat pour joindre les deux bouts – avec plus de vingt-six millions d'individus au chômage ou sous-employés et des chiffres records de saisies immobilières[77] –, le choix entre « du beurre ou des canons » est absent de notre débat national. Aujourd'hui, bien sûr, l'alternative pourrait être plus justement présentée sous cette forme : « des missiles balistiques intercontinentaux, des drones Predator et des boucliers antimissiles ou des emplois, une université accessible à tous, des écoles correctes, des mesures pour éviter les saisies immobilières et la réparation des trous béants de notre filet de sécurité sociale ».

Washington nous parle constamment de la nécessité de se serrer la ceinture et de réduire le déficit[78], mais, apparemment, on ne s'y demande guère si les 161 milliards de dollars dépensés durant la seule année 2010 pour les guerres librement choisies que nous menons en Afghanistan et en Irak ne seraient pas mieux employés à aider les Américains en difficulté ici, dans notre pays.

Dans son discours sur l'état de l'Union en janvier 2010, le président Obama a bien proposé de geler toutes les dépenses publiques discrétionnaires pendant trois ans[79], mais il en a exclu les dépenses militaires, malgré l'augmentation rapide du budget de la Défense au cours des dix dernières années. Selon Lawrence Korb, analyste des questions de défense qui a été sous-secrétaire à la Défense dans l'administration Reagan, le budget de référence de la Défense a augmenté de 50 % depuis 2000[80]. Dans le même temps, les dépenses discrétionnaires ne concernant pas la défense ont augmenté deux fois moins.

En fait, comme l'a fait remarquer Katherine McIntire Peters sur GouvernmentExcutive.com, le président Obama est « en bonne voie de dépenser davantage pour la défense, en dollars réels, que tout autre président au cours d'un seul mandat depuis la Seconde Guerre mondiale[81] ». Je vous rappelle que c'est une période qui a été marquée par la guerre de Corée, celle du Vietnam, l'accroissement militaire massif entrepris sous Reagan et les invasions de l'Afghanistan et de l'Irak de Bush « financées par des baisses d'impôts ». Or Obama les éclipse tous, et ce au cours de la période économique la plus éprouvante depuis la crise de 1929.

Il ne s'agit évidemment pas d'ignorer les menaces qui pèsent sur notre sécurité nationale. Et ces réflexions ne relèvent certainement pas du pacifisme. Pour citer Barack Obama en 2002, alors qu'il était sénateur de l'Illinois : « Je ne suis pas hostile à toutes les guerres [...]. Ce à quoi je suis hostile, c'est une guerre stupide[82]. » La guerre d'Irak n'a jamais eu pour but d'accroître notre sécurité. Et l'objectif initial de la guerre en Afghanistan – s'attaquer à al-Qaida – a été réalisé, dans la mesure où il reste moins d'une centaine de membres de ce mouvement encore en activité dans le pays[83]. L'absurdité qu'il y a à continuer de dépenser de précieuses ressources pour des guerres que nous ne devrions pas mener est encore plus exaspérante quand on songe à nos besoins urgents et croissants en Amérique même.

Selon le *Los Angeles Times*, avant l'envoi des renforts à Kandahar durant l'été 2010 (coût : 33 milliards de dollars) – une augmentation d'effectifs aussi essentielle pour l'Afghanistan, à en croire notre armée, que la prise de Bagdad l'était pour l'Irak –, le président du Joint Chiefs of Staff, le Comité des chefs d'état-major interarmées, l'amiral Michael Mullen, a déclaré à un responsable afghan que les objectifs de cet envoi de renforts, outre l'écrasement des talibans, étaient, selon le *Los Angeles Times*, de « réduire la corruption, assurer le fonctionnement du gouvernement local et, finalement, fournir des emplois[84] ». Qui a parlé d'extension rampante ?

Est-ce pour cela que nous continuons à faire la guerre, neuf ans plus tard, que nous continuons à faire couler le sang et l'argent américains ? Pour fournir des emplois aux habitants de Kandahar ? On dirait une mauvaise blague : « J'ai une bonne et une mauvaise nouvelles. La bonne, c'est que l'administration Obama accélère la mise en place d'un programme de plusieurs milliards de dollars qui devrait créer un grand nombre de nouveaux emplois. La mauvaise, c'est qu'il faut que vous alliez vous installer à Kandahar pour y postuler. »

Du temps de Bush, la justification de toutes ces malencontreuses interventions à l'étranger a toujours été : « On va les combattre là-bas pour ne pas avoir à les combattre ici. » Aujourd'hui, semble-t-il, nous nous battons pour leur créer des emplois là-bas, alors que nous n'avons pas suffisamment d'emplois pour notre propre population ici. À une époque où tant de familles de la classe moyenne chancellent sous les effets de la crise économique – et où notre pays doit absorber le choc brutal d'un nombre accru de gens dans le besoin, au moment précis où les services sociaux font l'objet de coupes claires –, on est bien obligé de parler de priorités complètement faussées.

Analysant les difficultés de l'Amérique, Ananya Roy, professeur à Berkeley, y voit moins une crise budgétaire qu'une « crise de priorités[85] ». Quant à Barney Frank, un de nos rares députés à avoir réclamé à Washington une baisse des dépenses militaires, il affirme que nos engagements militaires démesurés ont « anéanti notre capacité d'améliorer notre qualité de vie grâce à des programmes gouvernementaux ». Considérant l'argent dépensé en Irak et en Afghanistan, Frank affirme : « Nous disposerions à présent de mille milliards de dollars pour redresser notre économie et faire pour notre population ce qu'elle mérite qu'on fasse[86]. »

Le National Priorities Project (NPP, Programme de priorités nationales) offre un outil en ligne fort utile qui présente de façon très parlante le résultat des arbitrages budgétaires en montrant – notamment – tout ce qu'on aurait pu faire avec l'argent dépensé en Afghanistan et en Irak. Selon le NPP, depuis 2003, les contribuables américains ont ainsi dépensé plus de 747 milliards de dollars en Irak[87]. Cette somme aurait suffi à assurer :

- des services médicaux pour 115 millions de personnes à revenus modestes pendant un an ;
- ou 98 millions de places dans un programme Head Start ;
- ou le financement de plus de 11 millions d'instituteurs ;
- ou 11 millions d'agents de police ;
- ou 13 millions de pompiers ;
- ou 94,7 millions de bourses universitaires.

Alors que des frais de scolarité exorbitants empêchent de nombreux jeunes gens compétents de réaliser le rêve américain, nous continuons à dépenser des milliards pour des programmes de défense militaire périmés et superflus, comprenant des reliques onéreuses de la guerre froide, comme le chasseur F-22, l'hélicoptère de transport Osprey et la triade nucléaire américaine hors de prix – bombardiers, sous-marins et missiles balistiques intercontinentaux – destinés à anéantir un empire soviétique qui n'existe plus.

Si nous ne revenons pas à la raison et ne révisons pas nos priorités chamboulées, l'Amérique pourrait perdre son rang de superpuissance et se voir reléguée à celui de pays du tiers-monde, et nous n'aurions à nous en prendre qu'à nous-mêmes.

BRENDA CARTER

J'ai été directrice des systèmes d'information de la même entreprise pendant treize ans. Je croyais à la sécurité de mon emploi. Toutes les autorisations d'achat, tous les contrôles budgétaires passaient par moi. J'assistais aux réunions hebdomadaires du conseil d'administration. J'étais très appréciée.

Un jour, le directeur général m'a remis un projet ultraprioritaire. J'étais loin de me douter que je serais licenciée le lendemain. Quand je suis arrivée et que j'ai dit bonjour à tout le monde, mes collègues de la finance et de l'administration ont eu l'air un peu tristes et n'ont pas réagi comme d'habitude. Je ne m'en suis pas vraiment souciée, je suis entrée dans mon bureau et j'ai posé mon porte-documents.

Le téléphone a sonné. C'était mon patron. Il m'a demandé de venir dans son bureau. Il m'a annoncé que des restrictions budgétaires l'obligeaient à me licencier. Il était désolé, mais il avait les mains liées. Il a ajouté que, compte tenu de mon ancienneté, il ne demanderait pas à quelqu'un de m'accompagner immédiatement jusqu'à la sortie et que je pouvais prendre le temps nécessaire pour ranger mes affaires.

Comme je passais dans mon bureau le plus clair de mes journées, je l'avais aménagé de façon à m'y sentir chez moi, avec des plantes vertes, des photos, d'autres objets personnels. En tant que directrice des systèmes d'information, c'était moi qui étais chargée de résilier les noms d'utilisateur et les mots de passe des employés. M'autoriser à ranger mon bureau tout en sachant que j'avais accès à ces informations était une marque de confiance de la part de mon patron, et montrait qu'il ne voulait pas m'humilier devant mes collègues.

Imaginez un peu : s'être levée tous les jours pendant treize ans pour aller faire le même travail, et tout d'un coup, cette partie de votre vie prend fin, comme ça. Je pleurais, je ne pouvais plus m'arrêter. Je n'arrivais pas à y croire. Pas moi, pas Brenda Carter – ils avaient besoin de moi. Je bossais comme trois. Comment pourraient-ils se passer de moi ? Il y avait des jours où je ne me levais même pas. Je me demandais pourquoi on ne m'avait pas plutôt proposé une rétrogradation. Mon ancienneté aurait dû compter, tout de même.

Maintenant, je passe mes journées à chercher du travail. Ce n'est pas facile à mon âge de se lancer dans la course à l'emploi. J'ai horreur de devoir indiquer mon salaire précédent et mon âge sur les formulaires de demande d'emploi. Ils sont dissuasifs. J'ai construit un mur de lettres de refus. J'ai fini par le démolir parce qu'il commençait à me déprimer.

Pour augmenter mes chances et garder l'esprit alerte, je me suis inscrite à des cours de technologie à l'université. J'ai aussi passé un examen d'agent immobilier. J'essaie de m'en sortir par tous les moyens. J'ai même fait du porte-à-porte pour vendre mes bonbons maison. Ça marchait bien, mais les déplacements coûtent cher en essence. Je n'ai eu que des réactions positives avec ces confiseries, alors je continue à poursuivre ce rêve et je me suis lancée dans la vente en ligne.

Je me suis inscrite au chômage et j'ai repris mon rôle de femme au foyer. Mes enfants sont adultes. Ils ne jurent que par moi. Ils n'arrivent pas à croire que je ne parvienne pas à trouver d'emploi depuis tout ce temps. Pour eux, c'était moi qui allais finir millionnaire. Il m'arrive d'avoir l'impression de les avoir déçus.

Je suis sans emploi depuis 2007. Après toutes ces années passées à travailler et à élever une famille, je risque de me voir couper le gaz, l'électricité et l'eau. Ma voiture est menacée de saisie.

Que m'a appris le chômage ? Que c'est frustrant et démoralisant. J'ai aussi appris que je refuse de dépendre d'un Congrès qui, de toute évidence, n'a pas à cœur les vrais intérêts de l'Amérique. J'ai appris à éprouver plus de compassion pour ceux qui sont dans la même situation que moi.

Je sais qu'il y a beaucoup d'histoires du même genre et que la mienne n'est pas la pire, mais, par moments, j'ai bien l'impression qu'elle l'est. C'est comme se réveiller tous les matins en ayant fait le même cauchemar sans savoir comment s'en sortir. Il y a un passage des Écritures auquel je me cramponne et que je me récite le matin, quand j'ouvre les yeux : « Demande, et il te sera donné ; cherche, et tu trouveras ; frappe, et on t'ouvrira. » Ma réponse est : « Seigneur, je Te demande de l'aide, je frappe à la porte, je Te demande de l'ouvrir et d'accorder Ta grâce à ma famille aujourd'hui. »

2

★

Cauchemar sur Main Street

Les États-Unis ont longtemps été considérés comme un pays où tout était possible. Qu'advient-il quand ces possibilités s'évanouissent, quand les emplois qui servaient de tremplin au rêve américain disparaissent définitivement ? Qu'advient-il quand les possibilités d'éducation et les fondements historiques de l'image que nous nous faisons de notre nation s'effondrent ? Qu'est-ce qui s'engouffre dans la brèche ?

En un mot : la peur.

La peur d'un déclin de l'Amérique – la crainte que les plus grands de nos triomphes n'appartiennent au passé. La peur que les emplois que nous avons perdus ne soient détruits pour toujours. La peur que la classe moyenne ne soit engagée dans une interminable marche funèbre – et que le rêve américain, ce rêve d'un niveau de vie stable et confortable, ne soit aussi dépassé qu'une Edsel avec lecteur de cassettes huit pistes.

Nous voyons notre système d'épargne-retraite anéanti et nos pensions diminuer, nous entendons chuchoter que la Sécurité sociale est à sec et nous nous demandons si nous pourrons un jour prendre notre retraite – sans parler de conserver notre niveau de vie jusque dans notre vieil âge. Les visions radieuses de longues années de temps libre succédant à celles où nous avons travaillé ont cédé la place à des perspectives cauchemardesques de privations – à l'idée terrifiante que nous devrons choisir entre nous nourrir ou acheter les médicaments dont nous avons besoin. Accepter la saisie de notre maison pour arriver tant bien que mal à joindre les deux bouts.

Ce qui s'engouffre dans la brèche, c'est la peur de voir l'Amérique devenir une nation divisée entre « nantis » et « démunis » – et où des millions de personnes risquent d'être définitivement reléguées dans le second groupe. Oubliez Freddy Krueger. Le vrai cauchemar n'a pas pour cadre Elm Street, mais Main Street. Et ce ne sont pas des ados légèrement vêtus qui se font étriper, ce sont des emplois, des revenus, la stabilité et la qualité de vie. Notre avenir.

Nous avons également peur – très peur même – que le pire ne soit pas derrière nous et que l'économie réelle, par opposition à celle de Wall Street, ne continue à s'effondrer. La crise du logement fait toujours rage. La première série de saisies était provoquée par les prêts hypothécaires à risque ; la seconde par toutes ces suppressions d'emplois. Les programmes gouvernementaux de renégociation des crédits ne seront d'aucune utilité dans cette deuxième série de saisies. Comme le soulignait Nancy Cook, de *Newsweek*, « si vous êtes au chômage, vous n'êtes pas en position d'obtenir un réamenagement de votre prêt[1] ». S'y ajoutent la crise de la propriété commerciale à venir et l'écroulement potentiel du système des cartes de crédit.

Nous voyons la souffrance qui nous entoure, les usines et les magasins qui ferment, et nous craignons que ce ne soit que la partie émergée de l'iceberg – ou le tout petit bout du tout petit bout émergé de l'iceberg. Nous cherchons à lutter contre la peur qui nous étreint à l'idée que, si la situation n'évolue pas – considérablement –, nous risquons d'être obligés d'aller travailler pour le minimum salarial chez Walmart, McDonald's ou aux Dunkin Donuts.

Nous nous transformons à vitesse grand V en un pays qui s'attend collectivement au pire.

À Washington, on ne parle que de sécurité nationale : effectifs militaires, contrôle des passagers au scanner dans les aéroports, budgets du Pentagone et menaces terroristes. Mais il existe une autre sécurité nationale : celle qui nous assure qu'on ne va pas nous tirer brutalement le tapis économique sous les pieds, que notre mode de vie ne risque pas d'imploser subitement – une sécurité nationale qui nous permet de croire en l'avenir. S'agissant de cette sécurité nationale-là, et surtout pour la classe moyenne américaine, le niveau d'alerte est indéniablement passé du jaune (« risque réel ») à l'orange (« risque élevé ») – et nous craignons que le rouge (« risque majeur ») ne soit pas loin.

Pour un nombre de plus en plus élevé de ses citoyens, l'Amérique est devenue un État d'insécurité nationale.

LA COLONNE VERTÉBRALE BRISÉE DE L'AMÉRIQUE

En 1835, Alexis de Tocqueville publiait *De la démocratie en Amérique*, un ouvrage contenant ses réflexions sur ce qui fait l'essence de notre pays. La première ligne en dit long : « Parmi les objets nouveaux qui, pendant mon séjour aux États-Unis, ont attiré mon attention, aucun n'a plus vivement frappé mes regards que l'égalité des conditions[2]. »

Observant les vastes étendues de ce pays en développement, il eut l'impression de découvrir un lieu où régnait l'égalité, où des règles identiques s'appliquaient à tous. « Les lois de la démocratie tendent, en général, au bien du plus grand nombre, car elles émanent de la majorité de tous les citoyens, laquelle peut se tromper, mais ne saurait avoir un intérêt contraire à elle-même[3] », remarquait-il.

Les élites éclairées de l'Amérique ont toujours compris que, pour assurer durablement leur bien-être et leur sécurité, il fallait que les classes moyennes et inférieures aient le même intérêt qu'elles à voir prospérer la nation et ses institutions politiques. Elles savaient que cette grande expérience démocratique ne se définirait pas par l'éducation, la religion ou la langue, mais par un principe unificateur – « Tous les hommes naissent égaux » – et par un idéal : le bien du plus grand nombre l'emporte sur le bien de quelques-uns. *E pluribus unum**. Un à partir de plusieurs. Dans la petite

* Devise du Grand-Sceau des États-Unis, qui fut longtemps la devise du pays, avant d'être remplacée par « In God we Trust ».

enfance de notre nation, Tocqueville avait parfaitement appréhendé le pouvoir de cette idée unificatrice et son rôle central dans l'expérience américaine.

Tocqueville a voyagé à travers l'Amérique avant la révolution industrielle qui a métamorphosé ce pays. Par la suite, les emplois manufacturiers ont contribué à transformer les pauvres de la classe laborieuse en membres de la classe moyenne, les affranchissant de la nécessité de vivre au jour le jour et les rapprochant de « l'égalité des conditions » évoquée par Tocqueville.

Une question se pose aujourd'hui : l'Amérique est-elle encore une nation dont les citoyens jouissent de « l'égalité des conditions » ? Encourageons-nous toujours « le bien du plus grand nombre » ? On a peine à imaginer que, observant l'évolution irrésistible du paysage économique et politique actuel – avec sa classe moyenne en diminution, ses destructions d'emplois, ses inégalités économiques croissantes, son oligarchie bancaire et sa politique publique vendue au plus offrant –, un descendant moderne de Tocqueville aboutirait aux mêmes conclusions.

Les propos de Tocqueville contredisent profondément la réalité de l'Amérique moderne. Cela fait des décennies que nos responsables politiques pressurent sans relâche la classe moyenne pour défendre les intérêts des entreprises qui financent leur réélection. La classe moyenne a été la colonne vertébrale économique de notre pays. C'est cette fraction importante et énergique de la population qui a permis son essor et a été le moteur de son innovation. La classe moyenne imprime la direction, et le reste du pays suit. Si bien que, lorsque la classe moyenne est systématiquement maltraitée – quand l'ascenseur social est en panne et va même jusqu'à redescendre pour un trop grand nombre de ses membres, lorsqu'ils sont incapables de conserver leur emploi ou leur maison, de continuer à acheter autant de biens et de services ou de contribuer aux innovations commerciales –, comment nous dissimuler qu'une Amérique diminuée, une Amérique du tiers-monde, est bien proche de nous ?

LA CLASSE MOYENNE : JE LA RECONNAIS QUAND JE LA VOIS

La paralysie de la classe moyenne américaine n'est pas survenue du jour au lendemain – et elle n'a pas été le résultat des choix déplorables opérés par les parieurs qui truquent le jeu de Wall Street (bien qu'ils y aient indéniablement contribué). En fait, elle s'est installée progressivement, sur plusieurs décennies. Mais avant de nous intéresser à ceux qui ont placé des explosifs tout au long de la route conduisant la classe moyenne vers le rêve américain, il peut être utile de la définir plus précisément.

Qu'est-ce qui fait d'un individu un membre de la classe moyenne ? Est-ce un niveau de revenus minimal (passez au-dessous et vous êtes officiellement catalogué comme pauvre) ou un plafond au-dessus duquel vous accédez directement à la classe supérieure (avec un petit palier de repos au niveau de la classe moyenne supérieure) ? Cela dépend-il des dimensions de votre logement (d'ailleurs, faut-il en être propriétaire – des locataires peuvent-ils appartenir à la classe moyenne ?), du type de voiture que vous conduisez, du montant d'économies pour les mauvais jours que vous avez mis de côté à la banque ?

Définir la « classe moyenne » avec précision n'est pas chose aisée. Cela me rappelle la célèbre déclaration de Potter Stewart, juge à la Cour suprême, sur ce qui fait la pornographie : « Je la reconnais quand je la vois[4]. » (De fait, dans le cas de la pornographie comme dans celui de la classe moyenne moderne, il y a généralement quelqu'un qui se fait baiser.)

Il n'existe pas de formule toute faite. Lors de sa déposition devant la commission des finances du Sénat, Paul Taylor, vice-président du Pew Research Center, a posé cette question : « Un interne en neurochirurgie qui gagne 30 000 dollars par an fait-il partie de la classe inférieure ? Un plombier qui gagne 100 000 dollars par an est-il membre de la classe moyenne supérieure[5] ? » Ou font-ils tous deux partie de la vaste classe moyenne ?

Selon le Pew Research Center, plus de la moitié de l'ensemble des adultes américains (53 %) se considère comme membre de la classe moyenne[6]. Mais le Pew a assorti cette donnée d'un certain nombre de mises au point : « Quatre ménages sur dix (41 %) dont le revenu annuel atteint ou dépasse 100 000 dollars disent faire partie de la classe moyenne[7] » – comme 46 % de ceux dont les revenus sont inférieurs à 40 000 dollars. En même temps, le tiers de ceux dont les revenus se situent entre 40 000 et 100 000 dollars ne pensent pas faire partie de la classe moyenne[8].

Aux fins de son enquête, le centre de recherche Pew a décidé de donner de la classe moyenne la définition suivante : il s'agit des adultes « qui vivent dans un foyer dont le revenu annuel représente entre 75 % et 150 %[9] » du revenu moyen brut d'une famille de trois personnes en 2006 (dernière année pour laquelle on dispose de données). Exprimé en dollars, cela veut dire que vous êtes membre de la classe moyenne américaine si votre revenu se situe entre 45 000 et 90 000 dollars[10].

Mais en définitive, et de façon très américaine, cela dépend surtout de votre point de vue personnel : si vous vous considérez comme membre de la classe moyenne, vous *êtes* membre de la classe moyenne.

LA LONGUE MARCHE À L'ABÎME DE LA CLASSE MOYENNE

Entre 1945 et les années 1970, une période caractérisée par une prospérité économique générale, les Américains les plus aisés se sont enrichis à un rythme presque identique à celui de leurs compatriotes des classes inférieures et moyennes[11]. Des ouvriers d'usine aux P-DG, les Américains ont vu leurs revenus doubler[12]. Mais, à la fin des années 1980, la situation a radicalement changé, les revenus des riches atteignant des sommets alors que le reste du pays restait à la traîne[13].

Que s'est-il passé ? Les Américains de la classe moyenne auraient-ils perdu leurs pouvoirs magiques ?

Ou les riches Américains auraient-ils découvert inopinément l'équivalent économique de la Fontaine de jouvence, une Fontaine de richesse ? Vous ne croyez pas si bien dire. Toutefois, ce n'est pas Ponce de León mais Ronald Reagan qui a pris la tête de cette expédition génératrice de revenus, faisant son entrée à Washington sous la bannière d'une baisse d'impôts au profit de l'élite possédante[14].

La révolution reaganienne des années 1980 n'a pas eu pour seul objet de déplacer le fardeau fiscal : elle cherchait aussi à modifier l'image que l'Amérique se faisait d'elle-même. Très vite, on n'a plus considéré le gouvernement comme *la* solution – il a, au contraire, été montré du doigt comme *le* problème. Le « bien du plus grand nombre » cher à Tocqueville a été remplacé par l'idée que la main invisible de l'économie de marché était la plus apte à faire le tri entre les gagnants et les perdants de la société – enfin, jusqu'en 2008, quand les gagnants se sont trouvés dans le pétrin et que le gouvernement s'est précipité à leur rescousse, prétendant ainsi éviter l'apocalypse.

Dans des ouvrages comme *La Vertu d'égoïsme* ou *La Révolte d'Atlas*, Ayn Rand, la grande prêtresse des adeptes de l'économie libérale tendance Alan Greenspan, a défendu l'idée qu'en faisant ce qui est le mieux pour vous vous finissez inéluctablement par faire ce qui est le mieux pour tous. Malheureusement, dans la pratique que les entreprises américaines ont instaurée au cours des trente dernières années, cette équation s'est inversée. La réalité montre qu'une économie libérale sans régulation est tôt ou tard corrompue par la fraude et les excès. Autrement dit, la prétendue liberté d'entreprise, de concurrence et d'initiative est un leurre. L'économie libérale est tout aussi truquée que le bonneteau pratiqué à la sauvette au coin des rues. Et les intérêts des élites américaines se sont déconnectés de l'intérêt général.

Au cours des trois décennies qui se sont écoulées depuis la révolution reaganienne, on a prêché aux Américains du haut de toutes les chaires l'évangile de la dérégulation des marchés, seule voie conduisant à l'élévation du niveau de vie. Cette nouvelle religion a converti les citoyens que nous étions en consommateurs et nous a inculqué un catéchisme qui faisait du marché – et non de « l'égalité des conditions » – le fondement de notre pays. Chemin faisant, le contrat social – et plus particulièrement ses articles destinés à protéger les travailleurs, les pauvres, en même temps que notre atmosphère, notre eau et nos océans – est passé à la trappe. À partir du New Deal, nous avions entrepris de tendre un filet de sécurité pour aider les plus vulnérables d'entre nous. Mais qui avait désormais besoin d'un tel filet puisque les lois de l'offre et de la demande étaient là pour nous protéger, et que l'effet de ruissellement était censé assurer la subsistance de tous ?

L'élément qui manquait à ce nouvel intégrisme du libéralisme économique était la reconnaissance, essentielle au capitalisme, que les hommes d'affaires ont des responsabilités qui vont bien au-delà de leurs résultats financiers. Alfred Marshall, un des pères fondateurs du capitalisme moderne, parlait ainsi de « chevalerie économique » dans un discours prononcé devant la British Economics Association en 1890. Il expliquait que « le désir des hommes d'obtenir l'approbation de leur propre conscience et l'estime d'autrui est une force économique de toute première importance[15] ». Ce n'est pas pour rien que l'évangile de l'économie libérale d'Adam Smith, *La Richesse des nations*, a été précédé par sa *Théorie des sentiments moraux*. Il savait que la liberté économique ne peut s'épanouir en l'absence d'un solide fondement moral[16].

Mais celui-ci n'a rien d'incontournable. « L'approbation de leur propre conscience » et « l'estime d'autrui » ont subi une forte dévaluation ces dernières années. Il suffit de regarder autour de nous pour contempler les résultats d'un capitalisme dénué de conscience : la pollution de notre environnement, les accidents du travail, mortels pour certains, la vente de produits dangereux, la promotion éhontée de crédits hypothécaires à risque pour des maisons surévaluées et la perte de millions d'emplois et de milliers de milliards d'épargne.

L'effondrement du régime politique communiste a sonné le glas de l'idéologie marxiste. Pourtant, alors que le capitalisme dérégulé, celui du libéralisme économique, a été, dans les faits, un échec monumental, son idéologie tient bon. On rencontre encore au Sénat, dans les hôtels particuliers des gouverneurs ou sur les plateaux de télévision des intégristes de l'économie libérale de tout poil qui cherchent à nous faire avaler les inepties de la dérégulation.

Quand on voit à quel point nous avons frôlé l'écroulement intégral de notre système économique et financier en 2008[17], tous les forts en gueule qui continuent à prétendre que l'on a tout à gagner à laisser les marchés se débrouiller seuls méritent qu'on les fasse taire d'un grand éclat de rire.

Combien de banques, combien de constructeurs automobiles et autres auraient-ils rendu l'âme sans l'intervention du gouvernement ? Cela n'empêche pas les intégristes du libéralisme économique de continuer à se réfugier dans le déni et à chercher à convaincre le monde que, pourvu qu'on n'y touche pas, l'économie libérale se redressera d'elle-même.

L'échec du libéralisme économique intégriste n'est pas dû à sa mauvaise application par nos dirigeants. En fait, pendant son mandat (jusqu'à ce que le château de cartes économique s'effondre à la fin de sa présidence), George W. Bush et son équipe ont fait un boulot du tonnerre pour appliquer une théorie défectueuse. Le problème ne vient pas seulement de l'eau du bain ; c'est le bébé lui-même qui est pourri.

William Seidman, qui a longtemps été conseiller économique du Parti républicain et a supervisé le renflouement des établissements d'épargne et de crédit en 1991, ne mâche pas ses mots : « L'administration [Bush] a pris des décisions qui ont permis à l'économie libérale de tenir beaucoup plus, par son comportement, de la bagarre de bar que du combat à la régulière. Pour que le marché fonctionne correctement, il faut de multiples règles[18]. » Alan Greenspan lui-même, dont le visage aux yeux de chouette pourrait orner un mont Rushmore des capitalistes adeptes de l'économie de marché, a fini par voir la lumière et par déclarer à une commission parlementaire en octobre 2008 qu'il avait « commis une erreur en supposant que les intérêts personnels d'organisations, et plus particulièrement des banques et autres, les rendaient plus à même d'assurer la protection de leurs propres actionnaires et de leurs capitaux placés dans les sociétés[19] ».

Beaucoup, parmi lesquels Bush junior, ont rejeté la faute sur quelques brebis galeuses : « Wall Street a trop bu[20] », a-t-il reconnu. Peut-être, mais qui a transformé les années Bush en apéro non-stop ? Qui a continué à remplir les verres ?

Bien sûr, les dirigeants républicains n'ont pas été les seuls à absorber le poison du libéralisme économique. Il a également été inhalé par de « nouveaux démocrates » comme Bill Clinton. À son arrivée au pouvoir, celui-ci était parfaitement conscient de l'importance des problèmes économiques. Il a pourtant présidé une administration qui n'avait d'yeux que pour l'indice Dow Jones en plein essor, alors même que le nombre d'Américains vivant dans la pauvreté refusait obstinément de descendre au-dessous de la barre des trente-deux millions[21] et que le nombre d'Américains incapables de s'en sortir sans recourir à la soupe populaire ou à une banque alimentaire s'élevait à vingt-six millions[22] – avec un nombre d'enfants sans abri plus élevé qu'à tout autre moment depuis la crise de 1929[23]. Et pendant ce temps, le message de la Maison-Blanche de Clinton ressemblait à celui d'un Canal Boom émettant vingt-quatre heures sur vingt-quatre : Prospérité tous azimuts, tout le temps.

En ces années de vaches grasses, les victimes des réductions d'emplois pouvaient même, à en croire les prédicateurs de l'économie de marché, tourner ce désagrément à leur avantage. Au début de 1996, quarante mille employés d'AT&T, la société américaine de télécommunications, ont reçu un avis de licenciement. Jim Cramer, futur animateur de l'émission *Mad Money* (et souffre-douleur de Jon Stewart), qui était alors encore gestionnaire de fonds spéculatifs, a écrit un article publié à la une de la *New Republic*. Intitulé « Qu'ils mangent des actions », ce texte exposait le bon côté de cette vague de licenciements, proposant que l'on offre des stock-options aux employés mis à pied. « Ils bénéficieront ainsi de la plus-value sur les titres due à leurs licenciements[24] », se gargarisait Cramer. « Il faut toujours prendre la vie du bon côté », comme dirait Eric Idle.

Quatre ans plus tard, *Bush contre Gore* portait au pouvoir le « président P-DG » et son « vice-président P-DG ». Ils ont promptement ouvert les portes de la Maison-Blanche à leurs copains de chez Enron et Halliburton, et déclaré la chasse ouverte aux intérêts des Américains moyens[25]. L'« enronisation » de notre économie était en marche.

LES RICHES S'ENRICHISSENT

Les années Reagan ont inauguré l'ère de l'élargissement de la fracture économique. Les riches se sont considérablement enrichis, alors que le revenu réel de tous les autres, pauvres ou membres des classes moyennes, reculait ou, dans le meilleur des cas, piétinait.

Dans leur article consacré à l'évolution à long terme de la structure salariale aux États-Unis, les économistes Claudia Goldin et Lawrence Katz, de Harvard et du

National Bureau of Economic Research, ont fait les observations suivantes : « Entre 1980 et 1987 environ, l'inégalité des salaires a augmenté de façon rapide et monotone [c'est-à-dire régulière]. Ce sont les salaires les plus élevés qui ont augmenté le plus rapidement, suivis par les salaires moyens à un rythme moindre, puis par les salaires inférieurs, dont la hausse a été encore plus lente... [Cette] évolution de la structure salariale s'est accompagnée d'une "bipolarisation" du marché du travail, les emplois se concentrant sur les métiers à hauts et à bas salaires, aux dépens des postes à salaires moyens[26]. »

À la fin des années 1980, à la suite de l'évolution technologique, des délocalisations et de la destruction d'emplois manufacturiers, la classe moyenne marquait le pas. Malgré l'accroissement de la productivité, les salaires du travailleur moyen stagnaient.

En 1995, à mi-chemin entre la révolution reaganienne et aujourd'hui, John Cassidy a signé dans le *New Yorker* un article intitulé « Qui a tué la classe moyenne ? ». Cassidy demandait à ses lecteurs d'imaginer que l'on range tous les Américains en file indienne, du plus pauvre au plus riche. L'individu situé exactement au milieu de la file – le médian – pouvait être considéré comme l'Américain le plus représentatif de la classe moyenne. En septembre 1979, cet homme ou cette femme gagnait (en dollars constants, corrigés des variations dues à l'inflation) 25 898 dollars par an. En septembre 1995, ce même individu gagnait 24 700 dollars par an, soit une baisse de salaire de 5 % en quinze ans[27].

Au contraire, les 5 % les plus riches du pays avaient vu leur salaire augmenter de 29 % au cours de la même période, pour atteindre 177 518 dollars. Quant au 1 % composant la tranche supérieure, ses membres s'en sortaient mieux que tout le monde. En fait, entre 1977 et 1989, le revenu moyen des Américains les plus riches est passé de 323 942 dollars à 576 553 – une augmentation colossale de 78 % en valeur réelle[28].

Cette tendance s'est poursuivie dans la première décennie du XXIe siècle. Selon un rapport établi par Elizabeth Warren, le revenu moyen de la classe moyenne entre 2000 et 2007 a baissé de 1 175 dollars, alors que les dépenses augmentaient de 4 655 dollars[29]. Au cours de la même période, le 1 % de la population représentant la tranche supérieure – qui avait empoché sous Clinton 45 % de la croissance du revenu national – a encaissé 65 % de l'ensemble de l'augmentation des revenus sous Bush[30].

Un rapport publié en mai 2010 par la Brookings Institution a établi qu'entre 1999 et 2008 le revenu moyen des ménages a baissé de 2 241 dollars pour atteindre 52 029 dollars, alors que la proportion des ménages dont les revenus se situent dans la tranche de la classe moyenne a baissé de 30 % à 28,2 %[31].

La situation est parfaitement claire : la classe moyenne américaine qui faisait jadis l'envie de tous était déjà précarisée bien avant que la crise économique ne la frappe de plein fouet à l'automne 2008. Une enquête menée par le Pew Center en 2008 révèle en effet que 56 % des Américains de la classe moyenne affirmaient avoir vu leur situation régresser ou avoir tout juste réussi à se maintenir à flot au cours des cinq dernières années[32]. Il s'agissait, selon le centre de recherche Pew, de « l'estimation de progression personnelle à court terme la plus pessimiste en près d'un demi-siècle de sondages. À l'heure actuelle, les Américains sont moins nombreux qu'à tout autre moment des cinquante dernières années à avoir l'impression de progresser[33] ».

C'était, rappelons-le, juste avant que la Grande Récession ne *commence* à ravager l'économie. Depuis, la situation de la classe moyenne n'a fait qu'empirer. Dans une actualisation du *Misery Index* initial – l'Indice de la misère, un outil de mesure mis au point par le défunt économiste Arthur Okun, qui associait le taux de chômage à l'indice des prix à la consommation pour rendre compte de la situation économique par un chiffre simple et accessible –, le Huffington Post a créé le *Real Misery Index*, l'Indice de la misère réelle[34]. Intégrant un nombre plus important d'éléments de calcul, dont les chiffres du chômage les plus précis, le taux d'inflation des produits de première nécessité comme les denrées alimentaires, le carburant et les frais médicaux, et des données sur les délits à la carte bancaire, les prix du logement, les défaillances de remboursement des crédits immobiliers et l'inscription aux coupons alimentaires, le *Real Misery Index* offre une estimation beaucoup plus pointue des difficultés économiques. En avril 2010, alors que le taux de chômage restait opiniâtrement élevé et que les Américains étaient 40 millions à bénéficier de coupons alimentaires, le *Real Misery Index*, qui exploite des données allant de 1984 à aujourd'hui, a atteint le niveau le plus élevé jamais enregistré. Et la reprise, qui a vu le marché boursier se relever de façon impressionnante de 56 % entre mars 2009 et avril 2010, s'est faite en parallèle avec la progression du *Real Misery Index*, qui a grimpé de 16 % au cours de la même période – reflétant ce que Lynn Reaser, la nouvelle présidente de la National Association of Business Economists, a appelé une « économie à deux vitesses ».

LA CLASSE MOYENNE PAIE PLUS QUE SA PART

Cette économie à deux vitesses s'accompagne de deux séries de règles : l'une qui s'applique au monde de l'entreprise, l'autre à la classe moyenne.

La classe moyenne respecte globalement les règles du jeu, avant d'assister à la destruction de ses emplois. Le monde de l'entreprise truque le jeu, veillant à ce que son autorisation d'enfreindre les règles soit intégrée dans les règles elles-mêmes.

On en trouvera un des exemples les plus flagrants dans la capacité persistante des sociétés à escroquer le public de dizaines de milliards de dollars par an grâce aux paradis fiscaux. On estime en effet que les entreprises et les riches particuliers qui mettent de l'argent à l'abri dans les paradis fiscaux soustraient ainsi au fisc quelque 100 milliards par an[35], nous laissant le soin de payer l'addition. Quand on songe à tous les États fédéraux à court de liquidités qui réduisent au maximum des services pourtant vitaux, on ne peut pas dire que nous n'avons pas besoin de cet argent.

Voici la preuve numéro 1 de l'existence de deux séries de règles : selon la Maison-Blanche, en 2004, dernière année pour laquelle nous disposons de chiffres sur le sujet, les multinationales américaines versaient *grosso modo* 16 milliards de dollars d'impôts sur 700 milliards de dollars de profits actifs à l'étranger[36] – soit un taux d'imposition de 2,3 % environ. Vous connaissez beaucoup d'Américains de la classe moyenne qui s'en sortent aussi facilement au moment de payer leurs impôts ?

En décembre 2008, le Government Accountability Office (GAO) a fait savoir que 83 des 100 plus grandes sociétés américaines cotées en Bourse – parmi lesquelles AT&T, Chevron, IBM, American Express, General Electric, Boeing, Dow et AIG – possédaient des filiales dans des paradis fiscaux ou, comme les appelle joliment le monde de l'entreprise, dans des « *financial privacy jurisdictions*[37] » – des « juridictions qui assurent la confidentialité financière ».

Chose plus scandaleuse encore, sur ces 83 sociétés, 74 ont obtenu des contrats gouvernementaux en 2007[38]. General Motors, par exemple, a touché cette année-là plus de 517 millions de dollars du gouvernement – autrement dit des contribuables –, tout en plaçant ses bénéfices dans des asiles fiscaux comme les Bermudes et les îles Caïman. Quant à Boeing, qui a bénéficié de contrats fédéraux pour une valeur supérieure à 23 milliards de dollars toujours en 2007, l'entreprise possédait trente-huit filiales dans des paradis fiscaux, dont six aux Bermudes.

Il suffit d'ouvrir une boîte postale dans une île, ce qui explique qu'une autre étude du GAO ait établi que plus de dix-huit mille sociétés sont enregistrées à une unique adresse des îles Caïman, un pays qui ignore les impôts sur les sociétés et sur les revenus des capitaux[39].

Les grandes banques américaines – dont celles qui ont empoché des milliards de dollars des contribuables au moment de leur renflouement – semblent apprécier tout particulièrement les îles Caïman. À la date du rapport du GAO, Morgan Stanley avait 273 filiales dans des paradis fiscaux, dont 158 aux Caïman. Citigroup en possédait 427, dont 90 aux Caïman. Bank of America 115, dont 59 aux Caïman. Goldman Sachs était présent dans 29 paradis fiscaux, dont 15 fois aux Caïman. JPMorgan dans 50, dont 7 fois aux Caïman. Et Wells Fargo dans 18, dont 9 fois aux Caïman[40].

Aucune société n'offre peut-être de meilleur exemple de la politique du deux poids deux mesures appliquée au monde de l'entreprise et à la classe moyenne que KBR/Halliburton. Cette entreprise a touché des milliards de dollars des contribuables américains, avant d'aller prendre une adresse aux îles Caïman pour réduire ses frais. Comme l'a fait remarquer Farah Stockman, journaliste au *Boston Globe*, jusqu'en 2007 une unité d'Halliburton « a évité de verser plusieurs centaines de millions de dollars de charges fédérales pour Medicare et la Sécurité sociale en employant des salariés par le biais de sociétés écrans établies dans ce paradis fiscal tropical[41] ».

En 2008, KBR a dressé la liste de dix mille cinq cents Américains officiellement employés par deux sociétés qui, comme l'a écrit Stockman, « existent sur un fichier d'ordinateur au troisième étage d'un bâtiment situé sur un boulevard bordé de palmiers ici, dans les Caraïbes[42] ». Outre ses avantages fiscaux, cette combine présente un autre atout que relève Stockman : les Américains qui travaillent officiellement pour une société dont le siège est un fichier d'ordinateur dans les îles Caïman n'ont pas droit à l'assurance-chômage ni à d'autres allocations en cas de licenciement – ce qu'un certain nombre d'entre eux ont découvert à leurs dépens.

Ce genre de vol caractérisé sous le soleil des tropiques n'a rien de nouveau. Dès 2002, désireuse d'attirer l'attention sur cette ficelle comptable aussi sordide que scandaleuse, j'ai publié un article au second degré annonçant que j'envisageais d'installer mon agence de journalisme aux Bermudes. « J'habite toujours aux États-Unis, écrivais-je, c'est là que je gagne ma vie, je bénéficie de la protection, de la technologie, de l'infrastructure et de tous les innombrables avantages que m'offre cette terre de liberté, cette patrie des braves. Je ne change que l'adresse de ma société. Grâce à ce simple geste, je n'aurai pas à payer pour tous ces avantages – j'en profiterai gratuitement[43] ! »

Cela fait près de cinquante ans que Washington cherche à s'attaquer à ce problème – JFK avait déjà tenté de le faire en 1961[44]. Mais, chaque fois, les combinards du monde de l'entreprise américaine, autrement dit les lobbyistes, et leurs défenseurs serviles du Congrès ont réussi à préserver les échappatoires existantes.

La bataille reprend, une fois de plus. Alors que le Congrès envisage d'adopter des mesures législatives qui empêcheraient autant que faire se peut les entreprises de dissimuler leurs revenus à l'étranger pour éviter de payer leurs impôts aux États-Unis, les lobbyistes font feu de tout bois pour que les entreprises américaines puissent continuer à tirer avantage des services et des contrats gouvernementaux sans avoir à assumer leur part des frais.

Les dernières lois de réforme fiscale en date sont loin d'être parfaites – elles ménagent bien des possibilités de dérobade et ne permettront de récupérer qu'une infime partie des 100 milliards de dollars que les sociétés et les riches particuliers soustraient au Trésor américain[45]. Et elles n'interdiront pas aux sociétés qui ont recours aux paradis fiscaux de bénéficier de contrats gouvernementaux, ce dont on ne peut que s'étonner quand on songe aux épreuves que nous subissons et au talent avec lequel le courant populiste surfe sur les difficultés des Américains moyens.

Ces nouveaux textes devraient tout de même mettre un terme à l'un des exemples les plus scandaleux des incohérences de notre politique fiscale et obliger enfin les gestionnaires de fonds spéculatifs à payer leurs impôts au même taux que le reste de la population. En vertu de la loi actuelle, leurs revenus sont considérés comme des « intérêts », ce qui leur permet d'être taxés au taux d'imposition des revenus des capitaux, c'est-à-dire à 15 %[46].

Selon l'ancien secrétaire au Travail Robert Reich, en 2009, « les vingt-cinq gestionnaires de fonds spéculatifs qui ont le mieux réussi ont gagné un milliard de dollars chacun[47] ». Le plus rémunéré a empoché à lui seul 4 milliards de dollars. Supprimer cet avantage fiscal scandaleux rapporterait près de 20 milliards de dollars[48] – un argent dont on a le plus grand besoin en un temps où on licencie des enseignants, des infirmières et des pompiers d'un bout à l'autre du pays.

Mais cette partialité en faveur des plus riches – sans parler du poids des lobbyistes du monde de l'entreprise – fait douter que l'on finisse par adopter des propositions propres à y remédier, fussent-elles parfaitement raisonnables et d'une utilité incontestable. Elle oblige ainsi la classe moyenne à continuer d'assumer une part indue d'un fardeau terriblement lourd.

Warren Buffett a dénoncé l'absurdité de cette politique du deux poids deux mesures en 2007 en faisant remarquer que sa réceptionniste reversait à l'État 30 % de son revenu en impôts, alors que ses propres revenus imposables – 46 millions de dollars – n'étaient taxés qu'à 17,7 %[49].

HOMER SIMPSON S'EN SORT TROP BIEN : INSTANTANÉS DU CHAMP DE BATAILLE DE LA CLASSE MOYENNE

Les chiffres ne mentent pas : nous vivons dans une économie où, de plus en plus, le gagnant rafle l'intégralité de la mise. En fait, nous en sommes arrivés au point où Homer Simpson lui-même – l'incarnation du Monsieur Tout-le-Monde américain – mène une vie de membre de la classe moyenne parfaitement fantasmatique. Après tout, combien de familles américaines de la classe moyenne connaissez-vous dont le père, inspecteur de la sécurité dans une centrale nucléaire, peut continuer à faire vivre confortablement sa femme et ses trois enfants avec son unique salaire ?

On peut trouver une image plus représentative d'une famille moderne de la classe moyenne dans l'ouvrage de Nan Mooney *(Not) Keeping Up with Our Parents* (« Atteindre [ou ne pas atteindre] le niveau de vie de nos parents »)[50]. Un des portraits tracés dans ce livre de 2008 est celui de Diana, trente-six ans, psychologue diplômée, docteur en psychologie clinique. Son mari, Byron, est ingénieur. Doté d'une solide formation, il travaille comme rédacteur technique pour un avocat spécialiste des brevets. Le couple a deux enfants en bas âge. Non contente de s'occuper de sa famille, Diana occupe deux emplois à temps partiel : directrice d'évaluation pour une organisation à but non lucratif qui classe les conseillers scolaires, elle essaie en même temps de monter son propre cabinet de psychologue. Elle gagne 35 000 dollars par an. Son mari, employé au contrat et payé au projet, touche 40 000 dollars par an. Quand Mooney les a interrogés, les emprunts en cours sur leurs cartes de crédit représentaient un montant total de 17 000 dollars. Leur crédit immobilier leur coûtait 1 150 dollars par mois. Diana remboursait 450 dollars par mois pour ses prêts d'études, mais ce chiffre n'allait pas tarder à passer à 550 dollars par mois. Le loyer de son cabinet, plus les charges de leur copropriété, s'élevaient à 750 dollars mensuels de plus. Le couple détenait une très faible part du capital que représentait son bien immobilier et avait liquidé son épargne.

« J'ai l'impression que nous avons rogné partout où c'était possible, a expliqué Diana à Mooney. Nous ne prenons pas de vacances. Nous ne sortons jamais. Pour le moment, je prie le ciel que rien ne tombe en panne. Il faudrait refaire le toit et changer les pneus de la voiture. Et cette année, on va avoir un sacré paquet d'impôts à payer. » À cet instant, la voix de Diana se brise. « J'ai peur. J'ai peur que nous ne puissions jamais prendre notre retraite. J'ai peur que nous n'ayons pas de couverture maladie. J'ai peur que nous n'ayons pas de quoi envoyer les enfants à l'université. Nous n'avons jamais eu beaucoup mais, jusqu'à présent, j'avais l'impression qu'on faisait ce qu'il fallait. On travaillait pour avoir un avenir plus facile. On n'y croit plus. Pour le moment, je ne vois plus aucune issue. »

L'histoire de Diana et Byron est de plus en plus courante. Leur précieuse formation universitaire – que beaucoup considèrent comme une garantie contre des temps économiquement difficiles – ne suffit plus à un moment où le taux de chômage frôle les 10 %[51] et où 26 millions de personnes sont sans emploi ou sous-employées[52].

Troy Renault fait partie de celles-ci[53]. En août 2009, Troy, sa femme, Tammy, et leurs cinq enfants vivaient dans un quatre-pièces à Lebanon, dans le Tennessee. Cela faisait alors deux ans que Troy avait perdu son emploi dans le bâtiment. Pour finir, comme l'a rapporté Laura Bassett, du Huffington Post, ils ont dû quitter leur logement et s'installer sur un terrain de camping local dans une caravane qu'on leur a donnée. Ils sont passés d'une maison de 175 mètres carrés à une caravane de 20 mètres carrés.

« Vous finissez par vous dire : “Bon. Est-ce qu'on continue à rembourser le crédit de la maison pour garder un toit sur nos têtes mais sans électricité ni eau, ou est-ce qu'on continue à payer les factures de ces services essentiels en renonçant à rembourser l'emprunt et en espérant qu'on se remettra à flot[54] ?" » raconte Troy.

Rebecca Admire fait partie des plus de 8 millions de personnes qui ont perdu leur emploi depuis décembre 2007[55]. Mère célibataire avec deux enfants à charge, Admire travaillait avant son licenciement au Family Guidance Center for Behavioral Healthcare, un centre de conseil familial sur la santé mentale et la toxicomanie, à Saint Joseph, dans le Missouri. Après avoir fait des pieds et des mains pendant plusieurs mois pour arriver à payer son loyer, elle a invité sa cousine et ses deux enfants à venir s'installer chez elle pour partager les frais. Huit personnes vivent maintenant dans le trois-pièces d'Admire. Les quatre enfants dorment dans des lits superposés, à deux par matelas. Mais, avec tout ce monde, les factures d'eau, de gaz et d'électricité sont montées en flèche. « Je pleure chaque fois que je trouve une facture dans la boîte à lettres », avoue Admire.

Dans certains cas, ce sont des villes entières que la disparition de leur principale industrie condamne à un déclin définitif. Prenons l'exemple de Mount Airy, en Caroline du Nord, 9 500 habitants à peine, où l'industrie textile assurait historiquement une large part des emplois. Comme l'a raconté Paul Wiseman dans un article publié en mars 2010 dans *USA Today*, les usines de textile et d'habillement de la ville ont fermé leurs portes l'une après l'autre, supprimant ainsi plus de trois mille emplois entre 1999 et 2010[56]. Cette tendance ne peut que se poursuivre : selon le Bureau of Labor Statistics, les possibilités d'emploi dans l'industrie du textile et du vêtement diminueront presque de moitié d'ici à 2018, le travail étant de plus en plus délocalisé à l'étranger et les progrès technologiques réduisant les besoins en main-d'œuvre.

À Mount Airy – la ville où l'acteur Andy Griffith a grandi, celle qui a inspiré Mayberry, quintessence de l'Amérique des petites villes pour un demi-siècle de téléspectateurs –, la transition a déstabilisé toute une génération qui avait misé sur la sécurité des emplois de fabrication. « Quand on entrait à l'usine, on était persuadé d'y rester jusqu'à sa retraite[57] », a expliqué à *USA Today* Jane Knudsen, qui a commencé à travailler dans une usine de textile en 1973. Mais l'entreprise de Knudsen a fermé, et elle est désormais employée à la prison locale comme cuisinière à temps partiel pour moins de 2 dollars de l'heure. Un autre habitant, Steven Jenkins, avait choisi de ne pas aller à l'université et de prendre immédiatement un emploi dans l'industrie du vêtement. Il a travaillé à Perry Manufacturing pendant plus de trente ans, a fait son chemin et fini par gagner 103 000 dollars annuels comme directeur des achats. Mais Perry a fermé en 2008. Pour Jenkins, qui n'a pas touché de prime de licenciement et n'avait guère de compétences dans d'autres champs d'activité, c'est toute sa vie qui s'est trouvée chamboulée d'un coup.

« Nous n'étions pas préparés, a reconnu Teresa Lewis, membre du conseil municipal de Mount Airy. Nous avons subi une vague de licenciements massifs dans l'industrie textile. Beaucoup de ces gens avaient passé trente, trente-cinq ans dans la même boîte, et il se sont retrouvés vers la cinquantaine sans emploi ou sans les compétences indispensables pour se lancer dans autre chose[58]. »

L'effet cumulé de ces récits – et de dizaines de milliers d'autres de même nature – est extrêmement perturbant pour notre pays. Grâce à un mélange enviable d'emplois créés par des entreprises américaines innovantes et à une culture nationale fondée sur l'autonomie personnelle, les États-Unis ont toujours eu un taux de chômage nettement moins élevé que d'autres pays développés. Cet atout historique touche à son terme. À la fin de 2009, le taux de chômage des jeunes âgés de seize à vingt-quatre ans était de 19,1 %[59]. Et 19,7 % des Américains de sexe masculin âgés de vingt-cinq à cinquante-quatre ans (les meilleures années de travail, en théorie) étaient sans emploi – le taux le plus élevé depuis que le Bureau of Labor Statistics a commencé à enregistrer ces données en 1948[60].

« Chaque repli économique expulse un certain nombre de gens de la classe moyenne avant que la croissance ne reprenne, écrivait Peter Goodman dans le *New York Times* en février 2010. La plupart s'en remettent. Ils sont nombreux à prospérer. Mais certains économistes se demandent avec inquiétude si cette fois les choses ne se passeront pas autrement. Un faisceau inhabituel de forces – certaines inhérentes à l'économie moderne, d'autres spécifiques à cette terrible récession – pourrait rendre particulièrement difficile pour ceux qui ont perdu leur travail de retrouver l'accès à la classe moyenne… Appelons-les les nouveaux pauvres : des gens habitués de longue date au confort de vie de la classe moyenne qui dépendent aujourd'hui de l'assistance publique pour la première fois de leur existence – et pour des années peut-être[61]. »

LA CHASSE EST OUVERTE : LE PIÈGE TENDU AUX CLASSES MOYENNES

Dans notre pays, il y a ceux qui voient les membres de la classe moyenne se débattre avec des crédits hypothécaires supérieurs à la valeur de leur maison, des avis de saisie placardés sur leur porte, des factures de cartes de crédit de plus en plus élevées dans leur boîte à lettres, la perspective de la faillite, et qui se disent : « Ils se sont fourrés dans le pétrin par leur faute ; ils n'ont que ce qu'ils méritent. » Qui leur a dit d'acheter une maison qu'ils n'avaient pas de quoi payer, de signer ce crédit sans lire ce qui était écrit en petits caractères à propos du versement forfaitaire et final, et d'accumuler des arriérés sur une carte de crédit assortie d'un taux d'intérêt de lancement alléchant, mais qui est passé maintenant à 30 % ? Pourquoi devrions-nous, nous qui avons été plus prudents, payer les erreurs de ces irresponsables ?

Réagir ainsi, c'est ignorer l'affreuse vérité à l'origine de cette crise. La classe moyenne américaine n'a pas été prise d'un soudain accès d'irresponsabilité. Ce que l'on observe en réalité, ce sont les effets inévitables de pièges délibérément tendus pour maximiser les profits de quelques-uns tout en créant des conditions qui maximiseront fatalement, un jour ou l'autre, la misère de millions d'autres. Les ravages étaient prévisibles – et en fait, ils ont été prédits par je ne sais combien de prophètes de mauvais augure qui ont parfaitement perçu ce qui allait se passer. Quand on se penche sur la crise des saisies immobilières et sur celle du crédit, ainsi que sur toutes les faillites qui en ont résulté, il est difficile de ne pas conclure qu'à maints égards les choses se passent exactement comme prévu.

Rétrospectivement, c'est comme si on avait tendu un immense piège à la classe moyenne, un piège que le krach économique n'a fait que déclencher.

Commençons par l'éclatement de la bulle immobilière et par la crise des saisies qui a suivi. Pendant un siècle, entre le milieu des années 1890 et le milieu des années 1990, les prix de l'immobilier ont augmenté au même rythme que le taux général d'inflation. La bulle a commencé à enfler en 1996 et, en l'espace de dix ans, les prix de l'immobilier ont augmenté de 70 % – une bulle de 8 000 milliards de dollars[62].

Cette bulle n'était pas due au hasard. Nous venons de voir qu'au cours des trente dernières années les dépenses des classes moyennes sont devenues supérieures à leurs revenus. Comment un nombre croissant d'Américains ont-ils pu acheter un nombre croissant de maisons alors que les revenus stagnaient ? En s'endettant davantage, évidemment, en accumulant les crédits accordés par une armée dérégulée de prêteurs qui faisaient du battage pour de nouveaux types d'emprunts hypothécaires séduisants. En 2005, les prêts hypothécaires à haut risque, les fameuses *subprimes*, étaient montés en flèche et représentaient désormais 20 % du marché[63].

Cette expansion a été alimentée par le développement de créances hypothécaires titrisées – dont les « *collateralized debt obligations* » (CDO) ou obligations adossées à des actifs – dans lesquelles des crédits hypothécaires présentant des degrés variables de risque étaient regroupés en

« tranches » et écoulés auprès des investisseurs[64]. Vendant le risque à d'autres, les prêteurs se sentaient beaucoup plus libres d'accorder des crédits à des gens qui n'auraient pas dû, théoriquement, pouvoir en obtenir.

La Fed y a, elle aussi, contribué par le biais de taux d'intérêt extrêmement bas et par un contrôle très négligent sur le système des crédits immobiliers de plus en plus toxiques. Comme l'affirme l'économiste Dean Baker : « Le Federal Reserve Board* n'a absolument pas fait son boulot[65]. »

Pendant ce temps, des deux côtés de l'échiquier politique, on soutenait et on encourageait la bulle. Même après une avalanche de scandales comptables, de nombreux démocrates ont continué à défendre Fannie Mae et Freddie Mac**, voyant en eux de précieux auxiliaires d'une politique d'accession à la propriété à des conditions abordables[66]. Entre 2004 et 2007, Fannie et Freddie ont été les principaux acquéreurs de crédits hypo-

---

* Le conseil d'administration des gouverneurs de la Réserve fédérale.

** La Federal Home Loan Mortgage Corporation, surnommée Freddie Mac, et la Federal National Mortgage Association, surnommée Fannie Mae, sont deux sociétés par actions créées par le gouvernement fédéral américain qui ont été les acteurs majeurs du marché immobilier. Freddie Mac a titrisé des prêts hypothécaires avant de les revendre sous forme d'obligations à des investisseurs ; Fannie Mae a prêté et garanti des prêts à d'autres institutions financières. À l'été 2007, le marché immobilier se retourne, les premiers défauts de paiement apparaissent. Les pertes à provisionner pour les deux établissements sont colossales : le 7 septembre 2007, Fannie Mae et Freddie Mac sont nationalisées. Les titres émis par Freddie Mac, adossés à des prêts immobiliers, ont été le vecteur principal de propagation de la crise dite des *subprimes* à tous les marchés financiers.

thécaires à haut risque, pour un montant supérieur à 1 000 milliards de dollars[67]. George W. Bush et le Parti républicain ont, eux aussi, joué un rôle dans la bulle immobilière en cherchant à abattre certaines barrières à l'accession à la propriété – dans le cadre de la vision d'« une société de propriétaires » chère à Bush qui devait, comme il l'a déclaré dans son second discours d'investiture, « donner à tous les Américains une participation aux promesses et à l'avenir de notre pays[68] ». La route de l'enfer continue à être pavée de bonnes intentions.

Le refinancement des logements et l'octroi de prêts sur la valeur de l'habitation – qui permettent aux consommateurs d'acheter plus facilement tout ce qu'ils voient à la télévision et qu'ils n'ont pas vraiment les moyens de se payer – sont devenus une aubaine lucrative pour les établissements financiers. Protégées et encouragées par leurs copains politiques de Washington, les banques ont eu les coudées franches pour inciter la classe moyenne à contracter des prêts hypothécaires qui étaient de véritables bombes à retardement – des crédits hypothécaires que les banques pouvaient ensuite découper en rondelles ou en cubes et vendre sous forme de swaps*, de dérivés et de toutes sortes de produits financiers complexes à des investisseurs du monde entier.

Confiantes dans la titrisation de leurs prêts, les banques ont donc commencé à accorder des crédits

* Les swaps sont des contrats d'échange de flux financiers : ces contrats sont des produits dérivés, qui portent majoritairement soit sur les taux d'intérêt, soit sur les devises, soit sur le risque de crédit (*credit default swap*) et sur les matières premières (échanges jouant sur les taux fixes et variables).

hypothécaires à tout-va, ne prenant souvent pas la peine de vérifier que les emprunteurs étaient en mesure de rembourser les crédits qu'elles leur vendaient. En 2006, 62 % de l'ensemble des nouveaux crédits hypothécaires étaient ce qu'on appelle des « *liars' loans* », des « prêts de menteurs », parce qu'on pouvait les obtenir sans documents justificatifs ou presque[69].

Nous avons eu un aperçu de ce qui se passe dans les coulisses de l'industrie du prêt hypothécaire en avril 2010, quand un groupe d'experts du Sénat a enquêté sur l'effondrement du géant du prêt hypothécaire, Washington Mutual. On a notamment découvert, comme l'a rapporté Sewell Chan, du *New York Times*, que la banque accordait des primes à ses gestionnaires de crédit qui faisaient signer des emprunts plus risqués que les autres. Les gestionnaires de crédit et les employés du service commercial « touchaient encore plus s'ils faisaient payer trop cher aux emprunteurs en leur imposant des points ou des taux d'intérêt plus élevés, ou en incluant dans les crédits qu'ils accordaient des pénalités outrancières en cas de remboursement anticipé[70] ».

Le comportement des banquiers de Washington Mutual, et de beaucoup de leurs semblables, ne différait pas de celui des vendeurs de drogue. S'ils ne fourguaient pas du crack ni de la méthadone, ils vendaient un produit qui crée une dépendance tout aussi importante : un ticket pour la bonne vie à un prix alléchant, sans argent à poser sur le comptoir, sans nécessité de prouver ses revenus, en n'ayant que les intérêts à payer. Avec le feu vert du Congrès, les banquiers étaient bien décidés à transformer toute la population américaine en consommateurs irresponsables.

LA FAILLITE MORALE DE LA LOI SUR LES FAILLITES

Les banquiers savaient évidemment que la bulle immobilière finirait par éclater, comme toutes les précédentes. Et que cela provoquerait des saisies et des faillites en série. Il leur fallait donc tendre des pièges qui les mettraient à l'abri de tout risque.

C'est là qu'entre en scène la loi sur les faillites que les lobbyistes des milieux bancaires ont fait adopter par le Congrès et que le président Bush a promulguée en 2005[71]. Ce texte est si hostile aux familles américaines qu'il ne pouvait émaner que d'un milieu aussi corrompu, aussi cynique et aussi coupé des réalités que Washington.

Au lieu de mettre un frein aux pratiques prédatrices des établissements de crédit, de supprimer les niches favorables aux riches et de renforcer le filet de sécurité des salariés, des mères seules et des Américains âgés qui cherchaient tant bien que mal à se remettre d'un revers financier, le Sénat a concocté une vilaine petite loi qui :

– rendait plus difficile au commun des mortels l'accès aux procédures de sauvegarde destinées à éviter la faillite ;

– facilitait la tâche des propriétaires désireux d'expulser un locataire défaillant ;

– rendait plus difficile la restructuration des petites entreprises tout en ouvrant de nouvelles échappatoires à tous les Enron du monde ;

– permettait aux créanciers de donner des informations fallacieuses et

– ne faisait rien pour limiter les abus en matière de prêts, lesquels, trop souvent, transformaient une dette gérable en crise insurmontable.

Même dans l'adversité, les Américains ordinaires n'avaient pas droit à l'égalité des chances.

Ne vous y trompez pas, le caractère inéquitable de cette loi – qui se mettait en quatre pour aider l'industrie du crédit tout en traitant impitoyablement les salariés en difficulté – ne devait rien au hasard. À maintes et maintes reprises, le Sénat a repoussé des amendements qui devaient permettre aux anciens combattants, aux malades et aux personnes âgées de se placer plus facilement sous la protection de la loi sur les faillites. Il est allé jusqu'à rejeter un amendement destiné à plafonner à 30 % les taux d'intérêt exigés par les sociétés émettrices de cartes de crédit[72]. Trente pour cent : c'est plus que ce que vous demande un usurier de quartier.

Selon l'Institute for Financial Literacy*, en 2009 9,1 % des personnes qui ont déposé une déclaration de faillite gagnaient 60 000 dollars par an ou plus, contre 4,7 % en 2005. Et parmi celles qui se sont déclarées en faillite en 2009, 57,7 % avaient fait des études universitaires, soit une augmentation de 3,9 %[73].

La directrice générale de l'institut, Leslie Linfield, relève également une inquiétante courbe en cloche des déclarations de faillite pour la tranche des trente-cinq à cinquante-quatre ans : « 56 % des déclarants, dit-elle, se situent dans cette tranche d'âge. C'est très préoccupant,

* Institut pour la promotion de l'éducation financière.

car il s'agit d'une catégorie de gens d'âge moyen, qui sont très mal préparés pour la retraite. En tant que société, nous avons le devoir de nous interroger sur ce qui se passera dans vingt ans, quand ce groupe prendra effectivement sa retraite[74]. »

Nos dirigeants élus ont complètement ignoré le fait que la grande majorité de ceux qui se déclarent en faillite sont des membres de la classe moyenne qui n'arrivent plus à payer leurs factures parce qu'ils ont perdu leur emploi ou ont dû régler des frais médicaux trop élevés. Une étude réalisée en 2009 par des chercheurs de Harvard et de l'université de l'Ohio a en effet montré que les problèmes de santé étaient la cause première de 62 % de la totalité des faillites personnelles en Amérique en 2007[75]. Ce pourcentage signifie qu'environ 900 000 des 1,4 million de déclarations de faillite étaient des faillites médicales[76]. Ou, pour présenter les choses autrement, toutes les trente secondes, un Américain se déclare en faillite à la suite d'une grave maladie. Vous trouvez cette statistique choquante ? En voici une autre : 78 % des gens touchés par ces « faillites médicales » disposaient d'une assurance-santé à l'époque de leur maladie, mais elle était insuffisante pour couvrir la hausse spectaculaire des frais médicaux[77].

Barry Bosworth et Rosanna Smart, de la Brookings Institution, ont établi que l'effondrement catastrophique du marché des crédits hypothécaires à haut risque de 2008 a englouti 13 milliards de dollars du patrimoine des ménages américains entre le milieu de l'année 2007 et mars 2009. Bosworth et Smart ont également découvert que, « en moyenne, les ménages américains ont perdu le quart de leur patrimoine au cours de cette période[78] ».

L'effondrement brutal des marchés financiers et des crédits hypothécaires à risque a transformé radicalement l'existence de plusieurs millions de personnes. Des objectifs jadis accessibles – être propriétaire de sa maison, jouir d'un minimum de sécurité financière et pouvoir prendre sa retraite un jour – sont soudain devenus hors de portée. Et, comme nous n'avons pas encore atteint le creux de la vague, ce sont des millions d'individus de plus qui risquent de devoir bientôt réduire leur niveau de vie et renoncer à leurs rêves d'un avenir meilleur.

Nous nous trouvons dans une situation d'urgence nationale, rien de moins : 2,8 millions de maisons ont été saisies en 2009[79] et l'on estime que 3 millions de plus le seront en 2010[80]. Si l'on peut parler de « Katrina des classes moyennes », c'est certainement en ce moment. Pourtant les plus modestes tentatives pour détendre le piège qui s'est refermé sur tant de nos compatriotes ont eu le plus grand mal à faire bouger Washington, dominé par les intérêts particuliers.

Voyez l'exemple de la tentative du sénateur Dick Durbin pour donner aux propriétaires en faillite accès à une procédure de « *cramdown* », un « plan de réorganisation » qui leur permettrait de renégocier leur crédit avec leur banque sous la tutelle d'un juge des faillites. À l'heure actuelle, les crédits hypothécaires ne sont pas pris en compte par les procédures de faillite[81]. Jusqu'en 1978, ces plans de rééchelonnement étaient monnaie courante. Ils ont fini par être supprimés à la suite de batailles judiciaires[82], et l'industrie du crédit hypothécaire, on n'en sera pas surpris, s'est montrée farouchement hostile à leur réintroduction. Les banques ont remporté la victoire à l'issue d'une lutte inégale à la fin du mois d'avril 2009, quand le Sénat a repoussé la proposition de Durbin, qui aurait aidé 1,7 million de propriétaires à conserver leur maison et préservé 300 milliards de dollars supplémentaires en valeur immobilière[83].

Face au raz-de-marée de faillites qui a complètement déstabilisé notre économie, cette mesure semblait tomber sous le sens. On avait assisté à plus de huit cent mille faillites au cours des seuls trois premiers mois de 2009[84]. Pourtant, malgré des concessions majeures qui avaient déjà édulcoré ce texte[85], la Mortgage Bankers Association (l'association des banquiers hypothécaires dont les plans de crédit à risque ont contribué à conduire notre économie au bord du précipice), la Financial Services Roundtable et l'American Bankers Association l'ont combattue bec et ongles. Et elles ont gagné[86].

Pis encore, les banques et les sociétés de crédit immobilier sont souvent dans un tel état de désorganisation qu'elles procèdent à des saisies injustifiées.

Comme l'a relevé Paul Kiel, de *ProPublica*, « il arrive que le dysfonctionnement des banques en matière de communication soit tel qu'il entraîne des saisies prématurées ou erronées. Avec l'aide d'un avocat ou d'un conseiller en immobilier, certains propriétaires ont pu faire révoquer une décision de saisie. D'autres ont perdu leur maison[87] ». Kevin Stein, directeur adjoint de la California Reinvestment Coalition, a déclaré à Kiel : « Nous pensons que dans bien des cas les gens perdent leur maison alors que cela n'aurait pas dû se produire. »

Vous aimez les films d'horreur économique ? Que diriez-vous d'un piège de saisie qui se referme sur votre jambe alors que vous n'avez même pas posé le pied dessus ?

VOUS POUVEZ FAIRE APPEL À UN AVOCAT... SAUF SI VOTRE MAISON EST SUR LE POINT D'ÊTRE SAISIE

La crise des saisies immobilières qui a frappé l'Amérique a encore été aggravée par l'insuffisance de l'aide juridictionnelle accordée aux propriétaires aux abois. Selon une étude du Brennan Center for Justice, « la crise de saisies massive est aussi, dans le fond, une crise judiciaire[88] ». La grande majorité des propriétaires doit en effet faire face aux procédures de saisie sans assistance juridique.

Dans le comté de Nassau de l'État de New York, 92 % des propriétaires visés par des saisies concernant des crédits hypothécaires à risque ou non conventionnels (qui s'adressent de façon disproportionnée aux membres des minorités) n'avaient pas d'avocat[89]. Or il suffit parfois de bénéficier d'une aide juridique pour pouvoir conserver sa maison et éviter l'expulsion[90]. Un avocat peut faire suspendre la procédure de saisie ou exercer des pressions suffisantes sur les prêteurs pour qu'ils acceptent de renégocier les conditions du crédit. Il dispose également d'autres moyens d'intervention, en faisant appliquer les lois de protection des consommateurs, par exemple, ou en dénonçant les entorses à la législation commises par les banques et les établissements de crédit.

Deux barrières empêchent les propriétaires en difficulté d'obtenir une représentation juridique correcte. La première est d'ordre financier. En 1996, le budget de la Legal Services Corporation, le principal organisme d'aide aux Américains à revenus modestes dans les procédures civiles, a été réduit d'un tiers[91]. Aujourd'hui, pour que le niveau de financement de la Legal Services Corporation soit égal à celui de 1981, elle devrait obtenir 753 millions de dollars supplémentaires[92]. Si Goldman Sachs ou Bank of America avaient besoin de liquidités d'un montant analogue (voire dix fois supérieur), Washington n'hésiterait pas un instant. Mais les propriétaires à faibles revenus n'ont aucun poids au Capitole.

La deuxième barrière est due aux entraves à une aide juridique digne de ce nom délibérément introduites dans le système[93]. Vous souvenez-vous du « Contract with America* » de 1994 ? Il se trouve que l'une de ses dispositions réduisait considérablement les possibilités de protection juridique des propriétaires contre les prêteurs prédateurs : les propriétaires représentés par la Legal Services Corporation ne sont pas autorisés à engager des actions collectives en justice, les fameuses *class actions*. Ils ne peuvent pas non plus obliger l'autre

* « Contrat avec l'Amérique » : il s'agit d'une série d'engagements présentés par le Parti républicain avant les élections au Congrès de 1994, qu'il a d'ailleurs remportées.

partie à payer les frais de justice, comme le prévoit normalement la loi. La possibilité pour un plaignant qui a obtenu gain de cause de se faire rembourser ses frais d'avocat est indispensable si l'on veut dissuader les établissements de crédit de faire traîner les procédures en longueur dans le seul dessein d'épuiser les ressources financières de la partie adverse. L'administration Obama a demandé au Congrès de supprimer un grand nombre de ces restrictions, en vain. Le plan de relance de 789 milliards de dollars* ne prévoyait pas un dollar pour l'aide juridique liée aux saisies[94].

Bien que les Américains qui perdent leur maison soient traités avec une parfaite indifférence, une saisie immobilière annonce généralement un certain nombre d'autres catastrophes. Chaque saisie n'est que la première d'une série de crises. Quand des familles perdent leur foyer, elles sont obligées d'aller s'installer chez des parents, ou au motel, ou bien de vivre dans une voiture, ou encore dans la rue. Pendant ce temps, leur logement reste vide. La valeur des maisons voisines baisse. D'autres habitants du quartier déménagent. Dans bien des cas, des squatters s'installent. La criminalité augmente. Les revenus fiscaux baissent, emportant dans leur sillage les budgets scolaires.

Près de 41 millions d'habitations américaines jouxtent une maison saisie[95]. À la suite d'une saisie, la valeur des propriétés voisines baisse de 8 880 dollars en moyenne[96]. Cela se traduit par une perte totale de valeur immobilière de 356 milliards de dollars[97]. Et les

* Montant du plan de relance promis par Barack Obama au lendemain de son entrée en fonction et voté en février 2009.

propriétés vacantes pèsent lourd sur des administrations locales déjà financièrement étranglées. Une augmentation des saisies de 1 % entraîne une hausse de 2,3 % des violences criminelles[98].

Les dégâts collatéraux de la crise des saisies sont encore plus graves, et leur portée est plus considérable qu'on ne croit. Les conséquences sur les générations à venir, sur nos enfants, sont incalculables. Un article d'Erik Eckholm paru dans le *New York Times* en septembre 2009 et consacré à l'augmentation du nombre d'enfants d'âge scolaire sans abri à la suite de la crise des saisies m'obsède encore[99]. L'article était accompagné d'une photo de Charity Crowell, neuf ans, d'Asheville, en Caroline du Nord, arborant la tenue vert et violet qu'elle avait l'intention de porter pour la rentrée des classes. Au printemps précédent, quand ses parents ont perdu leur emploi et leur voiture, les C – « passable » – se sont accumulés sur son bulletin. Elle a juré d'obtenir de meilleurs résultats. « Je n'arrivais pas à dormir, a raconté la petite Charity à propos de son dernier semestre. Toutes ces histoires m'inquiétaient. » Aussi s'assoupissait-elle souvent en classe.

Après avoir été expulsée, sa famille s'est réfugiée de maison d'amis en maison d'amis, avant de se retrouver au motel et finalement dans une caravane.

Le National Center on Family Homelessness* estime qu'aux États-Unis un million et demi d'enfants sont sans domicile fixe[100] – soit un sur cinquante. La ville de

* Centre national des familles sans abri : ONG qui prête assistance aux familles sans abri et rassemble des données sur le sujet.

San Antonio, par exemple, a inscrit mille élèves sans abri au cours des deux premières semaines de l'année scolaire 2009-2010 – deux fois plus qu'au cours de la même période de l'année précédente[101]. Le National Center on Family Homelessness a également établi que les enfants sans domicile fixe courent quatre fois plus de risques de tomber malades[102] et deux fois plus de souffrir de problèmes d'apprentissage et de développement que les autres[103].

« Nous voyons des gamins de huit ans dire : "Maman, ne t'en fais pas, ne pleure pas" », dit Bill Murdock, qui travaille avec des élèves sans abri[104].

Devant une telle situation, comment ne pas être scandalisé par les centaines de milliards de dollars que nous avons versés pour sauver Bank of America, Citigroup, JPMorgan Chase et Wells Fargo, ces banques qui aujourd'hui font la sourde oreille et refusent de renégocier les prêts hypothécaires pour permettre à des familles de rester chez elles ?

De plus, contrairement aux idées reçues, la plupart des gens que l'on expulse aujourd'hui de chez eux ne sont pas des acheteurs récents qui ont contracté des crédits à risque insensé, ni des familles qui se sont endettées massivement au-delà de leurs capacités de remboursement. Ce sont des Américains de la classe moyenne qui ont perdu leur emploi et essaient désespérément de joindre les deux bouts.

Si la crise des saisies n'a pas attiré l'attention qu'elle mérite, c'est parce que l'intérêt général – que les gens puissent conserver leur maison – ne coïncide pas avec les intérêts du monde de l'entreprise et de la finance. Les banques refusent de revoir à la baisse les emprunts hypothécaires irrécouvrables parce que cette mesure réduirait la valeur des paniers d'actifs dans lesquels elles ont fourré ces crédits[105]. Les quatre plus grosses banques (Bank of America, Wells Fargo, Chase et Citibank) servent les deux tiers de l'ensemble des crédits hypothécaires qui font l'objet de saisies[106]. Ces banques détiennent collectivement 477 milliards de dollars en hypothèques de second rang[107].

S'agissant de la crise des saisies, l'audace qui a permis à Obama de gagner s'est transformée en méthode de gouvernement timorée. Une intervention plus résolue et plus précoce de notre administration et de notre Congrès paralysé et divisé aurait permis à des millions de familles de rester chez elles et aurait accéléré le redressement économique de Main Street. Encore aurait-il fallu, évidemment, accorder au commun des mortels les mêmes chances qu'aux banquiers voraces.

« Les banques sont trop grandes pour qu'on les laisse faire faillite[108] » : telle est la rengaine que nous entendons depuis septembre 2008. Il semblerait en revanche que mettre les propriétaires américains à la porte de chez eux et de la classe moyenne – définitivement peut-être – ne pose aucun problème.

UN CHÂTEAU DE CARTES

Les crédits hypothécaires ne sont évidemment pas le seul type de dettes que les Américains ont sur les bras, et de loin. Il faut bien reconnaître que nous sommes devenus une nation qui se nourrit de cartes en plastique et qui est financée par le crédit renouvelable, le fameux crédit « revolving ».

Les chiffres sont atterrants :

– En janvier 2010, le montant des crédits à la consommation de la population américaine s'élevait à 2 460 milliards de dollars. Sur ce montant, 864 milliards étaient constitués de crédit renouvelable[109] (dont 98 % pour les seules cartes de crédit[110]).

– Il y a plus de 576 millions de cartes de crédit en circulation aux États-Unis, auxquelles s'ajoutent 507 millions de cartes de paiement. L'année dernière, nous nous sommes servis de ces cartes pour effectuer plus de 56 milliards de transactions[111].

– Le détenteur moyen de cartes de crédit possède 3,5 cartes, et le montant moyen d'endettement d'un ménage sur ses cartes de crédit est de 16 000 dollars. En 2009, 56 % des consommateurs affichaient un solde impayé[112].

Les Américains ne se servent plus seulement de leur carte de crédit pour acheter ce dont ils ont envie, mais pour joindre les deux bouts. « Pour une grande partie de l'Amérique, explique Elizabeth Warren, la carte de crédit représente aujourd'hui le contrat d'assurance-maladie, l'assurance-chômage, la solution pour financer les études supérieures d'un enfant quand on n'a pas de quoi couvrir tous les frais[113]. » Les cartes de crédit sont devenues une bouée de sauvetage en plastique pour un nombre croissant d'Américains. En fait, en 2007, c'est-à-dire avant même le début de la crise économique, la dette totale de 14,7 % des ménages américains était supérieure à 40 % de leur revenu annuel[114].

En 1958, American Express a lancé le système de la carte de crédit acceptée dans un grand nombre de commerces[115]. BankAmericard (la future Visa) a suivi en 1959 en proposant la première carte d'utilisation générale à paiement différé. MasterCard (appelée initialement Master Charge) a été lancée à la fin des années 1960.

Mais c'est en 1978 que l'industrie moderne de la carte de crédit est vraiment passée à la vitesse supérieure, lorsqu'une décision de la Cour suprême a autorisé les banques à faire payer le taux d'intérêt le plus élevé autorisé par l'État où se trouve leur siège et non par l'État où l'emprunteur est domicilié[116]. Espérant attirer ainsi l'industrie bancaire, des États comme le Dakota du Sud et le Delaware ont abrogé leurs lois sur les taux d'intérêt[117] – qui avaient empêché ceux-ci de déraper –, donnant ainsi le signal de départ de la course à l'arnaque au consommateur.

L'arrivée de banques nationales, associée à la déréguIation bancaire et à la révolution technologique, a fait le reste. Elle a également ouvert la porte au racolage auquel se livrent les banques pour nous vendre des cartes de crédit, et a entraîné la création de toutes sortes de pièges et de subterfuges destinés à extorquer aux consommateurs l'argent qu'ils ont tant de mal à gagner. « En 1980, le contrat courant d'une carte de crédit faisait une page et demie, observe Elizabeth Warren. Aujourd'hui, il en couvre environ trente et une. Les vingt-neuf pages et demie supplémentaires sont consacrées aux chausse-trapes. J'enseigne le droit des contrats à la faculté de droit de Harvard, poursuit-elle, et je suis incapable de comprendre mon propre contrat de carte de crédit. Il n'est pas fait pour être lu, c'est bien simple[118]. »

En conséquence, les sociétés de cartes de crédit ont gonflé leurs bénéfices pendant des années grâce à une gamme croissante de frais : pénalités de retard, avances de trésorerie, frais de transfert de solde, frais de dépassement de limite de crédit. Ces montants représentent actuellement 39 % des revenus des sociétés émettrices de cartes[119]. L'année dernière, les établissements prêteurs ont engrangé plus de 20 milliards de dollars de pénalités et de frais[120]. Et malgré l'entrée en vigueur de nouvelles réglementations sur les cartes de crédit au début de 2010, les banques rivalisent d'imagination et de sournoiserie pour trouver de nouveaux moyens d'escroquer leurs clients. Si incroyable que cela puisse paraître, elles ont même instauré une « pénalité d'inactivité » imposée à ceux qui n'utilisent *pas* leur carte[121] !

Une des principales vertus des nouvelles réglementations sur les cartes de crédit est de rendre plus difficile aux sociétés émettrices de traquer les clients de moins de vingt et un ans. Pendant des années, ces sociétés ont ciblé les jeunes de façon agressive, irresponsable et fructueuse. C'est ainsi que, selon CreditCards.com, 76 % de l'ensemble des étudiants de premier cycle disposent aujourd'hui de cartes de crédit : « Les arriérés des cartes de crédit des jeunes étudiants atteignent un niveau record. Le découvert moyen a augmenté pour atteindre 3 173 dollars, le chiffre le plus élevé enregistré au cours de toutes les années d'enquête… Le solde négatif de 21 % des étudiants se situait entre 3 000 et 7 000 dollars, soit plus que lors de la dernière enquête[122]. » La moitié des étudiants de premier cycle ont plus de *quatre* cartes de crédit chacun, et plus du tiers d'entre eux sont incapables de payer intégralement leurs arriérés[123]. Cette dette sur leur carte de crédit s'ajoute évidemment à leur emprunt d'études. Selon FinAid, 66 % des diplômés de l'université ont terminé leurs quatre années d'études en étant endettés – pour un montant moyen de 23 186 dollars en crédits d'études[124]. Ces étudiants de la classe moyenne – jeunes, instruits et ayant atteint le plafond de leur crédit disponible – auront du mal à échapper au poids écrasant de leur endettement en s'engageant dans la vie professionnelle. Impayable…

Notre pays est au bord d'une grave crise de la carte de crédit. Chaque jour, affrontant une période de chômage et de difficultés économiques, des Américains sont obligés d'utiliser leurs cartes de crédit pour s'acquitter de dépenses de première nécessité comme l'alimentation, le logement et les soins médicaux – dont le coût ne cesse d'augmenter. Mais, au fur et à mesure que leur dette s'accroît, ils ont de plus en plus de mal à faire face aux échéances. Quand ils n'y arrivent plus, les banques, cherchant à compenser ces pertes par d'autres biais, se retournent contre eux, augmentent les taux d'intérêt et imposent toutes sortes de frais et de pénalités, réduisant encore les chances de leurs clients de pouvoir rembourser leurs dettes en hausse constante. C'est un cercle vicieux que décrit très bien Janet H.

« En 2008, m'a-t-elle dit, nous n'avions que quelques arriérés de cartes de crédit relativement faibles, inférieurs à 1 000 dollars, que nous arrivions à rembourser en deux, trois mois. C'était ce que nous dépensions pour les vacances ou éventuellement pour une petite folie, à Noël.

« Mais quand j'ai perdu mon boulot d'assistante de direction, nous avons commencé à vivre de nos cartes de crédit, nous n'avions pas le choix. Le carburant et l'alimentation représentaient une grande partie de nos dépenses : le carburant était à près d'un dollar le litre et mon mari avait cinquante minutes de trajet aller et retour pour son travail.

« Et voilà que nos taux d'intérêt, qui, il y a deux ans, se situaient entre 2,9 et 12 %, ont grimpé jusqu'à 29,9 %, bien que nous ayons continué à faire des paiements par carte.

« Au même moment, chacune des sociétés émettrices a décidé d'abaisser notre limite de crédit, ce qui a eu pour effet d'augmenter notre ratio d'endettement par rapport au crédit disponible. Quelques mois plus tard, une autre société émettrice repérait ce pourcentage plus élevé et abaissait à son tour notre plafond de crédit. C'est un cercle vicieux et nous en sommes arrivés au point où le plafond de découvert de notre carte de crédit, qui était de 16 000 dollars, est descendu à 3 000 dollars, ce qui nous confère la distinction douteuse de donner l'impression d'avoir épuisé le maximum de crédit sur toutes nos cartes. En ce moment, on ne se sert plus très souvent de nos cartes de crédit parce que, comme on est au taquet du montant disponible sur toutes les cartes, on ne peut pas faire d'achat sans dépasser cette limite.

« Nous sommes endettés jusqu'au cou, nous n'avons pas d'économies, la banque va reprendre notre maison. J'entends tout le temps dire que les gens comme moi "ne savent pas gérer leur budget" ou "dépensent trop" ou "n'auraient jamais dû acheter une maison s'ils n'en avaient pas les moyens". Je ne veux pas d'aide sociale. Je ne veux pas engager de procédure de faillite. Je gagne moins d'argent aujourd'hui, mon mari aussi. J'en ai plus que marre de ceux qui nous regardent de haut alors que nous ne sommes pour rien dans ce qui s'est passé. Pendant ce temps, les banques se font renflouer et versent des primes colossales. »

Des expériences comme celle de Janet et ses cartes de crédit contribuent à faire monter la colère et à accélérer la chute de notre économie. De nombreux spécialistes estiment que l'augmentation du nombre d'Américains incapables de rembourser les arriérés de leurs cartes de crédit va imposer aux banques un *remake* indigeste de l'effondrement des titres toxiques dû à la crise des crédits hypothécaires. Dans un autre exemple de « créativité » de Wall Street, les dettes sur les cartes de crédit sont couramment rassemblées dans des produits intitulés « effets à recevoir sur cartes de crédit » et vendues à des investisseurs – le plus souvent des fonds de pension et des fonds spéculatifs. En 2008, les titres appuyés sur la dette des cartes de crédit représentaient un marché de 365 milliards de dollars[125]. Cela a poussé les sociétés émettrices à proposer des cartes à des emprunteurs à risque et à autoriser un montant de découvert de plus en plus élevé.

Ces emprunteurs continuant à être défaillants, les banques et les investisseurs qui ont acheté leur dette globale vont être durement touchés. Comment les sociétés émettrices de cartes de crédit cherchent-elles à compenser l'accroissement des créances douteuses ? En relevant les taux et les frais imposés au reste de leurs clients, qui sont ainsi de plus en plus nombreux à accumuler les arriérés. Et la ronde continue.

On encourage les Américains à dépenser pour soutenir l'économie qui piétine et peine à repartir. Le problème est que de nombreux Américains sont fauchés ou s'en sortent de justesse. Pour dépenser, le seul moyen est de payer par carte et d'accumuler ainsi des découverts sur des cartes de crédit délibérément conçues pour qu'il soit de plus en plus difficile de boucher le trou. Ça vous donne le vertige ?

Elizabeth Warren se demande avec angoisse si la crise des cartes de crédit « ne risque pas de porter le coup de grâce à la classe moyenne[126] ».

PEUR, ANGOISSE, DÉPRESSION, COLÈRE... ET À PART ÇA, COMMENT ÇA VA, L'AMÉRIQUE ?

Tous les Américains sont inquiets.

En mars 2010, un sondage de FOX News révélait que 79 % des électeurs – dont la grande majorité des démocrates, des républicains et des indépendants – n'excluent pas un effondrement de l'économie[127]. En avril 2010, selon un sondage Gallup, 41 % seulement des Américains jugeaient leur situation financière « bonne » ou « excellente » – le plus faible pourcentage de ces dix dernières années[128]. Et 21 % des salariés envisagent comme une probabilité sérieuse d'être licenciés au cours de l'année à venir[129].

Ces perspectives pessimistes risquent d'avoir de profonds effets sur la psyché américaine et d'ébranler notre assurance légendaire. Comme l'a rapporté Don Peck dans le numéro d'*Atlantic* de mars 2010, Andrew Oswald, économiste à l'université de Warwick, estime qu'« il n'y a rien de pire pour la santé mentale que six mois ou plus de chômage involontaire ; c'est aussi préjudiciable [...] que la mort d'un conjoint [...]. Et il s'agit d'effets psychologiques durables qui persistent même après le retour à l'emploi[130] ».

Des chercheurs de la Rutgers University ont interrogé mille personnes sans emploi dans le courant de l'été 2009. Au printemps de 2010, 80 % d'entre elles étaient toujours au chômage. Parmi celles qui avaient retrouvé du travail, 13 % seulement avaient décroché un emploi à temps plein. Pour s'en sortir pendant une longue période de chômage, « 70 % des gens ont puisé dans leurs fonds de retraite, 56 % ont emprunté de l'argent à leur famille ou à des amis et 45 % se sont servis de leurs cartes de crédit ; 42 % ont économisé sur les soins médicaux, 20 % sont allés s'installer chez des membres de leur famille ou des amis et 18 % fréquentaient une soupe populaire[131] ».

« Tous les amortisseurs ont disparu, affirme Cliff Zukin, l'un des auteurs de cette étude. Cette fois, la déchirure économique est beaucoup plus profonde[132]. » Et, au niveau de la classe moyenne, aucune profession n'a été épargnée.

Henry Chalian était vice-président et directeur des relations publiques chez JPMorgan quand il a été licencié en mai 2009. « Ç'a été un choc pour tout le monde, à tous égards, explique-t-il. Cela étant, l'année précédente avait été déstabilisante. Tous les matins en arrivant, on se disait les uns aux autres : “Ça va, on est toujours là !” » Diplômé de la London School of Economics, Chalian avait travaillé pour Bear Stearns avant d'être embauché par JPMorgan. « Je m'occupais des relations avec certains des établissements de recherche indépendants les plus en vue du pays, dit-il. Il y avait eu beaucoup de changements au cours de la dernière année, mais nous pensions que nos emplois étaient sûrs. J'ai été licencié la veille du jour où la prime de licenciement de Bear Stearns a été supprimée. »

Chalian estime avoir plus de chance que beaucoup d'autres. Son ancienne société met à la disposition de ses salariés licenciés un centre d'aide et de conseil à l'emploi interne à l'entreprise pendant un an. Il peut consulter des conseillers d'orientation chaque semaine et suivre des cours de création de réseaux, apprendre à s'exprimer en public et à passer des entretiens. Il a même participé à un séminaire de six semaines sur l'utilisation des médias sociaux dans la recherche d'emploi. « Je me suis inscrit dans un certain nombre de groupes LinkedIn associés à la finance, j'ai pu retrouver d'anciens employeurs et d'anciens camarades d'études, raconte-t-il. Je participe à des forums, je pose des questions, je fais des commentaires. » Chalian a aussi utilisé Twitter, qui peut constituer, il l'a découvert, un puissant moteur de recherche d'emploi. « J'y ai rencontré un tas de conseillers pour l'emploi, de blogueurs et de recruteurs intelligents et serviables avec lesquels je reste en contact. »

Il a participé à un grand nombre de programmes d'aide aux nouveaux chômeurs mis en place par sa ville et par son État, comme JumpStart NYC, une entreprise montée en commun par le maire Michael Bloomberg et par la New York City Economic Development Corporation pour les employés de services financiers licenciés ; il a pris part à un camp d'entraînement d'une semaine avec des formateurs de la Business School de Harvard ; il a passé six mois dans un incubateur de start-up de médias numériques et d'e-commerce dans le cadre d'un stage non rémunéré et d'un programme de conseil ; et il a bénéficié d'une bourse « National Emergency » pour suivre un programme de deux semaines sur les « Notions fondamentales de gestion de la Columbia » à la Columbia Business School. Il participe également à un blog sur le site du *Wall Street Journal*, WSJ.com, intitulé « Licencié et à la recherche d'un emploi », et a collaboré à une émission financière sur CNN baptisée *Banquiers à la dérive*.

Cela fait maintenant un an que Chalian a été licencié et, malgré tous ses efforts, il n'a pas encore retrouvé de travail. Ayant dépensé l'intégralité de sa prime de licenciement, il vit désormais d'allocations de chômage et a puisé dans ce qu'il avait mis de côté pour sa retraite. « J'ai été très économe, dit-il, mais ça ne suffit pas. Je m'inquiète tout le temps pour l'avenir et pour l'argent. J'ai beau avoir été très occupé, ça n'a pas été facile. »

Une des conséquences de cette peur et de cette angoisse sous-jacentes est la colère que l'on voit monter d'un bout à l'autre de l'Amérique.

En avril 2010, juste après une vague de menaces contre des membres du Congrès, on a appris qu'un groupe du Tea Party de l'Oklahoma envisageait de constituer une milice armée pour défendre l'État contre les prétendus empiètements du gouvernement fédéral[133] – et ce dans un État où, quinze ans auparavant, la fureur de Timothy McVeigh* avait tourné à la violence meurtrière.

Le FBI enquêtait sur un groupe d'extrémistes antigouvernementaux qui adressaient des lettres à des gouverneurs américains exigeant qu'ils démissionnent s'ils ne voulaient pas être « déplacés[134] ». Ces menaces suivaient l'arrestation de membres du groupe Hutaree, une milice chrétienne radicale du Michigan qui complotait de tuer des policiers[135].

Le rassemblement à travers tout le pays de membres du Tea Party venus protester à l'occasion du « Tax Day », le jour du versement des impôts, a déclenché une nouvelle vague de débats sur ce qui anime ces groupes : colère, peur, racisme ou divisions sociales[136]. On a également évoqué la responsabilité des médias et de certaines personnalités politiques qui inciteraient les groupes du Tea Party à faire usage d'une rhétorique violente. (Sarah Palin a ainsi exhorté ses partisans à « recharger[137] », tandis que la députée Michele Bachmann déclare vouloir des électeurs « armés et dangereux[138] ».)

Cette colère grandissante s'inscrit dans une tendance inquiétante. Selon *Rage on the Right* (« Colère à droite »), un rapport publié par le Southern Poverty Law

---

* Membre d'un groupe d'extrême droite hostile au gouvernement fédéral et auteur d'un attentat au camion piégé à Oklahoma qui a fait 168 morts en 1995.

Center*, le nombre des groupes dits patriotes** est monté en flèche ces dernières années. Il y avait en 2009 512 groupes patriotes en activité contre 149 seulement en 2008. Le nombre de milices professant le même genre d'idées est passé durant la même période de 42 à 127. Quant aux « groupes extrémistes nativistes », c'est-à-dire xénophobes, qui soutiennent des actions d'autodéfense contre les travailleurs sans papiers, ils sont passés de 173 en 2008 à 309 en 2009[139].

S'il faut prendre au sérieux ces menaces et cette colère, il importe également de ne pas ignorer l'exaspération légitime qu'inspirent Washington et l'*establishment* politique des deux partis. Grâce au renflouement bancaire bâclé, la rhétorique antigouvernementale s'est invitée dans le débat public. « Le mécontentement à l'égard de la situation actuelle et l'angoisse de l'avenir sont devenus le bruit de fond de notre politique, écrivait Tim Rutten dans le *Los Angeles Times*. Pourtant, les deux camps du Congrès semblent sourds à ce vacarme[140]. »

« Il y a des moments – ils marquent la cote d'alerte d'un système politique – où les hommes politiques ne peuvent plus communiquer, où ils cessent de com-

* Centre juridique de lutte contre la pauvreté : il s'agit d'une organisation basée dans les États du Sud qui s'attache à lutter contre la haine et le fanatisme et à défendre les droits des membres les plus vulnérables de la société, notamment par des actions en justice.

** Ces groupes, apparus au milieu des années 1990, s'opposaient aux tendances jugées tyranniques du gouvernement fédéral. Après avoir presque disparu dix ans plus tard, ils ont repris du poil de la bête à la faveur de la crise.

prendre le langage de ceux qu'ils sont censés représenter[141] », écrivait l'historien Ian Kershaw. Peut-être cela explique-t-il la réaction apathique, de pure forme, de l'*establishment* politique au chœur croissant de la classe moyenne en colère.

En des temps de désordres économiques où les gens perdent leur emploi, perdent leur maison et se sentent complètement impuissants, on a toujours cherché des boucs émissaires. L'histoire américaine nous en offre d'innombrables illustrations.

Dans les années 1880, par exemple, quand l'âge d'or qui a succédé à la guerre de Sécession est arrivé à son terme, une grave crise économique s'est amorcée qui a culminé au moment de la dépression de 1893[142]. La désignation de boucs émissaires parmi le peuple américain a débuté très tôt : le *Chinese Exclusion Act* de 1882 suspendait l'immigration en provenance de Chine, alors que les immigrés chinois venaient de participer à la construction du chemin de fer transcontinental[143]. Les agressions de bandes de Blancs contre les Chinois se multipliaient à travers tout le pays.

Un journaliste a bien rendu le climat de l'époque : « Pourquoi permettre à une armée d'Asiatiques lépreux, véritables sangsues de la prospérité, destructeurs du progrès, de souiller notre voie publique, de dégrader la ville, de repousser l'immigration, de chasser notre population, de démolir nos maisons, de prendre les emplois de nos compatriotes, de corrompre la moralité de notre jeunesse, d'ouvrir des fumeries d'opium, d'acheter ou de vendre l'enfant de la misère ou l'esclave, et de polluer la vie de nos jeunes gens par leurs bordels[144] ? »

Un ancêtre de Glenn Beck, peut-être ?

Alors comme aujourd'hui, l'agitation avait entraîné la formation d'un parti politique un peu flou – les populistes. Voici comment l'historien Richard Hofstadter décrit leur programme : « L'utopie des populistes se situait dans le passé, et non dans l'avenir. Les populistes regardaient derrière eux avec nostalgie, songeant à l'Éden agraire perdu[145]. » Ça vous rappelle quelque chose ? Le mythe d'un âge d'or américain qui aurait existé bien avant tous nos problèmes actuels a nourri de nombreuses campagnes politiques.

Hofstadter rappelle également la vision rigide des populistes pour qui le monde se divisait en deux, « nous » et « eux ». Les masses contre les élites. Ou, comme le dirait Sarah Palin, les vrais Américains contre tous les autres.

Les théories du complot se déchaînaient déjà au XIXe siècle. À la suite de la dépression de 1893, les populistes voyaient l'histoire de l'Amérique d'après guerre comme « un complot prolongé de la puissance financière internationale », une obsession qui faisait également le jeu d'un antisémitisme virulent[146].

L'histoire nous apprend qu'une crédulité si insensée devient beaucoup plus inquiétante dans les périodes de difficultés économiques. Elle s'accentue encore pour peu que nos politiques, nos dirigeants et les représentants des médias la flattent au lieu de remédier à ses causes profondes. Si l'internement honteux des citoyens japonais pendant la Seconde Guerre mondiale est parfaitement connu, bien des Américains ignorent encore que, pendant la Grande Crise, sous le président Hoover, les États-Unis ont déporté concrètement un grand nombre de citoyens américains d'origine mexicaine[147].

Quant à l'antisémitisme qui s'est manifesté à l'époque de la crise de 1929, il ne s'est pas limité à une rhétorique violente, il est passé à l'action. En 1935, par exemple, de nombreuses boutiques de Harlem appartenant à des Juifs ont été détruites par une bande d'Afro-Américains, pour qui ces commerçants étaient simplement les boucs émissaires les plus accessibles[148]. N'oublions pas non plus que les flammes du fanatisme ont été attisées par le père Charles Coughlin, un prêtre extrêmement populaire, xénophobe et ouvertement antisémite dont l'émission de radio était, à un moment, écoutée par un Américain sur trois[149].

En 1969, Pete Hamill a publié « La révolte de la classe moyenne inférieure blanche » dans la revue *New York*. Ce texte aurait pu être écrit aujourd'hui. « À l'heure actuelle, le travailleur blanc voit de l'injustice et de la politique politicienne partout dans cette ville, écrivait Hamill, et se projette lui-même dans le rôle de la victime. » Il relevait « un manque croissant de contrôle personnel sur les événements ». Conséquence : « On parle de plus en plus de révolte. » « Si le Noir stéréotypé devient l'ennemi du travailleur blanc, concluait Hamill, l'ennemi final pourrait bien être le processus démocratique lui-même[150]. »

En avril 2010, plus de la moitié des Américains – et 92 % des membres du Tea Party – étaient convaincus que le président Obama conduisait notre pays vers le socialisme[151]. Et lorsque l'angoisse due à l'effondrement économique s'ajoute à la panne de l'ascenseur économique, toutes les conditions d'une chasse effrénée au bouc émissaire sont réunies. Un sondage Harris de mars 2010 révélait que, parmi les républicains, 57 % croient Obama musulman, 38 % estiment qu'il « fait beaucoup de ce qu'Hitler a fait », et 24 % se demandent si le président « ne serait pas l'Antéchrist[152] ».

Même si la méthodologie des sondages n'est pas parfaitement fiable et si les chiffres réels sont largement inférieurs à ces données, on nage en pleine démence. Il est vrai qu'à en croire le psychologue Michael Bader la paranoïa est une réaction naturelle aux souffrances provoquées par les difficultés économiques. « Les paranoïaques font de leur mieux pour donner un sens à leur sentiment d'impuissance et d'absence de valeur et pour l'atténuer, écrit Bader. On ne peut pas supporter très longtemps l'impuissance et la haine de soi. C'est trop douloureux… trop démoralisant, trop effrayant. Il faut trouver un antidote. Il faut arriver à interpréter les événements d'une manière qui leur redonne du sens, qui restaure l'estime de soi et la foi dans la possibilité d'une rédemption[153]. » À cette fin, les gens inventent fréquemment « un récit – une série de convictions sur le monde tel qu'il est et tel qu'il devrait être – [qui] les aide à donner du sens au chaos ». Cela impose souvent de rejeter la responsabilité sur autrui et de se créer un ennemi à pourfendre.

Alors que les élections de mi-mandat de 2010 approchent et que se multiplient les reportages sur les comportements extrémistes et les échos d'une rhétorique de colère, n'oublions pas que les explications données par les personnes interrogées aux sondeurs et aux journalistes sont souvent le reflet de notre angoisse économique croissante. S'il faut que les médias cessent de verser de l'huile sur le feu du mécontentement qui ravage les États-Unis, nous devons reconnaître quant à nous les raisons sous-jacentes de cette fureur et de ces griefs. Les Américains craignent que notre nation ne se fourvoie et, pour beaucoup d'entre nous, le cauchemar d'une Amérique reléguée au rang de pays du tiers-monde prend une réalité effrayante.

JOHNNY PARKER

Franchement, la vie est pleine d'imprévus. Fut un temps, ma femme et moi – parents d'une adorable petite fille de trois ans – avions une jolie maison, deux voitures neuves et n'avions pas à choisir entre payer les factures et acheter à manger. Notre stabilité financière était assurée.

Je travaillais à temps complet dans un établissement pour handicapés mentaux. Je ne touchais pas un salaire d'enfer, mais c'était amplement suffisant. Nous vivions simplement – pas de vacances incroyables, pas de folies pour les fêtes ou les anniversaires. Nous n'avons jamais eu de quoi faire des économies, mais nous n'avons jamais manqué de rien.

En avril 2007, tout a changé. Je travaillais dur à mon boulot, je n'avais jamais eu de problèmes, je n'étais jamais arrivé en retard. Mes supérieurs ne tarissaient pas d'éloges à mon sujet. J'accumulais deux, trois postes de travail, j'assumais de nouvelles responsabilités, et j'ai donc demandé une augmentation de salaire.

Un mois plus tard, j'ai été convoqué par le directeur du programme et le directeur des soins. Ils m'ont dit qu'ils n'avaient rien à me reprocher, mais qu'ils étaient obligés de se séparer de moi. Ils ont refusé de m'expliquer pourquoi. Ils m'ont simplement dit d'aller m'inscrire au chômage.

C'est ce que j'ai fait. Les indemnités couvraient le loyer, mais pas l'eau, l'électricité, le chauffage et la nourriture. Nous avons sous-loué notre bureau et la salle de jeux de notre fille. Mais un beau jour nos locataires sont partis sans préavis. Nous avons demandé à bénéficier de coupons alimentaires et de l'aide sociale. Mes indemnités de chômage étaient trop élevées pour que nous obtenions l'aide sociale, mais on nous a accordé des coupons alimentaires : quatre-vingt-deux dollars par mois. La société de crédit a repris ma voiture, mais nous avons pu garder celle de ma femme. Le mois de juin est arrivé et nous n'avions pas de quoi payer le loyer. Nous avons reçu un avis d'expulsion. À la fin du mois de juillet, nous avons mis toutes nos affaires au garde-meubles, mais nous ne savions pas où aller.

L'assistante sociale du comté a pu nous obtenir un bon de résidence dans un motel pendant une semaine, le temps de trouver un point de chute. Ce week-end-là, je me suis arrêté dans une station-service pour acheter à boire. J'ai demandé à la dame qui y travaillait s'il n'y aurait pas un emploi pour moi. Elle m'a dit de revenir le lendemain. J'ai commencé à travailler à la caisse : deux postes de nuit par semaine et, les cinq autres jours, le poste du soir. Le jeudi, nous avons trouvé un deux-pièces au centre de Modesto. C'était très petit, dans un quartier pas très sympa – la cuisinière et le chauffage ne marchaient pas –, mais au moins nous avions un toit.

En février, notre voiture est tombée en panne. J'ai appelé le propriétaire de la station-service pour le prévenir que je serais en retard. Quand je suis arrivé chez moi, il y avait un message sur le répondeur, il avait embauché son beau-frère à ma place. J'étais de nouveau au chômage.

Nous sommes toujours ric-rac financièrement. Nos coupons alimentaires ne suffisent pas pour tous nos achats alimentaires du mois. Alors, pour être sûrs que notre fille mange à sa faim, ma femme et moi nous passons généralement de déjeuner. J'ai perdu presque vingt kilos.

Je viens d'apprendre que mes toutes dernières indemnités de chômage me seront versées à la fin du mois. J'avais fait appel à l'aide sociale lors d'une suspension momentanée de mes indemnités chômage, et cela ne suffisait même pas pour payer le loyer de notre petit appartement.

Je passe près de trente heures par semaine à chercher du travail. Il n'y en a pas, c'est tout. J'ai proposé de faire des heures sup, même sans compensation. Il n'y a pas d'offres.

Je me considérais comme un membre de la classe moyenne. J'ai une formation, et j'ai accumulé un grand nombre de compétences et d'expériences diverses, mais presque toutes les entreprises auxquelles je m'adresse me répondent la même chose : tant que la situation économique ne sera pas meilleure, elles n'embaucheront pas.

3

★

~~La belle Amérique~~
L'Amérique délabrée

Avant même de rédiger la Constitution, nos pères fondateurs réfléchissaient déjà à la mise en place de l'infrastructure de l'Amérique.

George Washington savait que, sans un système national de transports, et notamment de canaux reliant la côte est aux réseaux fluviaux de l'Ohio et du Mississippi, nous ne pourrions jamais former une véritable « union plus parfaite[1] ».

Thomas Jefferson a réalisé la vision de George Washington et s'est engagé dans un ambitieux projet national de construction de routes et de canaux – un projet qui a servi de référence de développement tout au long du siècle suivant et a été à l'origine du chemin de fer transcontinental américain dont Abraham Lincoln s'est fait le défenseur.

Franklin Delano Roosevelt a dépensé des sommes considérables, en pleine Grande Crise, pour électrifier l'Amérique rurale. Dwight Eisenhower a fait voter la réalisation du réseau autoroutier.

Construire – des choses étonnantes, des choses grandioses, des choses d'avenir, des choses utiles – a toujours fait partie intégrante de notre identité nationale. Nous avons créé des autoroutes, des voies navigables, des chemins de fer et des ponts pour resserrer nos liens et forger une nation puissante.

Nous avons créé une infrastructure sans égale – des réseaux électriques, des barrages, des égouts, des canalisations, des écoles, des usines de retraitement des déchets, des aéroports. C'était le squelette qui assurait la solidité de notre pays, les veines et les artères qui alimentaient notre économie, notre prospérité, notre qualité de vie. Mais ces systèmes autrefois si efficaces se dégradent à une rapidité inquiétante, victimes de l'absence de financement, de la vétusté et du manque d'entretien.

En 2009, l'American Society of Civil Engineers (ASCE, Société américaine du génie civil) a publié un rapport d'évaluation détaillé sur l'infrastructure des États-Unis. Sa lecture n'a rien de réjouissant. Le rapport lui attribuait une note générale consternante : D sur une échelle de A à E[2]. Il relevait une tendance à la baisse depuis 2005 : le transit et l'aviation étaient passés de D+ à D, tandis que les routes qui obtenaient encore D en 2005 ne dépassaient plus un D–, assez proche du E fatidique. Les barrages, la gestion des déchets toxiques et les établissements scolaires conservaient un médiocre D, alors que l'eau potable et les eaux usées restaient embourbées à D–[3].

« C'est le genre d'évaluation qu'on aurait pu s'attendre à trouver à la veille de l'effondrement de l'Empire romain[4] », a déclaré Stephen Flynn, membre du Council on Foreign Relations*, à un journaliste de *Scientific American*.

* Conseil des Affaires étrangères, groupe de réflexion indépendant qui se consacre à l'analyse de la politique étrangère américaine et de la politique internationale. Il publie un bimensuel, *Foreign Affairs*.

Ou dans un pays du tiers-monde.

Pourtant, malgré cette situation désastreuse, l'Amérique se réfugie dans le déni. Selon l'ASCE, nous devrions investir 2 200 milliards de dollars au cours des cinq prochaines années pour conserver une infrastructure tout juste passable[5] (sans aller jusqu'à une qualité digne du XXIe siècle). Or nous n'avons inscrit au budget que 975 milliards pour cette même période[6].

L'Amérique ressemble à un homme vieillissant qui se cramponnerait à l'image qu'il avait de lui à vingt-trois ans, refusant de voir ses rides et son crâne dégarni dans la glace. Et son genou douloureux. Et ses artères bouchées qui peuvent à tout moment empêcher son cœur de battre. Nous nous considérons toujours comme une jeune nation, alors que ce n'est plus vrai, un point c'est tout. Mais, tant que nous ne nous secouerons pas et que nous ne serons pas suffisamment adultes pour accepter cette triste réalité, nous irons droit dans le mur.

Le fait est que l'infrastructure vétuste de l'Amérique ne pourra pas se contenter d'un simple ravalement de façade.

LES PIERRAFEU* CONTRE *LES JETSON

Nos problèmes d'infrastructure sont tels que point n'est besoin d'aller bien loin pour en prendre la mesure. Actionnez un interrupteur : vous utilisez un réseau électrique mis à rude épreuve. Passez à l'évier et ouvrez le robinet : votre eau arrive peut-être par des canalisations installées pendant la guerre de Sécession. Prenez votre voiture : vous empruntez des routes creusées de nids-de-poule et jalonnées de ponts qu'on hésite à franchir. Nous sommes entourés de preuves de déclin.

Mais si l'état de délabrement actuel est inquiétant, on a le sang qui se glace quand on voit ce qui nous attend un peu plus loin sur cette route à moitié effondrée, congestionnée, embouteillée. On estime que la population américaine atteindra 438 millions d'habitants en 2050[7] – une augmentation de 48 % depuis 2005. Mais, au lieu de se préparer à cette hausse et aux contraintes qu'elle imposera à nos systèmes en piteux état, c'est au rabais que l'Amérique se dirige vers l'avenir.

Nos investissements dans l'infrastructure représentent à peine 2,4 % de notre PIB, contre 5 % en Europe et 9 % en Chine[8] – un moyen infaillible de ne pas être la locomotive du XXIe siècle et d'être sûrs de cela. Pendant que nous essayons de maintenir tant bien que mal notre vieille guimbarde américaine avec du ruban adhésif, du chewing-gum, un bout de fil de fer et une prière, la Chine se dote d'une infrastructure de pointe, avec toutes les options possibles et imaginables, conduisant ce pays sur la voie d'une mobilité spectaculaire[9].

Un exemple : entre 2006 et la fin de 2009, la Chine a dépensé 186 milliards de dollars pour son seul réseau ferroviaire[10] – conduisant des responsables de la Banque mondiale à parler de la « plus grande expansion de la capacité ferroviaire entreprise par n'importe quel pays depuis le XIXe siècle[11] ». Et la Chine prévoit de se doter de 40 000 km de voies supplémentaires d'ici à 2020[12]. Elle engage des dépenses du même ordre pour ses autres modes de transport. En 2009, elle a construit plus de 370 000 km de routes[13] et a annoncé son intention de bâtir quatre-vingt-dix-sept aéroports avant 2020[14].

Dans un article du *New York Times* intitulé « Il est temps de réinitialiser l'Amérique », le journaliste et écrivain Tom Friedman raconte avoir pris l'avion à l'« aéroport ultramoderne » de Hong Kong (après un voyage en train à grande vitesse dans lequel il disposait d'une connexion Internet sans fil à haut débit) à destination de JFK, l'aéroport de New York, et avoir eu l'impression de « passer des Jetson aux Pierrafeu* ». Cette expérience l'a laissé perplexe : « Si nous sommes si malins, pourquoi d'autres vivent-ils tellement mieux que nous[15] ? »

Et l'Asie n'est pas un cas unique. Armando Carbonell, président du département de planification et d'urbanisme au Lincoln Institute of Land Policy, déclare que, pendant que « l'Union européenne se lance dans l'intégration de son continent de part et d'autre des frontières nationales », en Amérique on relève « un retard d'au moins cinquante ans dans la planification nationale d'une infrastructure générale des réseaux d'adduction d'eau, d'énergie et de transport[16] ».

Il ne s'agit pas simplement, et de loin, de reboucher les nids-de-poule ou de se rendre plus rapidement d'un lieu à un autre. Il s'agit de préserver la compétitivité de l'Amérique, en même temps que la santé et la productivité de sa population.

---

* Allusion aux séries de dessins animés *Les Pierrafeu* et *Les Jetson*, diffusées dans les années 1960.

Felix Rohatyn, auteur de *Bold Endeavors : How Our Government Built America, and Why It Must Rebuild Now* (en français : *Ces hommes qui ont fait l'Amérique*), dresse un bilan qui donne à réfléchir : « Le vieillissement de notre infrastructure nationale a fait baisser notre productivité, compromis notre aptitude à résister à la concurrence dans l'économie globale, ébranlé nos perceptions de notre propre sécurité et de notre santé, et porté atteinte à la qualité de vie américaine[17]. »

On peut également évoquer Ed Rendell, le gouverneur de Pennsylvanie, qui a fait équipe en 2008 avec Arnold Schwarzenegger, gouverneur de Californie, et avec Michael Bloomberg, maire de New York, pour former « Building America's Future[18] » (BAF – Construire l'avenir de l'Amérique), une coalition des deux grands partis américains qui cherche, selon Rendell, à « faire passer un message à Washington : si l'Amérique veut avoir un avenir, un avenir économiquement viable, un avenir de qualité de vie, un avenir qui assure la sécurité publique, il faut commencer à réparer l'infrastructure[19] ». Dans un discours prononcé en février 2010 lors d'une conférence économique, Rendell a tiré la sonnette d'alarme : « Si nous n'agissons pas rapidement, en 2030 l'Amérique sera une puissance économique de second rang. » Déclarant à un public de chefs d'entreprise que « rien d'important ne changera si les milieux industriels ne s'y mettent pas », il les a exhortés : « Il faut que les chefs d'entreprise retroussent leurs manches et disent : “Hé ! les gars, on est en train de se faire mettre KO. Si on ne réagit pas rapidement, on est cuits – c'est la panade[20].” »

Les Pierrafeu, la panade, la chute d'un empire, un pays du tiers-monde… Choisissez la métaphore que vous préférez. Elles se résument toutes à la même chose : les enjeux pour l'Amérique ne pourraient pas être plus importants.

UNE OCCASION MANQUÉE : QUAND LA RELANCE SE TRANSFORME EN *PIÑATA* BUDGÉTAIRE

Au début de 2009, au lendemain de l'effondrement économique et de l'élection de Barack Obama, on aurait pu penser que l'investissement dans un plan massif de dépenses d'infrastructure allait nous faire assister à l'événement le plus rare que l'on puisse observer dans la politique américaine actuelle : une initiative gagnant-gagnant, soutenue par les deux partis.

L'économie ayant terriblement besoin de relance, construire des routes, rénover notre réseau électrique et réparer nos ponts et nos barrages aurait pu créer des millions d'emplois correctement rémunérés – des emplois situés en Amérique, impossibles à délocaliser. Selon les estimations du département des Transports, chaque milliard dépensé par le gouvernement pour la seule amélioration du réseau autoroutier produirait 47 500 emplois[21].

En outre, cette activité entraînerait selon Rendell « une avalanche de commandes pour les aciéries et pour les entreprises de béton et de bois américaines […], ce serait une injection massive dans l'économie, sans doute la meilleure relance économique qu'on puisse imaginer[22] ».

Au début de ce débat sur la relance, Tom Friedman, qui connaissait les besoins et comprenait l'occasion rêvée que cela représentait, a déclaré : « Les prochains mois compteront parmi les plus importants de l'histoire américaine[23]. »

Mais tout porte à croire que nos dirigeants n'en ont pas eu conscience. Au lieu qu'ils se concentrent sur l'infrastructure et sur la création d'emplois – alors qu'ils ne pouvaient qu'être conscients de la gravité de la crise –, nous avons assisté aux chamailleries habituelles entre les partis, à la défense d'intérêts particuliers par les lobbies et à des dépenses électoralistes – la routine, en un mot.

Le résultat a été une loi que Jeffrey Sachs, l'économiste de la Columbia University – qui a joué un rôle clé dans la réforme du système économique de l'ancienne Union soviétique –, a qualifiée de « *piñata* budgétaire » : un « étonnant méli-mélo de réductions fiscales, d'investissements publics, de transferts de fonds et de petits cadeaux en faveur des initiés », agrémenté d'« un mélange hétéroclite de dépenses hâtives et à court terme »[24].

En définitive, sur 787 milliards de dollars, l'*American Recovery and Reinvestment Act* n'en a accordé que 72 aux projets concernant l'infrastructure[25]. « Je crains que bientôt, en regardant derrière nous, nous ne nous disions que nous avons laissé passer une excellente occasion de devenir plus grands et plus audacieux », m'a confié Van Jones, auteur de *The Green Collar Economy* (« L'économie en col vert »), au moment où la loi était débattue. « Après tout, l'ancienne économie qui vient de s'effondrer présentait trois défauts : elle favorisait la consommation par rapport à la production ; la dette par rapport aux économies intelligentes ; et les dégâts environnementaux par rapport à la durabilité environnementale. Certains éléments des mesures de relance ont tout l'air d'en remettre une louche – de chercher à soutenir l'ancienne économie en faillite. Cette stratégie est condamnée à l'échec, mais nous risquons de gaspiller beaucoup d'argent et de temps à en faire l'expérience. Ce qu'il faut, c'est imprimer une nouvelle direction à notre économie[26]. »

Face à une crise économique encore plus désastreuse, F.D. Roosevelt avait réagi en lançant un vaste programme de travaux publics, parmi lesquels la Tennessee Valley Authority, la Works Progress Administration et le Civilian Conservation Corps – des programmes qui nous ont dotés d'une grande partie de l'infrastructure qui a aujourd'hui besoin de rénovation[27]. Cependant, au lieu de prendre une initiative du même genre – et de construire un nouveau navire économique capable de naviguer sur les océans agités du XXIe siècle –, nous avons préféré prendre un seau et essayer de renflouer notre vieux rafiot qui prend l'eau.

Si nous acceptons de voir plus loin que le bout de notre nez, nous ne pouvons pas nous cacher que cette erreur nous coûtera terriblement cher. Imaginez un patient qui souffre d'une grave infection virale et qu'on soigne exclusivement aux antibiotiques, lesquels n'agissent que contre les infections bactériennes. Non seulement le traitement ne servira à rien, mais il retardera dangereusement l'administration des soins qui s'imposent.

PANNES DE COURANT, EAU ROUILLÉE, PONTS EFFONDRÉS, FUITES D'EAUX USÉES : VISITE GUIDÉE DE L'AMÉRIQUE DU TIERS-MONDE

Filons quelques instants cette métaphore médicale : n'ayant pas réussi à traiter efficacement notre maladie, nous devons continuer à faire face aux symptômes qui font rage autour de nous. Les paragraphes qui suivent présentent le bilan du dernier *check-up* de l'infrastructure de notre pays. Le pronostic n'est pas brillant.

Commençons cet examen des maux qui affligent les États-Unis par le plus élémentaire des éléments : l'eau. Aucune société ne peut survivre sans eau propre. Elle est indispensable à la vie et à la civilisation (imaginez l'Empire romain sans ses aqueducs). Disposer d'eau propre et fraîche est une nécessité tellement vitale que certains pensent qu'elle pourrait être un motif de guerre dans les décennies à venir. Parmi eux, Steven Solomon, auteur de *Water : The Epic Struggle for Wealth, Power and Civilization* (« Eau : le combat épique pour la richesse, la puissance et la civilisation »), estime que l'on peut diviser le monde entre ceux qui possèdent de l'eau et ceux qui n'en ont pas (l'Égypte, la Chine et le Pakistan font partie du second groupe).

« Imaginez ce qui arrivera au Pakistan, écrit-il, un pays dont l'approvisionnement en eau est précaire, un pays doté de l'arme nucléaire, assiégé par les terroristes, surpeuplé, largement dépendant de l'irrigation et déjà politiquement instable, le jour où le débit de sa source d'eau unique et vitale, l'Indus, diminuera d'un tiers à cause de la disparition de l'eau des glaciers[28]. »

Malgré le caractère indispensable de l'eau, le réseau d'eau potable américain doit se contenter d'un équipement vétuste mis en place depuis un siècle[29], sinon plus. En effet, une partie de l'eau du robinet de notre pays continue à circuler dans des canalisations de fonte qui datent de la guerre de Sécession[30]. Les tuyaux percés nous font perdre, estime-t-on, environ vingt-six millions de mètres cubes d'eau propre par jour[31].

Selon l'analyse faite par le *New York Times* à partir de données de l'Environmental Protection Agency (EPA – Agence de protection de l'environnement), « une grosse canalisation d'eau éclate toutes les deux minutes en moyenne en un point quelconque du pays[32] ». À Washington, on enregistre une rupture de canalisation par jour en moyenne[33]. « Nous avons approximativement trois millions de kilomètres de tuyaux dans notre pays, explique Steve Allbee de l'EPA. Si on fait le calcul entre nos dépenses actuelles et nos besoins d'investissement sur les vingt prochaines années, on arrive à une différence de 540 milliards de dollars[34]. »

Aujourd'hui déjà, il est de moins en moins sûr de boire l'eau du robinet – dans certains endroits, nos citoyens sont obligés d'aller chercher de l'eau potable dans des camions-citernes, variante américaine de la pompe collective du tiers-monde[35].

Pendant ce temps, les usines américaines de traitement des eaux usées se dégradent rapidement, elles aussi. Selon l'American Society of Civil Engineers, « les installations anciennes souffrent de débordements chroniques lors de fortes averses et d'importantes fontes des neiges, et le trop-plein d'eaux usées se retrouve dans les eaux de surface des États-Unis. L'EPA estimait en août 2004 que le volume total des débordements d'égouts qui se perd dans la nature chaque année est de 32 milliards de mètres cubes. Les débordements d'égouts domestiques, provoqués par des tuyaux bouchés ou percés, entraînent le déversement annuel de jusqu'à 37 millions de mètres cubes d'eaux usées[36] ».

Le mur entre l'eau pure et l'eau polluée est devenu de plus en plus poreux.

DÉBRANCHER NOTRE RÉSEAU ÉLECTRIQUE

Passons à l'électricité : l'Amérique est une société de plus en plus électrifiée. Les progrès technologiques s'accompagnent d'une multiplication d'appareils électroniques et d'une demande d'énergie accrue. Pourtant, l'approvisionnement électrique actuel n'est pas très différent de ce qu'il était il y a plus d'un siècle, quand Thomas Edison a procédé à l'installation du premier réseau électrique commercial à New York.

Alors que la demande d'électricité a augmenté de 25 % depuis 1990, la construction d'usines électriques a diminué de 30 %[37]. Comme nous avons besoin de toute l'énergie disponible, les sociétés chargées de l'alimentation électrique ne peuvent pas débrancher les installations pour assurer correctement leur entretien – ce qui conduit à des pannes et à des coupures de courant imprévues[38]. Ces pannes partielles ou complètes – dont certaines durent quelques secondes, d'autres des jours entiers – se traduisent par plus de 80 milliards de dollars de pertes commerciales par an[39]. L'ASCE estime que la modernisation et le développement du réseau pourraient exiger entre 1 500 et 2 000 milliards au cours des vingt prochaines années[40].

Le 14 août 2003, nous avons eu un aperçu de ce qui risque de devenir bien plus fréquent si nous faisons l'économie de cet investissement[41]. En ce jeudi chaud et humide, près de 55 millions d'Américains et de Canadiens habitant sur une bande d'environ six mille kilomètres de large allant du Michigan au Connecticut et au Canada ont été privés d'électricité par la plus grande panne de courant de l'histoire de l'Amérique du Nord. À New York, la circulation s'est arrêtée quand 11 600 feux de signalisation ont cessé de fonctionner, tandis que l'immobilisation des métros et des trains laissait 400 000 banlieusards en rade toute la soirée et une bonne partie de la nuit. La ville a été plongée dans l'obscurité. Les effets se sont fait sentir dans tout le corridor nord du pays, des ascenseurs des immeubles d'habitation jusqu'aux aéroports, en passant par les réseaux de communication. Que s'est-il passé ? Les lignes électriques ont heurté des arbres qu'on avait laissés pousser trop haut dans l'Ohio, ce qui a provoqué une série de défaillances entraînant la fermeture d'au moins 265 centrales électriques dans tout le Nord-Est[42].

SUR LES ROUTES DE LA RUINE

Les routes américaines sont, elles aussi, en piteux état, le tiers des chaussées de notre pays étant « mauvaises » ou « médiocres »[43]. Dans ce domaine également, la demande a largement dépassé notre capacité à y répondre. Entre 1980 et 2005, le kilométrage parcouru par les véhicules de tourisme a augmenté de 94 % (celui des poids lourds de 105 %). Or le kilométrage de voies autoroutières ne s'est accru que 3,5 %[44].

Vous n'avez pas besoin de ces chiffres pour savoir que nos routes sont épouvantablement encombrées. Vous le constatez – et vous le subissez – tous les jours. Selon le rapport d'évaluation de l'American Society of Civil Engineers, « les Américains passent 4,2 milliards d'heures par an dans des embouteillages, pour un coût de 78 milliards par an – 710 dollars par an et par automobiliste[45] ». Les citadins sont particulièrement mal lotis : ils passent 40 % de leur temps de transport coincés dans des bouchons[46].

En étudiant les accidents de la circulation dans tout le pays, la Transportation Construction Coalition (TCC) a établi que le mauvais entretien ou la mauvaise gestion des routes entraînent des accidents qui coûtent 217 milliards de dollars par an – bien plus que les accidents dus à l'alcool qui font les gros titres (130 milliards de dollars) ou que les carambolages provoqués par les excès de vitesse (97 milliards de dollars)[47].

Et la détérioration de notre réseau routier prélève un tribut encore plus élevé : selon la TCC, 53 % des

42 000 accidents mortels qui surviennent chaque année sont, au moins partiellement, dus au mauvais état des chaussées[48]. Nous dépensons actuellement 70 milliards par an pour améliorer nos autoroutes – bien loin des 186 milliards annuels qui seraient indispensables[49]. Besoins contre ressources : pour un trop grand nombre d'entre nous, la collision peut être fatale.

DES TRAJETS LONGS ET PÉNIBLES

Ce problème de circulation routière présente un autre aspect. Au cours des dix dernières années, l'augmentation des prix de l'immobilier a obligé de nombreuses familles de la classe moyenne à s'éloigner de plus en plus des villes où elles travaillent et où les logements sont devenus hors de prix. Ce qui leur a imposé des trajets de plus en plus longs.

En l'an 2000, chaque jour, 3,5 millions d'Américains prenaient la route pour des « *extreme commutes* », des « navettes extrêmes », c'est-à-dire, selon le Census Bureau américain, des trajets quotidiens d'une durée de trois heures ou plus dans un sens puis dans l'autre[50]. Cela représente le double des chiffres enregistrés en 1990. Un travailleur sur huit – 17,5 millions d'Américains – quitte actuellement sa maison tous les matins avant 6 heures pour aller au travail[51]. Pour un nombre de plus en plus important de membres de la classe moyenne, la vie se réduit aujourd'hui à ceci : dodo, auto, boulot, auto, dodo.

Ces Américains stressés essaient de tenir le coup pendant ces longs trajets à grand renfort de barres énergétiques, de gobelets de café géants... et de solitude. Robert Putnam, politologue à Harvard, a établi un lien direct entre la durée du trajet quotidien d'un individu et son sentiment d'isolement social. D'après ses calculs, dix minutes de trajet supplémentaires entraînent une baisse de 10 % des relations sociales. « Les navettes, déclare Putnam, sont directement liées à l'isolement social, source d'insatisfaction[52]. » Une étude réalisée par des économistes suisses de l'université de Zurich a révélé que les personnes qui ont deux heures de trajet quotidien aller-retour doivent gagner 40 % de plus que les autres pour éprouver le même niveau de satisfaction dans la vie[53]. Voilà qui donne un sens nouveau à la « route du succès »...

LES TRAINS AMÉRICAINS DÉRAILLENT

Les chemins de fer américains foncent... à reculons. C'est l'une des rares technologies qui aient régressé dans les faits au cours des quatre-vingts dernières années[54].

Tom Vanderbilt, de slate.com, a mis la main sur des horaires de trains antérieurs à la Seconde Guerre mondiale et a fait une découverte étonnante : dans les années 1930, 1940 et 1950, de nombreux trajets ferroviaires prenaient moins de temps qu'aujourd'hui. En 1934, par exemple, le *Burlington Zephyr* vous conduisait de Chicago à Denver en treize heures environ. Le même trajet se fait aujourd'hui en dix-huit heures. « Le voyage de Chicago à Minneapolis par l'*Olympian Hiawatha* dans les années 1950, écrit Vanderbilt, durait environ quatre heures et demie ; aujourd'hui, par l'*Empire Builder* de l'Amtrak, il dure plus de huit heures. »

À l'heure actuelle, le seul train à grande vitesse des États-Unis est l'*Acela* de l'Amtrak, qui assure les liaisons Washington-New York-Boston[55]. Et encore l'expression « grande vitesse » est-elle à prendre avec des pincettes. Alors que, théoriquement, les trains ont une vitesse de pointe de 250 kilomètres par heure, la vitesse moyenne sur le parcours de l'*Acela* du Nord-Est ne dépasse pas 115 kilomètres par heure parce que les trains restent souvent bloqués derrière d'autres convois, plus lents, sur les voies encombrées[56]. Pendant ce temps, des pays comme le Japon, la France ou l'Italie ont des trains qui roulent sans incidents et dépassent les 300 kilomètres par heure[57]. La Chine aussi. Le trajet de près de mille kilomètres entre Wuhan et Guangzhou se fait en trois heures grâce à des trains ultra-rapides qui atteignent 350 kilomètres par heure ; la navette ferroviaire avec l'aéroport de Shanghai a une vitesse de pointe de 430 kilomètres par heure[58].

La loi de relance prévoyait de consacrer 8 milliards de dollars à des projets de train à grande vitesse dans trente États, reliant des villes comme Minneapolis, Milwaukee et Chicago[59] – dont 1,25 milliard pour le corridor ferroviaire à grande vitesse entre Orlando et Tampo en Floride[60]. L'idéal serait évidemment d'avoir des réseaux ferroviaires à grande vitesse partout, mais des considérations politiques évidentes président à ce saupoudrage de financement à travers tout le pays[61]. Le fait est que la section la plus chargée du réseau ferroviaire national, le corridor nord-est en piteux état entre Boston et Washington, aurait grand besoin d'être rénové. Or il ne s'est vu affecter que 112 millions de dollars.

S'il faut se féliciter de ce nouvel investissement, ce n'est pourtant qu'une goutte d'eau dans l'océan. Il va de soi que tout le monde serait enchanté d'avoir des trains qui roulent à 300 kilomètres par heure, mais, comme le fait remarquer Vanderbilt, « ce serait déjà bien de revenir aux vitesses auxquelles roulaient les trains sous l'administration Harding[62] ».

ATTENTION, CHUTE DE PONTS !

Des trains vétustes, trop chers, trop lents, bringuebalants et systématiquement en retard peuvent être insupportables et incommodes. Mais des ponts vétustes peuvent être mortels, comme nous en avons fait l'expérience au cours des dernières décennies avec des effondrements spectaculaires dans le Minnesota et l'Oklahoma.

Selon le département des Transports, un pont américain sur quatre est « structurellement déficient » ou « fonctionnellement obsolète »[63]. Les chiffres sont encore plus inquiétants s'agissant des zones urbaines, où un pont sur trois est en mauvais état (ce qui n'est pas insignifiant si l'on songe à la densité de la circulation de passagers et de marchandises dans nos villes).

Le problème est simple : les ponts de notre pays, dont la durée de vie est de cinquante ans, en ont aujourd'hui quarante-trois en moyenne. Il faut investir 850 milliards de dollars dans les cinquante années à venir pour remettre en état tous les ponts des

États-Unis. Cela représente 17 milliards par an. À l'heure actuelle, nous ne dépensons que 10,5 milliards par an[64].

Voilà pourquoi, trop souvent, des endroits comme Webbers Falls, dans l'Oklahoma, font la une des journaux.

Cela s'est passé en mai 2002. De fortes averses s'étaient abattues sur Webbers Falls, à 225 km d'Oklahoma City. Cela n'a pas empêché les automobilistes d'emprunter l'Interstate 40 pour aller retrouver famille et amis à la veille du week-end de Memorial Day. À une soixantaine de kilomètres de la frontière avec l'Arkansas, une longue file de voitures et de camions s'était engagée sur le pont construit en 1967 – six cents mètres de béton et d'acier franchissant la rivière Arkansas gonflée par les pluies[65].

Plus bas sur le cours d'eau, William Joe Dedmon, capitaine de remorqueur, poussait deux barges quand il a été pris d'une crise d'arythmie cardiaque. Il a perdu le contrôle de son convoi et les barges ont heurté une pile du pont[66]. Au-dessus, une section longue de presque deux cents mètres a cédé soudainement, précipitant dans l'eau, vingt mètres en contrebas, une douzaine de voitures, deux semi-remorques et un fourgon à chevaux[67].

En un instant, la rivière s'est transformée en cimetière jonché de plaques de béton, de couches de bébé, de chevaux morts et de sièges de voiture fracassés. Quatorze personnes ont trouvé la mort dans cet accident, dont une petite fille de trois ans, et les blessés se sont comptés par dizaines[68]. « Les autorités ont installé une morgue à la mairie, a rapporté le *Bowling Green*

Daily News[69]. Les familles des victimes ont été accueillies dans la salle municipale de Gore, de l'autre côté de la rivière. » Les eaux étant hautes et boueuses, les plongeurs ont eu du mal à extraire les cadavres des voitures submergées, empilées les unes sur les autres dans le courant rapide.

Six ans plus tard, le quart des ponts de l'Oklahoma avaient toujours besoin d'être remis en état ou remplacés. Cet État jouissait d'ailleurs de la distinction douteuse de posséder le plus fort pourcentage de ponts structurellement défectueux du pays[70]. L'Oklahoma n'est cependant pas un cas exceptionnel. Un soir d'août 2007, le pont en poutrelles d'acier de l'Interstate 35W qui franchit le Mississippi au centre de Minneapolis s'est effondré à l'heure de pointe, faisant 13 morts et 145 blessés[71]. Ce pont avait fait l'objet d'une inspection annuelle du département des Transports de l'État, mais, de toute évidence, les réparations de bric et de broc qu'on avait effectuées étaient insuffisantes[72].

D'un bout à l'autre du pays, c'est la même rengaine : Retape et fais tes prières… jusqu'à la prochaine chute de pont. Combien en faudra-t-il encore – et surtout, combien faudra-t-il de morts ? – pour que l'on prenne enfin les choses au sérieux ?

LES BARRAGES AMÉRICAINS : BARREZ-VOUS S'ILS NE SONT PAS RÉPARÉS

Nous avons assisté à des tragédies du même genre avec nos barrages.

Le 16 mars 2006, le barrage de Ka Loko à Kilauea, Hawaï, a cédé[73]. « Sept personnes ont trouvé la mort quand une brèche est apparue dans le barrage de Ka Loko, libérant 1,6 million de mètres cubes d'eau », a relaté l'*Honolulu Star Bulletin*. Parmi les victimes figuraient un enfant et une femme enceinte de huit mois. La brèche a provoqué une catastrophe écologique qui a touché les cours d'eau, les récifs et les eaux côtières[74]. Le barrage de Ka Loko n'était pas considéré comme « à haut risque ». Mais, comme toutes ces constructions, il était censé faire l'objet d'inspections régulières. Selon Mazie Hirono, représentante d'Hawaï au Congrès, ce n'était pas le cas[75].

Les barrages sont un élément vital de l'infrastructure américaine. Ils contribuent à fournir l'eau nécessaire à la consommation, à l'irrigation, à l'agriculture, à la production d'une énergie dont nous avons grand besoin, tout en assurant une protection contre les inondations.

Mais nos barrages vieillissent. Les États-Unis comptent plus de 85 000 barrages[76] qui ont cinquante et un ans en moyenne. En même temps, de plus en plus de gens s'installent dans des lotissements situés en aval des barrages, qui requièrent des niveaux de sécurité nettement plus élevés – et nous avons eu beaucoup de mal à faire face à l'accroissement du nombre de ces barrages dits à haut risque. En réalité, les retards s'accumulent. Selon l'American Society of Civil Engineers, « au cours des six dernières années, pour chaque barrage défectueux, potentiellement à haut risque, réparé, près de deux autres ont été déclarés défectueux ».

Il faudrait dépenser 12,5 milliards dans les cinq prochaines années pour moderniser les barrages de notre pays[77]. Les dépenses prévues pour les barrages au cours de cette période sont de 5,05 milliards de dollars – il manquera donc probablement 7,45 milliards de dollars. Ajoutons que, sur nos 85 000 barrages, le gouvernement fédéral en gère moins de 10 000[78]. Les autres sont de la responsabilité des différents États, dont la plupart souffrent d'importants déficits budgétaires. L'ASCE rapporte ainsi qu'en 2007 le Texas ne disposait « que de sept ingénieurs et d'un budget annuel de 435 000 dollars pour contrôler plus de 7 500 barrages. Pis encore, l'Alabama n'a pas de programme de sécurité des barrages, alors même que cet État en compte plus de 2 000 ».

En 2007, lors d'une déposition devant le Congrès sur les programmes de sécurité des digues et barrages, John Hall, député de l'État de New York, a décrit l'état apparent de plusieurs barrages de l'État après une période de fortes pluies. « Hier, a-t-il dit, je suis allé inspecter trois barrages de mon district, qui ont tous plus d'un siècle. Celui du lac Whaley présente des bouillonnements en surface. C'est un barrage essentiellement formé de terre et de rochers avec une structure en béton. Le tuyau de lâcher d'urgence d'un mètre vingt de diamètre est équipé d'une soupape située au milieu du barrage, de sorte qu'elle n'est pas accessible en cas de crue dépassant la cote supérieure[79]. »

Et c'est la même histoire d'un bout à l'autre du pays.

LES DIGUES AMÉRICAINES : POURQUOI N'A-T-ON PAS RETENU LA LEÇON DE KATRINA ?

En 2005, ceux qui mettaient le plus d'obstination à nier la dégradation de notre infrastructure ont dû se rendre à l'évidence. Ils ont découvert brutalement l'Amérique du tiers-monde quand les digues entourant La Nouvelle-Orléans se sont rompues au passage de l'ouragan Katrina. Il y a eu plus de 1 800 morts. Pendant des semaines, notre gouvernement a paru incapable ne fût-ce que de débarrasser des rues inondées des cadavres qui les jonchaient, sans parler de trouver un abri et de la nourriture à ceux qu'il avait fallu évacuer de chez eux.

Cette immense tragédie américaine n'était pas due à la tempête de vents meurtriers et de pluies battantes qui s'est abattue sur la Louisiane, comme l'a prétendu le président Bush. Cette catastrophe était intégralement du fait de l'homme – provoquée par notre processus politique en péril.

Comme un grand nombre des services chargés de protéger la population, le corps des ingénieurs de l'armée américaine, que l'écrivain et satiriste Harry Shearer a qualifié de « véritable emblème de l'incompétence fédérale », s'est fourvoyé. « Chargé par un Congrès des années 1960 de protéger La Nouvelle-

Orléans de violents ouragans, le corps, écrit Shearer, a échoué, selon ses propres critères et sa propre autopsie. D'autres observateurs, comme le groupe d'enquête indépendant sur les digues de l'université de Californie à Berkeley, ont prononcé un jugement encore plus sévère. Mais qui se charge allégrement de réparer ce qu'il a fait si magistralement foirer ? Le corps. Qui inspecte son travail ? Dans le meilleur des cas, des ingénieurs approuvés et payés par… le corps[80]. » Au lieu de faire son travail – construire et entretenir correctement l'infrastructure des voies navigables du pays –, le corps est devenu un instrument de plus aux mains d'une clique de responsables extrêmement politisés qui utilisent le gouvernement à leurs propres fins. Après avoir cherché à se dérober à ses responsabilités et à camoufler son travail indigne, le corps des ingénieurs de l'armée américaine a été obligé de reconnaître ses échecs systémiques, cause du désastre qui s'est abattu sur La Nouvelle-Orléans[81].

Les hommes politiques qui accordent la priorité au travail et aux projets du corps et qui les financent sont à blâmer eux aussi, car ils cèdent à l'influence des lobbyistes et des sociétés d'ingénierie qui versent des contributions leur donnant le droit de « recommander » les projets auxquels est censé se consacrer le corps des ingénieurs de l'armée. Vous ne vous étonnerez pas d'apprendre que ces projets coïncident souvent, comme par hasard, avec les services qu'offrent les clients des lobbyistes.

L'American Society of Civil Engineers estime qu'il faudrait 100 milliards de dollars pour remettre en état les digues de notre pays[82]. Mais il serait encore plus difficile d'obtenir que l'on adopte les réformes politiques indispensables pour s'assurer que ces 100 milliards seront vraiment dépensés pour réaliser ce qui doit l'être.

CONNECTÉS POUR L'ÉCHEC

Renforcer l'infrastructure de l'Amérique ne consiste pas seulement à rapetasser des réseaux archaïques. Il s'agit également de poser les fondements d'une société efficace et équitable, capable de rivaliser avec les économies rapidement émergentes du XXIe siècle. Cela veut dire que, parallèlement à la réparation de nos routes, de nos ponts, de nos barrages et de notre réseau électrique décrépits, il faut investir dans la construction de l'infrastructure *high-tech* qui nous permettra de rester dans la course.

Pour commencer, il faut impérativement mettre le turbo à nos programmes de connexion Internet à haute vitesse. Une autoroute de l'information robuste, à haut débit, couvrant le pays tout entier sera la clé qui nous maintiendra en tête de la course à l'innovation. Au cours des dix prochaines années, le volume de données circulant sur notre autoroute de l'information sera multiplié par cinq cents[83]. Les nouveaux produits qui apparaissent sur le marché – dont les vidéoconférences, la vidéo à la carte et les systèmes de géolocalisation – devront de façon croissante fonctionner à des vitesses de transmission supérieures, à haut débit.

Julius Genachowski, président de la Commission des communications fédérales, explique que le haut débit n'est pas seulement important pour accélérer la transmission des emails et le fonctionnement des jeux vidéo, c'est le système nerveux central des démocraties et des économies de l'avenir : « Le haut débit est l'infrastructure indispensable du XXIe siècle. Il est déjà en train de devenir le fondement de notre économie et de notre démocratie [...] [et] sera notre principale plate-forme d'innovation au XXIe siècle[84]. »

Est-il vraiment indispensable ? Les auteurs d'une étude portant sur 120 pays ont établi qu'à chaque augmentation de 10 % de l'adoption du haut débit le PIB du pays concerné enregistre une hausse de 1,3 %[85]. Aujourd'hui, les agriculteurs eux-mêmes ont besoin d'une connexion Internet rapide pour s'informer des cours mondiaux et avoir accès aux informations les plus récentes sur la météo ou les technologies de plantation et de semences[86].

Malheureusement, l'Amérique est aussi à la traîne dans ce domaine.

En 2001, les États-Unis se classaient en quatrième position parmi les pays industrialisés en matière d'accès au haut débit[87]. En 2009, nous avions reculé à la quinzième position. S'agissant de la vitesse moyenne de téléchargement à haut débit, nous occupons le dix-neuvième rang. Plus de cent millions d'Américains n'ont toujours pas le haut débit chez eux[88]. Et si 83 % des diplômés de l'université ont accès au haut débit, les simples bacheliers ne sont que 52 % dans ce cas[89].

La ventilation des données par race et par revenu révèle des écarts accablants. Ainsi, près de 65 % des Américains d'origine asiatique, caucasienne et hispanique utilisent le haut débit à leur domicile ; ce taux d'utilisation n'est plus que de 46 % pour les Afro-Américains. Parmi les foyers dont les revenus sont supérieurs à 100 000 dollars par an, 88 % ont accès au haut débit, contre 54 % des foyers dont les revenus se situent entre 30 000 et 40 000 dollars par an. Et l'écart entre citadins et ruraux ? La pénétration du haut débit ne touche que 46 % des agriculteurs, contre 67 % pour le reste du pays.

Pour contribuer à refermer l'écart croissant entre les autres pays du monde numériquement connectés et nous, l'administration Obama a lancé un programme national en faveur du haut débit, dont l'objectif est de faire passer l'accès au haut débit, qui est actuellement d'environ 63 %, à 90 % en 2020[90]. Ce projet doit également veiller à ce que tous les élèves de lycée sachent se servir des outils numériques. Voilà qui est parfait. Mais pourquoi 2020 ? Cette date ne traduit guère le sentiment d'urgence que l'on pourrait attendre d'un pays qui prend rapidement du retard. S'il s'agit vraiment d'une priorité, si cette remise à niveau est essentielle pour la sécurité nationale et pour la place relative des États-Unis dans le monde, pourquoi attendre dix ans ?

LES ÉCOLES AMÉRICAINES RECALÉES

Malgré le piteux état des canalisations, des routes, des ponts, des barrages, des installations hydrauliques et des réseaux électriques de l'Amérique, ce n'est que bagatelle par rapport à la crise de nos établissements scolaires.

Je ne parle pas de l'état de décrépitude matérielle de nos écoles publiques – encore que la National Education Association estime qu'il faudrait 322 milliards de dollars pour remettre en état les bâtiments scolaires américains[91]. C'est à l'intérieur des salles de classe que l'on observe les vrais dégâts. Si le système éducatif américain était un produit, il serait renvoyé à l'usine. S'il était un homme politique, il serait menacé de destitution. S'il était un cheval, on le traînerait derrière la grange pour l'achever.

Rien n'accélère davantage la chute de l'Amérique que son échec retentissant à éduquer correctement ses enfants. Cet échec a de profondes conséquences pour notre avenir, aussi bien dans le domaine intérieur que pour notre compétitivité dans l'économie globale.

Historiquement, l'éducation a toujours été le grand facteur d'égalité. La voie du succès. Le tremplin vers la classe moyenne, et au-delà. Une promesse faite à notre peuple. Un droit acquis de naissance que nous léguions à chaque nouvelle génération : la possibilité d'apprendre, de se former l'esprit et, partant, d'améliorer ses conditions de vie. Mais quelque chose a complètement dérapé, et nous avons pris de plus en plus de retard.

Sur trente pays développés classés par l'Organisation de coopération et de développement économiques (OCDE), les États-Unis arrivaient en vingt-cinquième position pour les mathématiques et en vingt et unième position pour les sciences[92]. Les 10 % d'étudiants qui composent le haut du panier eux-mêmes, c'est-à-dire les meilleurs et les plus intelligents, n'occupaient que la vingt-quatrième place mondiale en mathématiques[93].

Un rapport d'évaluation nationale a établi que 33 % des élèves américains de CM1 et 32 % des élèves de quatrième sont « compétents » en lecture, alors que 33 % des élèves de CM1 et 25 % de ceux de quatrième obtiennent des résultats inférieurs à ce qui est considéré comme un niveau de lecture « de base »[94].

En 2001, les membres de l'*establishment* de Washington ont adopté à grand bruit la loi contre l'échec scolaire baptisée « *No Child Left Behind* » (« Plus d'enfant à la traîne »), ils se sont congratulés, se sont tapé sur l'épaule et ont biffé la réforme de l'éducation de leur liste de choses à faire[95]. Mais on s'est vite rendu compte que cette loi n'avait de réforme que le nom. Bien qu'on se soit fixé pour objectif d'arriver à 100 % d'élèves compétents en lecture et en mathématiques, huit ans plus tard nous en sommes encore loin. En Alabama, seuls 20 % des élèves de quatrième sont compétents en maths. En Californie, ils sont à peine 23 %. Et 34 % à New York[96].

« L'enseignement, a déclaré le président Obama lors de son discours de remise des diplômes à l'université de Hampton en mai 2010, est ce qui nous a toujours permis de relever les défis d'un monde en mutation[97]. » Mais il n'a pas caché que la barre était désormais bien plus haute et qu'un diplôme de fin d'études secondaires – qui représentait autrefois, selon les termes du président, un « billet d'accès à une bonne vie de membre de la classe moyenne » – ne suffit plus pour être dans la course de ce qu'il a appelé l'« économie du savoir ».

« Les emplois actuels exigent au minimum un *bachelor degree**, a-t-il ajouté, et ce diplôme est encore plus important en des temps difficiles comme ceux que nous connaissons. En effet, le taux de chômage de ceux qui n'ont pas fait d'études supérieures est deux fois plus élevé que celui des diplômés d'un premier cycle universitaire ou plus[98]. »

Mais au lieu de remonter nos manches pour « relever les défis d'un monde en mutation », nous continuons à dégringoler. Nos lycées sont devenus des usines à échec scolaire. Nous avons un des niveaux de diplômes les plus faibles du monde industrialisé : plus de 30 % des lycéens américains quittent le monde scolaire sans diplôme[99]. Et même ceux qui décrochent un diplôme de fin d'études secondaires sont souvent mal préparés pour l'université. Selon le programme américain de tests universitaires qui prépare les examens d'admission à l'université, moins du quart des candidats répondent aux critères d'évaluation dans les quatre disciplines fondamentales : anglais, lecture, mathématiques et sciences[100]. Et parmi ceux qui franchissent cet obstacle, nombreux sont ceux qui ont bien du mal à s'acquitter des frais de scolarité en hausse constante.

Rajiv Narayan, un étudiant de l'université de Californie qui suit le programme « Davis Honors** », est issu d'une famille à deux revenus, solidement ancrée dans la classe moyenne. Mais, peu après son entrée à l'université, cette sécurité a disparu, ses deux parents

* Équivalent de la licence.

** Cursus d'études renforcé réservé aux étudiants particulièrement motivés.

ayant perdu leur emploi. Le revenu familial est passé de 90 000 dollars par an à 30 000. « Au début, je ne me suis pas trop inquiété pour ma situation financière, raconte-t-il. Je travaille beaucoup, j'ai de bons résultats et, d'après ce que j'avais compris, la FAFSA* et le système de bourses de la Californie sont là pour aider les bons étudiants issus de familles à revenus modestes. »

Mais il a découvert que les programmes d'aide universitaire ne présentaient pas la souplesse nécessaire pour s'adapter au changement soudain et radical des conditions financières de sa famille. « Pour que je touche une aide plus importante, il aurait fallu que mes parents soient au chômage depuis deux ans », explique-t-il. Les choses étant ce qu'elles sont, la contribution de sa famille à ses frais de scolarité a en réalité augmenté de 17 000 dollars à 27 000. Bien décidé à passer son diplôme, Rajiv a contracté de nouveaux emprunts et a rogné sur ses dépenses, se contentant d'un budget de 18 dollars par semaine pour manger, tandis que son frère – qui avait déjà passé son diplôme de l'université de Berkeley en Californie en s'endettant à hauteur de près de 80 000 dollars – prenait un troisième emploi pour l'aider à faire face à la hausse de ses frais. « C'est comme si on me punissait de mes récentes difficultés financières », remarque-t-il.

Pour faire des économies et éviter de s'endetter, Ramon Quintero, étudiant à Berkeley, s'est installé dans un camping-car. « Les frais de scolarité ont aug-

* Free Application for Federal Student Aid – programme fédéral d'aide financière destiné aux étudiants.

menté, les loyers ont augmenté, déplore-t-il. Et au lieu de vous accorder plus de bourses, on vous accorde plus de prêts[101]. »

Patsy Ramirez dit qu'elle a pu s'inscrire à Riverside, une autre université californienne, grâce à une bourse de 10 000 dollars. Elle payait le reste de ses frais de scolarité, ses livres et ses dépenses quotidiennes en travaillant à temps partiel. Mais le programme de bourses a été réduit, et, sans cette aide, elle a dû renoncer à poursuivre ses études[102].

Amy Brisendine faisait des études d'infirmière à Santa Barbara en Californie. Une augmentation de 32 % des frais de scolarité en novembre 2009 l'a obligée à quitter l'université et elle travaille aujourd'hui cinq à six jours par semaine comme serveuse et barmaid dans deux restaurants. « J'essaierai de terminer ma formation quand l'économie ira mieux – si elle va mieux un jour –, dit-elle, mais en attendant je continue à travailler[103]. »

Alors que l'éducation prend une importance croissante, pourquoi acceptons-nous que notre future main-d'œuvre soit de moins en moins bien formée ?

Davis Guggenheim, le réalisateur lauréat d'un Academy Award, a cherché la réponse à cette question. On peut en voir le résultat dans son film *Waiting for Superman* (l'expression « En attendant Superman » vient d'un jeune étudiant qui rêve d'être sauvé par Superman[104]). Il y révèle les histoires vraies qui se dissimulent derrière les statistiques et dénonce le champ de bataille sanglant qu'est devenu le système éducatif américain. Les nombreuses forces en opposition sont profondément retranchées derrière des lignes Maginot en place depuis des dizaines d'années, et nos enfants sont pris entre deux feux.

Guggenheim n'hésite pas à désigner les responsables. Des hommes politiques qui prétendent défendre la réforme de l'enseignement mais ne réussissent jamais à changer quoi que ce soit aux commissions scolaires et aux bureaucrates plus soucieux de préserver leur pré carré que d'éduquer nos enfants, nombreux sont ceux à qui on peut faire des reproches. Il se livre à une critique particulièrement cinglante des syndicats d'enseignants américains, qui ont renoncé à chercher à améliorer les salaires et les conditions de travail des enseignants pour s'engager dans des efforts acharnés destinés à empêcher toute véritable réforme et toute innovation et à éviter le licenciement de professeurs incompétents[105].

Guggenheim n'est pas l'ennemi des enseignants. Il considère même les bons professeurs comme d'authentiques héros. En 2001, il a réalisé *The First Year*, un film qui jette un regard convaincant sur un groupe d'enseignants remarquables qui essaient de toutes leurs forces de surmonter des obstacles décourageants pour assurer l'éducation de nos enfants – surtout ceux des quartiers déshérités. Mais son nouveau film montre qu'il est devenu quasiment impossible de se débarrasser de mauvais professeurs, ou de professeurs simplement indifférents.

Il donne pour exemple l'Illinois, un État qui regroupe 876 secteurs scolaires. Sur ce nombre, 38 seulement ont réussi à renvoyer un professeur titulaire incompétent. « Comparez cette situation avec celle d'autres professions, dit Guggenheim dans le commentaire de son film. Un médecin sur cinquante-sept se voit privé de son autorisation d'exercer. Un avocat sur quatre-vingt-dix-sept est radié par le barreau. Mais, s'agissant des enseignants, un sur deux mille cinq cents seulement s'est vu retirer la possibilité d'enseigner[106]. »

Dans l'État de New York, les enseignants titulaires déférés en conseil de discipline pour des délits qui vont de l'excès de retards aux abus sexuels, ainsi que leurs collègues accusés d'incompétence, sont autorisés à passer leur temps à lire ou à jouer aux cartes sept heures par jour dans des endroits surnommés des *rubber rooms**, sans retenue de salaire[107]. En moyenne, ils restent un an et demi dans ces limbes, confortablement rémunérés – et certains trois ans ou davantage –, coûtant ainsi à l'État 65 millions de dollars par an[108]. Et, comme le souligne Guggenheim, « cela ne résout pas le problème du groupe bien plus important encore d'enseignants qui ne font tout simplement pas correctement leur boulot ».

Cette situation nuit gravement à la qualité de l'enseignement dispensé aux jeunes Américains. Dans le film, Eric Hanushek, de Stanford, déclare : « Si nous pouvions simplement nous débarrasser des six à dix pour cent de mauvais professeurs et les remplacer par des professeurs moyens, nous pourrions faire passer les élèves américains moyens au niveau de la

* Littéralement, « salles caoutchoutées », par allusion aux cellules capitonnées réservées dans les asiles aux fous susceptibles de s'automutiler. L'expression en est venue à désigner un espace réservé à un employé sous le coup d'une sanction disciplinaire, où il passe sa journée sans pouvoir exercer son métier.

Finlande, qui se situe aujourd'hui en tête du classement mondial[109]. »

Le film relève le lien entre l'influence des syndicats et leur générosité à l'égard des partis politiques[110]. À elles deux, la National Education Association et l'American Federation of Teachers ont versé près de 58 millions de dollars de contributions politiques fédérales depuis 1989. Andrew Coulson, du Cato Institute, fait remarquer que c'est « approximativement autant que Chevron, Exxon Mobil, la NRA* et Lockheed Martin réunis[111] ».

Selon Guggenheim, « depuis 1971, aux États-Unis, les dépenses d'éducation sont passées de 4 300 dollars à plus de 9 000 dollars par élève, compte tenu de l'inflation[112] ». Mais, si les dépenses montent en flèche, les résultats sont loin d'en faire autant.

À la différence de la réparation des routes, des ponts et des barrages, un apport massif de dollars ne suffira pas à redresser la situation de nos établissements d'enseignement. Une partie du problème vient du système lui-même. Fondée sur le modèle prussien qui cherchait à produire des soldats dociles et des citoyens accommodants, la version américaine du système d'éducation était le produit de la révolution industrielle, destiné à assurer un réservoir de main-d'œuvre souple et homogène[113]. Nos écoles étaient des usines à fabriquer des ouvriers, une chaîne de montage produisant des abeilles diligentes. Mais ce modèle unique est complètement décalé par rapport à la créativité et à l'inventivité nécessaires pour résoudre les problèmes posés par l'époque moderne.

---

* National Rifle Association – association qui regroupe les défenseurs de la vente libre des armes à feu.

De plus, comme l'a fait remarquer le président Obama, les exigences de la société ne sont plus celles d'autrefois[114]. Dans les années 1950, seuls 20 % des bacheliers se retrouvaient sur les bancs de l'université. Une autre tranche de 20 % était censée entrer directement dans la vie professionnelle à des postes qualifiés, comme la comptabilité, ou à des emplois de cadres moyens. Les 60 % restants devenaient ouvriers d'usine ou retournaient travailler à la ferme[115]. « Le problème, analyse Guggenheim, est que nos établissements scolaires n'ont pas changé, contrairement au monde qui les entoure[116]. »

Une fois de plus, c'est une question de priorités[117]. Considérez simplement l'explosion des dépenses consacrées aux prisons américaines au cours de ces vingt dernières années. Durant cette période, de nouvelles prisons sont sorties de terre à un rythme à faire pâlir d'envie McDonald's lui-même – tandis que le nombre de détenus triplait pour atteindre plus de deux millions[118]. L'Amérique compte aujourd'hui plus d'individus derrière les barreaux que n'importe quel autre pays[119].

Malheureusement, cette population carcérale regroupe près de 150 000 enfants[120]. Trop d'établissements scolaires américains, avec leur taux d'échec élevé, sont devenus des classes préparatoires non à l'université, mais à la prison. À maintes et maintes reprises, lorsqu'il a fallu choisir entre les livres et les barreaux, nos responsables politiques ont préféré agrandir les centres de détention plutôt que d'imaginer un moyen d'y envoyer moins d'enfants. Comment pouvons-nous accepter de dépenser des sommes tellement plus importantes pour les enfants *une fois* qu'ils se sont rendus coupables de délits, et non au moment où un coup de main aurait vraiment pu leur être utile ?

En définitive, la responsabilité de notre incapacité chronique à remettre notre système éducatif en état de marche incombe à nos dirigeants de Washington. Aussi régulièrement que la sonnerie d'école, à chaque saison électorale, nos candidats promettent de réformer notre système scolaire – et, tout aussi régulièrement, ils n'en font rien.

George W. Bush a signé la loi « *No Child Left Behind* », qui n'a pas empêché des millions et des millions d'élèves de rester à la traîne.

Bill Clinton avait commencé son second mandat en prenant cet engagement : « Ma priorité numéro un pour les quatre années à venir est de faire en sorte que les Américains aient le meilleur enseignement du monde[121]. » Or, en 1999, les élèves américains de quatrième occupaient la dix-neuvième position mondiale en maths et la dix-huitième en sciences[122].

Il s'était passé la même chose avec le père de George W., qui avait promis de « révolutionner les écoles d'Amérique ». Bush père avait déclaré dans son discours sur l'état de l'Union en 1990 que, « en l'an 2000, les élèves américains [devaient] être les premiers du monde pour leur réussite en mathématiques et en sciences. Chaque adulte américain doit être un travailleur et un citoyen qualifié et instruit [...]. Notre nation n'acceptera pas moins que l'excellence en matière d'éducation[123] ». Mais l'an 2000 est arrivé, et, sur vingt-sept pays, les États-Unis arrivaient dix-huitièmes en mathématiques, quatorzièmes en sciences et quinzièmes en lecture[124].

Loin de ne pas accepter moins que l'excellence, nous nous sommes habitués à l'échec persistant de notre système éducatif, nous contentant d'admirer le diamant occasionnel qui scintille au milieu du fumier : une formidable *charter school** par-ci, un établissement scolaire de cité obtenant d'excellents résultats par-là. Nous avons laissé cette vieille devise de Washington l'emporter : « Si c'est cassé, surtout ne le répare pas. »

Mais si nous voulons survivre – et éviter de nous transformer en pays du tiers-monde –, il est indispensable d'encourager l'épanouissement de la créativité et de la réflexion inspirée dans nos salles de classe. Il faut commencer à examiner les choses d'un regard différent, audacieux.

Ce qu'Abraham Lincoln disait dans son deuxième discours annuel au Congrès en 1862 s'applique de façon pertinente à la crise actuelle de l'enseignement : « Les dogmes du passé paisible sont inadaptés au présent orageux [...]. La nouveauté de la situation exige des réflexions et des actions nouvelles[125]. »

Quand il s'agit de sauver nos enfants – et notre avenir –, il n'y a pas un instant à perdre.

* Les *charter schools* sont des écoles privées laïques gratuites sous contrat, qui se caractérisent souvent par leurs méthodes novatrices.

MATT STAGLIANO

Je n'aurais jamais imaginé devoir dire ça un jour, mais la semaine dernière j'ai perdu ma maison. Malgré tous mes efforts, le 5 janvier 2010, ma maison a été vendue au Bexar County Courthouse (pour moins que ce que je l'avais payée).

Avec le recul, je dois dire que l'année 2008 n'était sûrement pas le moment idéal pour s'engager dans une nouvelle carrière d'agent immobilier. J'étais guitariste dans un orchestre itinérant. Ça payait bien et, en tout cas, ça me permettait toujours de joindre les deux bouts.

Mais j'avais d'autres projets dans la vie et je voulais les réaliser, pour ne pas avoir à regretter plus tard de ne pas l'avoir fait. Je voulais me concentrer sur quelque chose de tangible (comme l'immobilier), quelque chose qui me permettrait de retrouver de la passion.

Ça n'a pas été de la petite bière de monter une affaire en 2008. Beaucoup d'agents expérimentés avaient du mal à s'en sortir. Quand j'ai commencé, on m'a dit je ne sais combien de fois de m'attendre à quelques mois très serrés. C'est sûr, je n'ai pas fait fortune cette année-là. Au contraire, j'ai grignoté peu à peu mes économies, essayant de m'accrocher aussi solidement que possible à ce que j'avais. Alors que mes comptes en banque diminuaient, mes droits d'auteur sur les activités du groupe fondaient eux aussi. Avec le peu de revenus que nous avions en plus du salaire de ma femme, nous rognions sur tout ce que nous pouvions.

Et nous nous en sommes sortis correctement – jusqu'en 2009. C'est à ce moment-là que nous avons commencé à perdre pied. On avait un mois d'arriérés, on payait pendant deux mois, on avait deux mois d'arriérés, on rattrapait.

C'était un cycle perpétuel d'arriérés et de remboursements. Et, chaque fois, notre crédit disponible baissait. Avec moins de crédit, impossible de refinancer... Un paiement manqué sur une carte de crédit entraîne un taux d'intérêt plus élevé, qui conduit à une défaillance de plus, qui se traduit par des taux d'intérêt encore plus élevés, et ainsi de suite.

À la fin de l'année, j'ai perdu deux commissions. Nous nous sommes retrouvés encore un peu plus dans le rouge. La société de crédit immobilier a engagé la procédure de saisie en novembre. J'ai essayé de négocier avec le prêteur. Nous aurions dû être un cas en or pour un rééchelonnement. Pas de dépenses extravagantes, pas de maison à un million de dollars, pas de bateau. Nous étions simplement victimes d'une série de circonstances malheureuses et nous commencions à nous remettre à flot – mais pas assez vite.

En fait, je faisais une année super (on m'avait surnommé « Monsieur Zéro à Soixante en trente jours » à cause de la volte-face remarquable de mon entreprise). Ma femme a obtenu un nouvel emploi avec une hausse de salaire substantielle. Il nous manquait une seule chose : un petit coup de pouce de l'organisme de crédit. Mais, des gens comme nous, les prêteurs en ont à revendre. Ils n'ont même pas regardé notre proposition de montage.

En tant qu'agent immobilier, cette saisie a été particulièrement douloureuse pour moi. Comment essayer de vendre des maisons alors que je venais de perdre la mienne ? « Je n'ai même pas été capable de garder ma maison » : cette idée me trottait tout le temps dans la tête. La saisie est un événement qui vous touche profondément sur le plan psychologique. Autour de moi, quand on a su ce qui m'était arrivé, on m'a parlé d'agents immobiliers qui étaient dans la même galère. Ça m'a vraiment aidé de le savoir.

Qu'est-ce qui va nous manquer ? Des trucs comme la véranda où on organisait des barbecues vraiment super avec de bons amis. Devoir me passer de mes voisins.

On essaie de se remettre sur les rails. Nous nous sommes serré la ceinture et avons renoncé aux extras. Nous parlons beaucoup plus de nos finances – de ce qu'on dépense et pourquoi.

Et j'en ai tiré une leçon qui m'aidera à mieux comprendre mes clients – j'ai appris à avoir de la compassion. Tout le monde a ses espoirs, ses rêves. Alors, il faut essayer d'être compatissant. Les émotions, la colère, la dépression – si jamais il y a dans la vie des gens un moment où ils ont besoin de s'appuyer sur quelqu'un, c'est celui-ci.

4

★

ENQUÊTE CRIMINELLE :
QUI A TUÉ LE RÊVE AMÉRICAIN ?

Mais comment en sommes-nous arrivés là ?

Comment sommes-nous arrivés à une situation où notre infrastructure est plus que vétuste, où nos établissements scolaires ne remplissent pas leur mission, où notre classe moyenne est sous assistance respiratoire et où le rêve américain se transforme en mirage ?

Qui a pris le contrôle de notre GPS national et a entré comme destination finale les coordonnées d'un avenir tiers-mondiste ? Dès qu'on cherche une explication, on a tendance à pointer un index aussi rageur qu'accusateur en direction de Washington. En l'occurrence, c'est le bon réflexe. Mais pour de mauvaises raisons.

Les commentateurs politiques influents nous disent et nous répètent que notre vie politique est « déréglée » et « paralysée ». Que le gouvernement est hors service à cause des bisbilles entre démocrates et républicains et de la bipolarisation de notre vie politique. Que les partis ont tellement dérapé vers leurs extrêmes respectifs, à gauche comme à droite, que toute collaboration et tout consensus sont devenus impossibles.

Et si la décision du Parti républicain de réagir à l'élection du président Obama en se transformant en Parti du Non prête indéniablement à cette idée reçue un semblant de vérité, il suffit de gratter un peu pour découvrir une réalité bien plus affreuse : depuis une trentaine d'années, les deux partis se ressemblent de plus en plus – étant tous les deux à la botte des patrons des grandes entreprises qui abondent leurs caisses de campagne.

La vie politique américaine est effectivement « déréglée », mais ce n'est pas parce que nos responsables politiques se prennent réciproquement à la gorge. C'est parce que le principe démocratique fondateur – « un individu, une voix » – a été remplacé par l'arithmétique de la politique des intérêts particuliers : des milliers de lobbyistes plus des milliards de dollars égalent un accès et une influence hors de portée des Américains moyens.

Les conséquences de cette OPA du monde de l'entreprise sur notre démocratie ne pourraient être plus profondes ni plus étendues. Elles affectent tous les aspects de notre existence – depuis la pureté de l'air que nous respirons et de l'eau que nous buvons jusqu'à la qualité sanitaire de la nourriture que nous consommons, le contrôle des médicaments que nous absorbons et des produits que nous achetons, à la stabilité de l'économie qui nous permet de conserver notre emploi, de payer notre maison et d'essayer de réaliser nos rêves.

Tout cela, et bien plus encore, nous est imposé par un système de gouvernement qui définit ses priorités au milieu d'une foire d'empoigne de trafics d'influence.

Vous connaissez sûrement la blague du flic qui tombe sur un poivrot en train de se traîner à quatre pattes sous un réverbère. « Qu'est-ce que vous fichez là ? demande le flic.

— Je cherche mes clés, répond l'ivrogne.

— Où les avez-vous perdues ?

— Là-bas.

— Mais alors, pourquoi les cherchez-vous ici ?

— Parce que c'est mieux éclairé. »

Vous arrive-t-il de vous demander pourquoi des lois parfaitement ineptes sont adoptées alors que d'autres dont la nécessité tombe sous le sens ne franchissent jamais l'étape de la commission des lois ? Pourquoi certaines questions se voient poussées sur le dessus de la pile alors que d'autres meurent, faute d'attention ? La réponse est simple. Comme l'ivrogne attiré par la lumière, les hommes politiques sont attirés par l'argent et par les vociférations de groupes de pression tapageurs – qui leur font perdre de vue les intérêts des Américains de la classe moyenne, oubliés et négligés comme autant de clés de voiture.

Il y a des gens qui étudient les lois et qui demandent « pourquoi ? » ou « pourquoi pas ? ». Moi, j'étudie les lois et je demande : « Qui les a payées ? »

PAS DE LOBBYISTES POUR LE RÊVE AMÉRICAIN

Depuis 1964, l'American National Election Studies de l'université du Michigan demande régulièrement aux électeurs s'ils estiment que l'Amérique est gouvernée « pour le bien de tous » ou « par quelques gros intérêts privés »[1]. Au milieu des années 1960, seules 29 % des personnes interrogées pensaient que les « gros intérêts privés » dirigeaient le pays. Au milieu des années 1990, ce chiffre était passé à 76 %[2]. Et, en 2008, 80 % des Américains sondés ont répondu aux enquêteurs du Program on International Policy Attitudes* que, selon eux, le gouvernement était contrôlé par « quelques gros intérêts privés qui ne pensent qu'à eux[3] ».

Cela n'a rien d'étonnant : depuis des années le nombre de lobbyistes en activité à Washington a explosé, tout comme les sommes qu'ils ont déboursées. En 2009, plus de 13 700 lobbyistes recensés ont dépensé le montant record de 3,5 milliards de dollars pour orienter la politique du gouvernement dans le sens des intérêts privés qu'ils défendaient[4], soit le double de ce qu'ils avaient versé en 2002[5].

Le Sénat et la Chambre comptent 535 membres : cela veut dire que les lobbyistes qui se pressent dans les allées du pouvoir sont presque vingt-six fois plus nombreux que nos représentants élus. Si l'on divise équitablement 3,5 milliards de dollars entre nos 535 représentants, chaque membre de notre branche législative aura pu toucher, au cours de l'année, 6,5 millions de dollars en échange d'un soutien direct à ces intérêts particuliers.

Et il s'agit uniquement des sommes que les entreprises américaines consacrent au lobbying. Des millions de dollars supplémentaires sont versés directement aux hommes ou aux partis politiques. Le montant moyen nécessaire pour se présenter à la réélection à la Chambre des représentants est passé d'environ

* Programme de recherche sur les attitudes face à la politique internationale.

56 000 dollars[6] en 1974 à plus de 1,3 million de dollars[7] en 2008.

Prenons, comme exemple du bénéfice que les intérêts particuliers ont tiré de cette inflation, le secteur financier, qui s'est trouvé en première ligne et au centre de cette débauche de collectes de fonds[8]. Au cours des vingt dernières années, il a été le premier à financer les campagnes politiques. Selon les indications données par Simon Johnson et James Kwak dans *13 Bankers*, entre 1998 et 2008 « le secteur financier a dépensé 1,7 milliard de dollars en contributions au financement des campagnes électorales et 3,4 milliards en frais de lobbying[9] ». Cet argent est évidemment allé là où il pouvait être le plus efficace : dans les coffres de campagne de personnalités de la commission bancaire du Sénat aussi dynamiques que Phil Gramm, Alphonse D'Amato, Chris Dodd et Chuck Schumer[10]. Remarquez que les banquiers ont dispensé cette manne équitablement des deux côtés de l'hémicycle.

Le retour sur investissement a été considérable : les réglementations financières qui avaient évité les pires excès de cupidité du monde de l'entreprise depuis la Grande Dépression ont été taillées en pièces, laissant place à un édifice branlant fait d'autodiscipline et d'organismes de contrôle timorés, impuissants à ramener à la raison les spéculateurs effrénés de Wall Street. Résultat pour les grandes entreprises américaines : des profits records, des enveloppes de rémunération records et des primes records. Résultat pour le commun des mortels : la crise de l'épargne et du crédit, les scandales de l'ère Enron et l'effondrement économique dont nous cherchons encore désespérément à nous remettre.

Cet effondrement, soit dit en passant, n'a fait qu'inciter les lobbyistes du secteur bancaire à redoubler leurs efforts et à se livrer à une tentative acharnée pour contrecarrer toute correction du système financier. Pendant que se déroulait le débat sur la réforme de Wall Street, l'industrie financière, renflouée grâce aux milliers de milliards de dollars des contribuables et à des prêts à taux préférentiels de la Fed, a dépensé quelque 1,4 million de dollars par jour pour convaincre nos législateurs de tuer dans l'œuf toute réforme digne de ce nom[11].

C'est ainsi que, lorsque le Sénat a concocté sa loi de réforme financière, celle-ci ne contenait strictement rien sur les nécessaires ajustements à opérer par Fannie Mae et Freddie Mac[12]. Pourtant, au cours du premier trimestre de 2010, Freddie Mac – la moitié de ce que Gretchen Morgenson, du *New York Times*, a appelé « l'éléphant du renflouement » – a fait état d'une perte de 6,7 milliards de dollars[13].

En mai 2010, selon Morgenson, « les graves défaillances de paiement touchant le portefeuille des crédits conventionnels de maisons monofamilles de Freddie – ceux qui enregistraient plus de quatre-vingt-dix jours de retard – s'élevaient à 4,13 %, contre 2,41 % au cours de la même période un an auparavant[14] ». Et le nombre d'unités d'habitation saisies contrôlées par Freddie avoisinait les 54 000, contre 29 145 à la fin du mois de mars 2009.

« Je ne comprends pas qu'on n'en parle pas, observe Dean Baker, du Center for Economic and Policy

Research. Il me semble que la question fondamentale est la suivante : ont-ils, de façon régulière, trop prêté d'argent depuis qu'ils ont été placés sous tutelle[15] ? »

Pourquoi feraient-ils une chose pareille ? Ce comportement s'inscrit dans ce que Baker appelle le « renflouement détourné » des banques[16]. Autrement dit, une manière invisible de continuer à enfourner dans la gueule des Américains les plus riches l'argent des contribuables aux abois.

Ce lien indécent entre argent et influence politique est la face obscure du capitalisme. À l'image d'une colonie de termites qui réduit une maison en sciure de bois, les intérêts financiers et leurs lobbyistes se nourrissent des fondements de notre démocratie.

En 2008, le peuple américain a voté pour le changement. Malheureusement, quelque chose a changé sur la voie du changement. Cette déviation a été le fait des lobbyistes de Washington qui, depuis que le président Obama a pris ses fonctions, ont édulcoré, mutilé ou purement et simplement massacré d'ambitieux plans de réforme de Wall Street, de l'énergie et de la santé.

Dès qu'une loi majeure est débattue à la Chambre ou au Sénat, les médias font comme si les enjeux étaient considérables, mais, en vérité, lorsqu'on en arrive à cette étape, la partie est généralement déjà terminée. Le vrai combat se déroule très en amont. Et, le plus souvent, ce sont les lobbyistes qui gagnent.

Cette déconnexion entre la réalité et la perception qu'on en a me rappelle le jour où une amie est partie en croisière avec sa famille. Son fils de dix ans a passé son temps à harceler l'équipage pour qu'on lui permette de piloter le puissant paquebot. Le capitaine a fini par inviter toute la famille sur le pont. Le gamin a empoigné la roue du gouvernail et s'est mis à la tourner énergiquement dans tous les sens. Mon amie s'est affolée – jusqu'à ce que le capitaine se penche vers elle et lui chuchote à l'oreille de ne pas s'inquiéter, que le bateau était sur pilote automatique et que les manœuvres de son fils seraient sans effet.

C'est exactement ce qui se passe avec nos dirigeants. Ils se tiennent sur le pont et font de grands gestes censés nous faire changer de direction, alors qu'en bas, dans la salle de contrôle, le pilote automatique programmé par des hommes politiques à la botte d'intérêts particuliers continue à mener le navire de l'État vers son cap prédéfini et désastreux. L'Amérique ne pourra pas virer de bord tant que ceux que nous avons élus pour nous représenter ne descendront pas en salle des machines pour débrancher le pilote automatique – ce qui exige de s'attaquer aux hordes de lobbyistes qui continuent à dicter la politique de Washington.

Malheureusement, la classe moyenne ne dispose pas, elle, d'une meute de lobbyistes patrouillant dans les allées du pouvoir, distribuant de l'argent aux membres du Congrès et de la Maison-Blanche pour protéger le peuple américain des escrocs du monde économique qui engrangent des profits maximaux (et remplissent leurs coffres personnels), tandis que nos emplois, nos maisons et nos pensions de retraite disparaissent.

Il n'y a pas de lobbyistes pour le rêve américain.

LA DÉMOCRATIE À L'ENCAN

La lutte épique entre les locomotives financières du pays et l'expérience démocratique américaine, entre la poignée de riches et la multitude des gens en difficulté, est aussi ancienne que notre pays lui-même.

Depuis la loi antitrust de Theodore Roosevelt jusqu'aux grandes réformes bancaires instituées par Franklin Roosevelt à la suite de la Grande Dépression, du monopole de Standard Oil à celui de Goldman Sachs aujourd'hui, de puissants intérêts particuliers se sont toujours dressés contre l'intérêt général.

De fait, Teddy Roosevelt mettait en garde dès 1910 contre l'influence que les entreprises risquaient d'exercer sur le corps politique : « Il ne peut y avoir aucun contrôle efficace des entreprises tant qu'elles continuent d'exercer une activité politique. Y mettre fin ne sera pas une tâche rapide, ni facile[17]... » Force est de reconnaître que, loin d'avoir été éradiquée, l'activité politique du monde des entreprises s'est faite plus envahissante, plus agressive, plus impitoyable et plus efficace. Nous n'avons pas réussi à contrôler les entreprises. Pis encore, elles ont modifié les données de l'équation, et c'est nous qui sommes aujourd'hui sous leur contrôle.

Teddy Roosevelt a dû se retourner dans sa tombe en janvier 2010 quand la Cour suprême a voté par 5 voix contre 4 l'arrêt *Citizens United vs. Federal Election Commission*, élargissant le droit à la liberté d'expression aux sociétés et aux syndicats et supprimant toute limite aux dépenses dites indépendantes au profit des campagnes politiques[18]. Le président Obama a reconnu que cette décision représentait une « victoire majeure des sociétés pétrolières, des banques de Wall Street, des sociétés d'assurance-maladie et des autres intérêts puissants qui font quotidiennement usage de leur pouvoir à Washington pour étouffer la voix des Américains ordinaires[19] ».

Cette décision permettra aux sociétés pharmaceutiques géantes qui autorisent sciemment le maintien sur les rayonnages des pharmacies de médicaments dangereux, aux responsables d'usines de produits chimiques qui déversent dans l'eau et dans l'air des toxines mortelles et aux conglomérats de l'agriculture industrielle qui bourrent nos aliments de pesticides de dépenser des sommes illimitées pour porter leurs complices au pouvoir et écarter les rares candidats sincèrement attachés à la défense du bien public.

Il est devenu encore plus facile de vendre notre démocratie à l'encan, au plus offrant.

UNE AFFAIRE TRÈS RISQUÉE

L'Amérique du monde des entreprises ressemble beaucoup au personnage interprété par Tom Cruise dans *Risky Business*, un adolescent qui persuade ses parents qu'il se débrouillera très bien pendant leur absence. Dès qu'ils sont partis, il fait venir une pute, fracasse la Porsche de son père, laisse un maquereau assassin voler les meubles familiaux et organise une fête à tout casser, transformant la maison de ses parents en une sorte de bordel de banlieue.

L'Amérique des entreprises a corrompu et intimidé nos responsables politiques, leur faisant croire que l'industrie privée était parfaitement capable de se réguler elle-même. C'est ainsi qu'a disparu toute véritable surveillance… et qu'on a assisté à une orgie de capitalisme effréné et d'affaires à haut risque qui font ressembler la fiesta de Tom Cruise à une réunion chez Mère Teresa.

Cela fait plusieurs années que les conséquences destructrices et souvent mortelles de ce capitalisme dénué de toute conscience sont apparues au grand jour. Voyez le comportement immoral des grands laboratoires pharmaceutiques qui ont systématiquement sacrifié la santé du public sur l'autel d'une hausse illimitée des profits, laissant à maintes reprises sur le marché des médicaments dangereux qui ont provoqué la mort d'innocents. Ou le silence persistant de l'industrie chimique concernant les effets toxiques sur les travailleurs et les consommateurs sans méfiance d'un grand nombre des 80 000 produits chimiques de synthèse créés au cours des soixante dernières années[20]. Ou la lutte acharnée de l'industrie du tabac pour continuer à commercialiser une substance qui tue encore plus de 440 000 Américains par an[21]. Ou l'arnaque scandaleuse à laquelle se sont livrés Halliburton et d'autres fournisseurs de l'armée pendant toute la guerre d'Irak, aux dépens des contribuables américains[22].

L'année 2010 nous a apporté trois exemples largement médiatisés de ce qui se passe quand les grandes sociétés parviennent à leurs fins à Washington et quand nos chiens de garde publics se transforment en toutous dociles qui refusent de mordre la main des entreprises qui les nourrissent : l'explosion de la mine de charbon d'Upper Big Branch en Virginie-Occidentale, la fuite de pétrole sur une plate-forme de BP dans le golfe du Mexique et les répliques persistantes du séisme financier, sans oublier les accusations de fraude qui pèsent sur Goldman Sachs.

Tous ces événements disparates relèvent de la même cause fondamentale : un système de régulation gravement détraqué.

Il n'a fallu qu'un unique instant d'horreur pour que des gens soient tués dans la mine d'Upper Big Branch et sur la plate-forme pétrolière de Deepwater Horizon. L'effondrement économique n'a tué personne, mais il a détruit progressivement la vie de millions d'Américains. Si ces trois catastrophes ont eu lieu, c'est parce que les autorités élues, qui auraient dû veiller à l'application d'un système de régulation protégeant les familles de travailleurs, ont au contraire permis au système de protéger les sociétés qu'il est censé surveiller.

La plupart des défaillances systémiques qui ont provoqué le non-respect des règles à la mine d'Upper Big Branch et sur le site de BP sont identiques à celles qui sont à l'origine de la bulle de l'immobilier, des couvertures de défaillance (les *credit default swaps*), des produits dérivés toxiques – et, par extension, du renflouement bancaire, du chômage de longue durée et du déclin rapide de la classe moyenne américaine.

Plusieurs jours après la catastrophe d'Upper Big Branch, le *New York Times* parlait en ces termes de la Mine Safety and Health Administration (MSHA, Service de sécurité et de santé des mines), l'agence de régulation qui avait si honteusement manqué à ses engagements envers les mineurs d'Upper Big Branch : elle fait « preuve d'une inertie fondamentale dans plusieurs domaines » ; « les amendes qu'elle inflige sont relativement faibles et, pour beaucoup, ne sont pas touchées avant des années » ; « elle n'a aucun pouvoir d'assignation, un outil d'enquête essentiel » ; « ses sanctions pénales sont insuffisantes » ; « les amendes sont si faibles qu'elles ne dépassent pas une simple correction à la décimale supérieure en bas d'un bilan comptable » des entreprises contrôlées ; pour couronner le tout, elle manifeste « une réticence évidente à faire usage de tous ses pouvoirs »[23].

Faisant sinistrement écho à ce bilan, le *Wall Street Journal* écrivait, à la suite de la catastrophe de Deepwater Horizon, à propos du Minerals Management Service (MMS, Service d'administration des minéraux), l'agence gouvernementale qui supervise les forages en mer : ce service « ne rédige ni n'applique la plupart des règlements de sécurité, car il a peu à peu transféré ces responsabilités à l'industrie pétrolière elle-même » ; « il n'a que rarement signalé les infractions aux règles de sécurité ou de protection de l'environnement au département de la Justice à des fins de poursuites pénales, même quand il aurait dû le faire » ; et « il a cessé de dire aux sociétés quelle formation est indispensable aux ouvriers chargés d'empêcher les puits de jaillir de façon incontrôlée »[24]. Bill Nelson, sénateur de Floride, a résumé la situation en ces termes : « Si on ne peut pas aller jusqu'à dire que le MMS dormait au volant, une chose est sûre : il a largement confié la conduite aux grandes sociétés pétrolières[25]. » Chris Oynes, le plus haut fonctionnaire du département de l'Intérieur chargé de superviser les forages pétroliers et gaziers en mer, a annoncé qu'il prenait sa retraite peu après cette explosion catastrophique[26], tandis qu'Elizabeth Birnbaum, directrice du MMS, était obligée de démissionner trente-sept jours après le début de la fuite[27] – deux nouveaux départs qui interviennent trop tard pour changer quoi que ce soit.

Le problème n'est pas dû à une pénurie de régulateurs, mais au laxisme que nous avons manifesté en laissant tricher ceux à qui s'appliquent les régulations. Le gouvernement fédéral dispose des services chargés de surveiller les forages *offshore* et l'industrie minière. En fait, un inspecteur fédéral se trouvait à la mine d'Upper Big Branch quelques heures avant l'explosion[28].

Il existe également une pléthore de services de régulation financière[29]. Avant même l'implosion de l'économie, des dizaines de contrôleurs fédéraux étaient censés surveiller de près chacune des grandes banques – dans bien des cas, leurs bureaux se trouvaient même dans les locaux de ces banques. L'Office of Federal Housing Enterprise Oversight* avait à l'œil Fannie Mae et Freddie Mac[30], et la SEC (la commission de surveillance des opérations bancaires), qui inspectait leurs dépôts de valeurs, assurait un contrôle complémentaire. Après l'effondrement de Bear Stearns, la Fed de New York a envoyé quotidiennement une équipe de contrôleurs-vérificateurs chez Lehman Brothers[31].

---

* Bureau fédéral de surveillance des entreprises immobilières.

Ils n'ont pas vu l'imminence de l'effondrement économique.

Les contrôles sont « très difficiles à appliquer », et « tant de lois » sont « absurdes », déclare Don Blankenship, P-DG de Massey Energy[32], la société propriétaire de la mine d'Upper Big Branch, qui a, comme par hasard, un lourd et scandaleux passé d'infractions aux règles de sécurité.

Le *Wall Street Journal* énumère les arguments de cadres et de contrôleurs de l'industrie pétrolière selon qui « les opérations *offshore* sont devenues si compliquées qu'en dernière analyse les organismes de contrôle dépendent des sociétés pétrolières et des entrepreneurs chargés du forage pour faire leur travail en toute sécurité[33] ». « Les choses s'étaient très bien passées avec le [forage] en eau profonde, a déclaré Lars Herbst, responsable de la région du golfe du Mexique au MMS, jusqu'au moment de l'accident [de Deepwater Horizon][34]. » Et à part ça, madame la marquise, tout va très bien, tout va très bien !

De même, s'il est impossible de réguler correctement l'industrie financière, c'est, comme l'a signalé Alan Greenspan en 2010 lorsqu'il est venu déposer devant la commission d'enquête sur la crise financière, parce que « la complexité est terrifiante » et que les capacités des contrôleurs « sont largement dépassées[35] ».

Une situation qui est, bien sûr, entièrement due à Wall Street. Pour le monde financier, une « complexité terrifiante » n'est pas un dysfonctionnement, c'est une caractéristique.

Les histoires de la mine et du forage pétrolier ressemblent à s'y méprendre à ce qui s'est déroulé dans l'industrie financière ces dix dernières années. Une catastrophe a lieu. Les hommes politiques sont « scandalisés » et réclament une réforme. On vote des lois. Et à la catastrophe suivante, celle contre laquelle ces nouvelles lois étaient censées nous prémunir, nous découvrons les lacunes de la dernière série de « réformes ».

Massey offre un exemple aussi parfait que tragique de ce fonctionnement. Après qu'en 2006 douze mineurs ont péri dans la catastrophe minière de Sago en Virginie-Occidentale, on a adopté des réglementations imposant des contrôles beaucoup plus rigoureux aux sociétés coupables d'« infractions réitérées[36] ».

Si vous vous demandez ce que sont des « infractions réitérées », allez voir du côté de Massey Energy. En 2009, la fermeture temporaire de sa mine d'Upper Big Branch a été prononcée plus de soixante fois[37]. La même année, la mine a été sanctionnée pour 515 infractions[38]. En 2010, à la date de l'accident, on avait déjà relevé 124 infractions[39]. Ajoutons qu'au cours des dix années qui avaient précédé l'explosion d'Upper Big Branch vingt personnes avaient trouvé la mort dans des mines exploitées par Massey[40].

Comment Massey a-t-il pu échapper à des contrôles plus rigoureux à la suite de ces « infractions réitérées » ? Il se trouve que la loi contient une échappatoire : si une société conteste la réalité d'une infraction, celle-ci ne peut pas être comptabilisée dans la liste des violations commises pendant toute la durée de la procédure de recours[41]. Or, au moment de l'explosion,

Massey avait déposé un recours contre 352 infractions pour la seule mine d'Upper Big Branch[42].

Grâce à une autre subtilité de la loi, une société peut différer le paiement d'une amende aussi longtemps qu'elle conteste la réalité de l'infraction qu'on lui reproche[43]. Conséquence ? Sur 113 millions de dollars de pénalités dus par des sociétés minières depuis avril 2007, seuls 8 millions avaient été effectivement versés en avril 2010 – soit approximativement 7 %[44]. Pour des hommes comme Don Blankenship, ou pour n'importe quel P-DG de grande banque, ces amendes font partie du coût normal de gestion d'une entreprise ; elles sont intégrées dans les comptes, comme les pots-de-vin dans les pays du tiers-monde.

Le scénario de la catastrophe de BP est très comparable. Entre 2001 et 2007, les accidents survenus dans des entreprises américaines de forage *offshore* ont fait 41 morts et 302 blessés[45]. Au cours des dix dernières années, le Minerals Management Service s'est inquiété de la sécurité des plates-formes pétrolières en mer et a averti les sociétés responsables qu'elles devaient impérativement disposer d'un équipement de sécurité auxiliaire d'un type qui aurait pu éviter la fuite du golfe[46]. Mais, face au lobbying agressif de l'industrie pétrolière, ce service a mis un mouchoir sur ses inquiétudes, croisé les doigts et espéré que l'industrie se chargerait elle-même des contrôles nécessaires.

La pièce dont le prix a soulevé la levée de boucliers de l'industrie pétrolière, un dispositif qu'on appelle un régulateur acoustique, coûte environ 500 000 dollars[47]. La valeur de remplacement de la plate-forme de Deepwater Horizon que cette vanne à 500 000 dollars aurait pu permettre d'économiser s'élève à environ 560 millions de dollars[48] – sans parler des milliards que cette catastrophe va coûter à la compagnie et à toute la région du golfe, ni des vies humaines sacrifiées dans l'explosion de la plate-forme.

S'agissant des amendes pour infractions aux règles de sécurité infligées par le Minerals Management Service[49], BP a accumulé entre 1998 et 2007 une bonne dizaine d'infractions, mais a payé moins de 580 000 dollars de pénalités[50] – une bagatelle pour une société qui a engrangé 5,6 milliards de bénéfices pour le seul premier trimestre 2010.

La catastrophe du golfe n'a pas mis fin à la complaisance des autorités à l'égard des compagnies pétrolières. Selon le *New York Times*, au cours des cinq semaines qui ont suivi l'explosion de Deepwater Horizon et la fuite de millions de litres de pétrole, « les contrôleurs fédéraux [...] ont accordé au moins dix-neuf dérogations environnementales pour des projets de forage dans le golfe et au moins dix-sept autorisations de forage[51] ». Et, qui l'eût cru, un des programmes qui ont obtenu l'une de ces dérogations était dirigé par BP[52].

On va, je n'en doute pas, concevoir de nouvelles réglementations à la suite de ces récentes catastrophes minières et pétrolières, comme on a mis en place de nouvelles réglementations financières en réaction au désastre financier. Mais, lorsque ces réglementations seront présentées au Congrès, les lobbyistes veilleront à ce qu'on n'oublie pas d'y intégrer des échappatoires – et à ce que le peuple américain soit, une fois de plus, du côté des perdants dans la négociation.

Les catastrophes minières, environnementales et financières se succéderont tant que nous n'aurons pas redéfini nos priorités et obligé nos autorités élues, et les contrôleurs qu'elles nomment, à faire passer l'intérêt général avant les intérêts privés, et tant que la vie des Américains qui travaillent dur ne prendra pas le pas sur les résultats financiers des entreprises.

LES RENARDS GARDENT LE POULAILLER

Non content de contrôler les hommes politiques et de mettre des bâtons dans les roues des organismes de surveillance et des réglementations gouvernementales, le monde des entreprises américaines est allé encore plus loin. Comme le font remarquer Janine Wedel, auteur de *Shadow Elite*, et Linda Keenan, « les entreprises ne se bornent pas à *esquiver* ou à combattre les contrôleurs. Leur *modus operandi* consiste à essayer de devenir *elles-mêmes* contrôleurs *de facto* de leurs propres activités au service de leurs intérêts propres[53]... »

Nous abordons là un autre point commun aux industries minières, pétrolières et financières : le chassé-croisé entre les contrôleurs et ceux qu'ils sont censés contrôler. Les noms des hommes de Wall Street qui ont accédé à des postes de pouvoir à Washington sont connus de tous : Hank Paulson, Robert Rubin, Josh Bolten, Neel Kashkari, Mark Patterson – pour ne citer que les anciens de Goldman Sachs[54].

Mais le chassé-croisé entre Wall Street et Washington va bien au-delà de ces quelques personnalités en vue. Soixante-dix anciens membres du Congrès et plus de 900 anciens employés fédéraux émargent au budget de lobbying de l'industrie de la finance[55]. On compte parmi eux 33 chefs de cabinet, 54 anciens assistants de la commission parlementaire des services financiers et de la commission bancaire du Sénat (ou membres actuels desdites commissions) et 28 directeurs législatifs[56]. Cinq des anciens assistants parlementaires de Chris Dodd, président de la commission bancaire du Sénat, travaillent aujourd'hui comme lobbyistes du secteur bancaire, au même titre que huit anciens assistants des poids lourds de cette même commission sénatoriale que sont Richard Shelby et Chuck Schumer[57]. Bien sûr, le chassé-croisé se fait dans les deux sens : 18 % des assistants parlementaires actuels de la commission des services financiers de la Chambre travaillaient auparavant dans K Street[*58].

Sur le front minier, l'ancien directeur d'exploitation de Massey, Stanley Suboleski, a été nommé membre de la Commission fédérale d'enquête sur la sécurité et la santé dans les mines en 2003. Quatre ans plus tard, il a pris la tête du bureau des énergies fossiles au département américain de l'Énergie[59]. Au moment de l'accident d'Upper Big Branch, il était de retour au conseil d'administration de Massey[60]. De même, le président Bush a nommé Richard Stickler, cadre de Massey, à la tête de la Mine Safety and Health Administration en 2006[61]. Les états de service de Stickler en matière de

* K Street est une artère de Washington où se concentrent de nombreux bureaux de lobbying, de conseil, de groupes de réflexion. Elle a donné son titre à une série américaine qui met en scène une société de consultants et des lobbyistes.

sécurité dans les sociétés qu'il a dirigées étaient tellement lamentables que sa nomination a été rejetée à deux reprises par des sénateurs des deux partis, ce qui a obligé Bush à le faire passer subrepticement par la porte de derrière en procédant à sa nomination pendant les vacances parlementaires[62]. Autrement dit, le type que Bush a mis en place pour protéger les mineurs était exactement le genre de cadre contre lequel le responsable de la MSHA était censé protéger les mineurs.

Choisir des renards pour garder le poulailler a été un mode de fonctionnement courant pendant les années Bush : les nominations dans des agences fédérales de contrôle servaient souvent de renvoi d'ascenseur, permettant de remercier des industriels qui avaient généreusement mis la main au portefeuille au profit des politiques ; ceux-ci obtenaient ainsi des postes gouvernementaux non parce qu'ils étaient les plus aptes à préserver l'intérêt général, mais parce qu'ils étaient prêts à protéger les industries mêmes qu'ils étaient censés surveiller.

C'est exactement ce qui s'est passé lorsque Bush a placé Edwin Foulke, un juriste qui avait exprimé ouvertement et depuis longtemps son hostilité aux réglementations de santé et de sécurité, à la direction de l'Occupational Safety and Health Administration (OSHA, Service de la sécurité et de la santé professionnelles), l'organisme censé contrôler la sécurité sur les lieux de travail[63]. À une époque antérieure de sa carrière, alors qu'il était président du service fédéral devant lequel les entreprises sanctionnées par l'OSHA peuvent se pourvoir en appel, Foulke avait dirigé avec succès une opération destinée à affaiblir le pouvoir coercitif de cette institution[64]. Foulke étant devenu responsable de son ancienne tête de Turc, l'OSHA a imposé – qui s'en étonnera ? – moins de mesures de grande portée qu'à toute autre période de son histoire.

On peut également évoquer Mary Sheila Gall, choisie par Bush pour diriger la Consumer Product Safety Commission[65], la Commission de sécurité des produits de consommation, en dépit de sa tendance à condamner les consommateurs et non les industriels lorsque des produits défectueux faisaient des blessés ou des morts. Au cours des dix années qu'elle a passées à la commission, Gall a voté contre la réglementation des trotteurs, des sièges de bain pour bébé, des pyjamas en matière inflammable et des lits superposés pour enfants[66]. Elle s'est même déclarée adepte du « laissons-les manger des billes », estimant inutile l'étiquetage des billes, des petites balles et des ballons gonflables destiné à mettre les parents en garde contre les risques d'étouffement. Les consommateurs, a-t-elle affirmé, sont parfaitement conscients du « danger bien connu qu'il y a à laisser de très jeunes enfants mettre des billes en bouche[67] ».

En d'autres termes, si un enfant s'étouffe à cause d'un jouet de trop petites dimensions, c'est la faute de ses parents, pas du produit. Et si je suis tout à fait d'accord pour qu'on colle des étiquettes mettant en garde les parents négligents, il n'en demeure pas moins que l'attitude de Gall porte atteinte à la dignité de la vie des vingt mille personnes, dont beaucoup d'enfants, qui se font tuer chaque année par des articles défectueux – sans parler des près de trente millions de personnes par an qu'ils blessent[68]. Par bonheur, le Sénat a refusé de confirmer la nomination de Gall[69]. Sans se laisser démonter, Bush l'a remplacée par Harold Stratton, un adversaire acharné des États qui engagent des poursuites dans des affaires de protection du consommateur[70].

La Food and Drug Administration entretient, elle aussi, une relation durable et outrageusement étroite avec les entreprises qu'elle est censée surveiller, en l'occurrence les laboratoires pharmaceutiques. Cette dynamique dysfonctionnelle s'est révélée particulièrement meurtrière au fil des ans, de nombreux médicaments ayant été retirés du marché après avoir provoqué des décès ou de graves pathologies.

Continuons à suivre la piste de l'argent : nous constatons que les grands laboratoires ont versé plus de 124 millions de dollars à des candidats fédéraux entre 2000 et 2008[71]. En échange, l'administration Bush a installé à la FDA des responsables comme Lester Crawford, contraint à la démission parce qu'il avait dissimulé qu'il était actionnaire de sociétés contrôlées par son agence[72].

Et si vous vous demandez jusqu'où peut aller l'« intimité excessive », inutile de chercher plus loin que le Minerals Management Service, qui, à en croire les rapports de services de surveillance du gouvernement, s'est signalé par « une culture de consommation de stupéfiants et de promiscuité sexuelle », des employés du gouvernement se droguant et ayant des relations sexuelles avec des responsables de l'industrie pétrolière et gazière[73]. Nous n'en sommes plus aux renards qui gardent le poulailler, mais aux renards qui sniffent et couchent avec les poules. Et, comme toujours, c'est la classe moyenne qui se fait avoir.

Notre système de contrôle est tel que la rapacité des entreprises, la pusillanimité politique et une culture de copinage ont fait du bien public une idée vieillotte et dépassée.

QUELQUES AMIS HAUT PLACÉS

La troisième étape de la voie royale vers les plus hautes sphères consiste à user de son influence économique pour cultiver – bon, « acheter », si vous voulez – des amitiés en haut lieu. L'Amérique des entreprises maîtrise cet art à la perfection. Il est tellement plus facile d'obtenir d'un homme politique qu'il vous réponde au téléphone quand vous lui avez fait don de plusieurs millions ou que vous avez travaillé dans le bureau voisin du sien. Facebook est un outil génial, mais le trafic d'influence de Washington porte la constitution de réseaux sociaux à un tout autre niveau.

Nous avons vu comment tous ces anciens assistants parlementaires du Sénat ou de la Chambre se remplissent les poches en faisant pression sur leurs anciens patrons et collègues en faveur des grandes banques qui cherchent à vider les réformes de toute substance[74]. Nous avons observé le même phénomène au moment de la bataille pour l'assurance-maladie, lorsque les adversaires de la réforme ont engagé 350 anciens membres du Congrès et assistants parlementaires pour peser sur le débat, dont une demi-douzaine d'anciens assistants du sénateur Max Baucus, l'influent président de la commission des finances du Sénat. Les lobbyistes qui faisaient le siège de Baucus comptaient dans leurs rangs deux de ses anciens chefs de cabinet[75]. Et parmi les membres de son équipe sur qui s'exerçaient ces pressions figurait la principale conseillère de Baucus en matière de santé, Elizabeth Fowler, qui, avant de rejoindre son équipe, avait été vice-présidente de la politique publique de WellPoint, la grande compagnie d'assurance-santé[76].

Nous avons pu avoir une image troublante des conséquences de ce genre de magouilles au printemps 2009, quand le Congrès a mis la dernière main à la grande loi de relance économique[77]. L'opinion publique venait d'apprendre avec indignation que les entreprises renflouées continuaient à verser d'importantes primes à leurs cadres. En conséquence, le sénateur Chris Dodd a fait figurer dans la loi une clause qui devait interdire aux sociétés renflouées d'accorder des bonus. Mais, en cours de route, derrière des portes closes et sans débat public, le département du Trésor a insisté pour qu'on inscrive dans le texte de loi une échappatoire permettant à AIG de continuer à verser des primes. Méditez ceci : après avoir obtenu la coquette somme de 182 milliards de dollars dans le cadre des mesures de renflouement, AIG disposait encore d'un ascendant suffisant pour se voir accorder une faveur spéciale[78].

C'est le même genre d'ascendant qui a permis au président de Goldman Sachs, Lloyd Blankfein, d'occuper une place de choix aux réunions d'urgence du week-end de septembre 2008[79], celles où le secrétaire au Trésor et ancien collaborateur de Goldman Sachs Hank Paulson a décidé du sort d'AIG, un sort qui aurait des conséquences d'une valeur de plusieurs milliards de dollars sur les résultats financiers de Goldman[80].

C'est le même genre d'ascendant qui a permis à Enron d'être un acteur majeur à Washington pendant les années Bush, avant de devenir synonyme de mensonge et de rapacité. Le président véreux de cette société, Kenneth Lay, et sa direction ont distribué 2,4 millions de dollars à des candidats aux élections fédérales de l'an 2000 et ont compté parmi les plus généreux donateurs de George W.[81]. Enron a également dépensé 3,45 millions de dollars en lobbying parlementaire en 1999 et en 2000[82] pour soutenir le programme de « dérégulation », c'est-à-dire, en réalité, pour créer une « marge de manœuvre » suffisante pour faire passer impunément une fraude massive.

« Kenny Boy » Lay se flattait notoirement d'avoir des « amis à la Maison-Blanche[83] », ceux-là mêmes qui l'ont aidé à obtenir le remplacement du responsable de la Federal Energy Regulatory Commission[84], l'organisme chargé de contrôler les principales activités de sa firme. Il exerçait également une grande influence sur la politique énergétique de la Maison-Blanche sous les mandats de Bush[85] : le vice-président Dick Cheney et ses collaborateurs ont organisé six réunions avec des représentants d'Enron – dont deux avec Lay lui-même[86] – dans le cadre de leur groupe d'experts sur les questions d'énergie. La dernière de ces entrevues s'est tenue six jours seulement avant qu'Enron ne soit obligé d'avouer qu'il avait considérablement surévalué ses profits, s'engageant ainsi sur la pente qui a conduit le géant de l'énergie à la faillite[87].

Une autre société du secteur de l'énergie, Massey Energy, exploitante de la mine d'Upper Big Branch, a elle aussi compris combien il était important d'investir dans des amis haut placés. En l'an 2000, Massey a été responsable dans le Kentucky d'un déversement de boues de charbon trois fois plus important que la marée noire provoquée par l'*Exxon Valdez*[88]. La société a réussi à limiter les dégâts – pas pour l'environnement, non, mais pour ses bénéfices[89]. Selon Jack Spadaro, un ingénieur de la Mine Safety and Health Administration chargé d'enquêter sur cet accident, lorsque Elaine Chao, l'épouse du sénateur du Kentucky Mitch McConnell, est devenue secrétaire au Travail – précisons que le département du Travail est responsable de la MSHA –, elle a freiné des quatre fers. Deux ans après l'accident, Massey s'est vu infliger une amende dérisoire de 5 600 dollars. La même année, le comité d'action politique de Massey a fait un don de 100 000 dollars à la commission républicaine nationale du Sénat, que McConnell a présidée de 1997 à 2000[90]. Qui a parlé de copinage ?

Il serait difficile de faire mieux dans ce domaine que Linda Daschle, qui, tandis que son mari, Tom, était chef du Parti démocrate, alors minoritaire au Sénat, a été l'une des principales lobbyistes de l'industrie aéronautique[91] – encore que je sois certaine que les conversations sur l'oreiller ne sont pour rien dans le milliard de dollars que ses clients, Northwest et American Airlines, ont empoché lors du renflouement de l'industrie aéronautique auquel le gouvernement a procédé à la suite du 11-Septembre.

Mais il est inutile de continuer à s'inquiéter d'éventuels conflits d'intérêts familiaux puisque, à son départ du Sénat, Tom Daschle a traversé la rue pour aller s'installer sur le trottoir des trafics d'influence et a fait son beurre comme « conseiller politique spécial » d'Alston & Bird, une société de lobbying qui tire presque la moitié de ses revenus de ses clients de l'assurance-maladie[92]. Daschle, rappelez-vous, a été à deux doigts – il s'en est fallu de quelques malheureux trajets en voiture de maître conduite par un chauffeur non déclaré au fisc – de devenir le Monsieur Réforme assurance-santé d'Obama[93]. Copinage ?

Daschle a également fait sa pelote en cachetonnant à droite et à gauche, notamment au comité consultatif de BP[94]. Espérons qu'il n'a pas été de ceux qui ont conseillé à son directeur général, Tony Hayward, de chercher à minimiser le désastre écologique qui menaçait le golfe du Mexique en affirmant que la quantité de pétrole déversée par la marée noire était « minuscule » par rapport au « volume d'eau total » de l'océan, ni de ceux qui ont conseillé au président de BP, Carl-Henric Svanberg, de parler des malheureux touchés par cette fuite en les qualifiant de « petites gens »[95].

UNE IMPRESSION DE DÉJÀ VU

Avez-vous remarqué que les mêmes noms ne cessent de réapparaître, encore et encore ? On dirait que l'*establishment* de Washington est l'équivalent politique d'une petite troupe de théâtre : spectacle après spectacle, on retrouve toujours les mêmes acteurs – ils se contentent de changer de costume.

Tom Daschle est sénateur avant d'être presque ministre chargé de superviser la réforme de la santé, puis « conseiller spécial » d'entreprises qui n'ont d'autre objectif que de faire capoter la réforme de l'assurance-maladie[96].

Robert Rubin est coprésident de Goldman Sachs, puis secrétaire au Trésor, puis conseiller de Citigroup – empochant plus de 126 millions de dollars en liquide et en actions au cours des près de dix ans qu'il a passés à ce poste[97].

Dick Cheney est membre du Congrès, puis secrétaire à la Défense, puis P-DG d'Halliburton, puis le vice-président le plus puissant de l'histoire – contribuant à entraîner l'Amérique dans une guerre contre l'Irak qui rapportera à son ancienne société des milliards en contrats préférentiels[98]. Pendant les années Bush-Cheney, Halliburton est devenu le symbole même du trafic d'influence, raison pour laquelle il a été tout à la fois surprenant et parfaitement prévisible que cette société fasse à nouveau la une des journaux au moment de la marée noire de BP.

On se croirait en présence d'un de ces assassins de films d'horreur qui ne cessent de ressortir de leur tombe. Vous croyiez qu'Halliburton avait été liquidé quand des audits gouvernementaux ont révélé que cette société avait escroqué un milliard de dollars aux contribuables pendant la guerre d'Irak[99] ? Vous l'aviez cru raide mort en 2010 quand le département de la Justice a engagé des poursuites judiciaires pour fraude contre une filiale d'Halliburton qui avait facturé au gouvernement des dizaines de millions de dollars pour des services de sécurité présents en Irak en toute irrégularité[100] ? Vous aviez imaginé que les rapports prouvant qu'Halliburton avait laissé des soldats américains se baigner dans de l'eau polluée l'avaient définitivement enterré[101] ? Eh bien, non, il est de retooouuur ! Et on va certainement découvrir que les travaux menés par cette entreprise pour sceller le fond du puits pétrolier de BP ont été au moins un des éléments responsables de l'explosion catastrophique de Deepwater Horizon[102].

Dans une émission télévisée consacrée au rôle d'Halliburton dans la catastrophe de BP – qui rappelait notamment qu'après avoir pris ses fonctions Cheney avait remplacé le personnel du Minerals Management Service par des hommes que Robert F. Kennedy Jr. a qualifiés de « lèche-culs de l'industrie pétrolière, comprenant toute une clique de ses copains du charbon du Wyoming[103] » –, Chris Matthews, de cette chaîne d'information, n'a pas pu contenir son indignation. « Comment arrêter ça ? a-t-il éructé. On pourrait penser que ce genre de choses n'existe que dans les républiques bananières du tiers-monde[104] ! »

L'Amérique du tiers-monde… elle est plus proche que vous ne croyez.

ÉMINENCES GRISES 2.0

Ces hommes sont la nouvelle caste de personnalités influentes. Des éminences grises 2.0. Métamorphes publics, ils entrent au gouvernement et en sortent comme si de rien n'était, et tournent autour tout aussi aisément. On les rencontre de part et d'autre de la ligne de faille idéologique – au service de leur programme personnel plus que de celui de tel ou tel parti. Janine Wedel les surnomme les « flexiens » : « des acteurs principaux qui passent d'un rôle à un autre au sein du gouvernement, dans le monde de l'entreprise et dans celui des groupes de réflexion, collectant des informations confidentielles à chaque étape et exploitant ce privilège à leur profit et à celui de leurs alliés[105] ». Les membres de cette ténébreuse élite ne cessent de réapparaître sous leur avatar suivant, en dépit de toutes les révélations sur leurs conflits d'intérêts et sur le tort qu'ils font au bien public.

Cette fusion entre pouvoir étatique et pouvoir privé est si complète que la seule différence entre les assistants parlementaires chevronnés et les lobbyistes et verseurs de pots-de-vin en tout genre dont ils rejoindront bientôt les rangs est l'importance de leurs chèques de paye. Ils n'ont qu'à passer quelques années au Congrès pour rejoindre, ou retrouver, le troupeau des lobbyistes. C'est comme s'il fallait se farcir quelques semestres de présence pour obtenir son master en trafic d'influence. L'avantage est qu'on n'est pas obligé de rembourser ces insupportables prêts d'études.

L'éminence grise moderne dernier cri se nomme Robert Rubin ; nous l'avons déjà croisé. Son CV est l'incarnation même du « flexien » en exercice ; on le voit passer sans rupture d'un poste politique à un autre (directeur du National Economic Council, secrétaire au Trésor), d'un emploi privé à l'autre (membre du conseil d'administration et conseiller de Citigroup), à des postes de conseiller (notamment à l'Advisory Committee for Trade Negociations* du président et au Market Oversight and Financial Services Advisory Committee** de la SEC), on le retrouve dans un groupe d'experts sur la croissance et le développement de la Banque mondiale, comme conseiller économique officieux du président Obama et, enfin, à son poste actuel de coprésident du Council of Foreign Relations et fondateur du Hamilton Project sur les défis auxquels doit faire face l'économie américaine[106].

Au début de 2010, il a signé dans *Newsweek* une longue tribune intitulée « Remettre l'économie sur les rails », dans laquelle il évitait soigneusement d'expliquer ou de reconnaître le rôle clé qu'il avait joué dans son déraillement initial – je n'imagine même pas qu'il aurait pu exprimer ses regrets[107].

Ce qui a retenu mon attention n'était pas son article, mais la brève biographie qui l'accompagnait : « Rubin est ancien secrétaire au Trésor (1995-1999). Il est aujourd'hui coprésident du conseil des relations étrangères et membre de la Harvard Corporation[108]. » Dans la mesure où cet article traite de l'effondrement de notre économie, il n'est pas anodin que sa biographie passe sous silence les dix années ou presque que Rubin a passées à Citigroup, période au terme de laquelle les contribuables américains ont dû se porter au secours de la banque[109].

---

* Comité consultatif sur les négociations commerciales.

** Comité consultatif de surveillance du marché et des services financiers.

Mais c'est ainsi que notre système « fonctionne » actuellement : un homme comme Rubin est libre de tout détruire sur son passage, d'empocher des profits indécents et de poursuivre tranquillement sa route en pontifiant sur « la tendance inhérente et inévitable des marchés, probablement ancrée dans la nature humaine, à aller vers l'excès, vers le haut comme vers le bas[110] ». L'homme qui se permet d'écrire ces lignes est celui qui, lorsqu'il était secrétaire au Trésor de Bill Clinton, s'est énergiquement opposé à la régulation des produits dérivés[111] – un élément clé de la crise économique actuelle – et qui, sous Bush, a exercé des pressions sur le Trésor pour éviter la dégradation de la note de solvabilité d'Enron[112], débiteur de Citigroup.

Les coûts cachés de ce trafic d'influence sont exorbitants pour la classe moyenne. Pourquoi les gens s'échineraient-ils à monter des entreprises, à risquer leurs capitaux et à dépenser leur temps et leurs efforts alors qu'ils savent qu'il y aura toujours, de l'autre côté de la table, quelqu'un qui joue avec des cartes truquées ?

LES VULCANIENS SONT LÀ : LA FUSION MENTALE ENTRE WASHINGTON ET WALL STREET

Le jeu est donc truqué. La combine est au point. Les cartes sont marquées. Et notre économie est manipulée comme un lancer d'anneaux de fête foraine.

Mais la situation est encore bien plus grave. La mainmise de l'Amérique des entreprises sur notre démocratie va au-delà d'un simple échange de bons procédés entre puissance financière et pouvoir politique. Elle a envahi le cœur et l'esprit de nos dirigeants. Que les intérêts financiers soient capables d'acheter de l'influence est une chose. Que l'ordre du jour de l'industrie soit érigé en sagesse populaire d'un bout à l'autre de l'échiquier politique en est une autre.

« La politique, c'est comme le commerce, écrivent Simon Johnson et James Kwak dans *13 Bankers*. Si vous cherchez à conclure une affaire importante avec une grosse société, il est bon d'avoir des amis à l'intérieur, il est utile d'avoir des acheteurs persuadés que ce qui est bon pour vous est bon pour eux, et il peut même être efficace de brandir la perspective d'un boulot bien payé devant le principal décisionnaire. Mais il est encore préférable que les acheteurs désirent sincèrement, en toute indépendance, ce que vous avez à vendre. Et le mieux de tout, c'est qu'ils s'imaginent qu'acheter ce que vous vendez est une marque de leur propre faculté de jugement et de leur propre raffinement, qu'acheter votre produit les désigne comme membres de l'élite informée[113]. »

C'est exactement ce qui s'est passé avec la fusion mentale vulcanienne entre Wall Street et Washington, et c'est ce qui a préparé le terrain à la crise financière et au renflouement sans condition qui a suivi. Nos dirigeants ont acheté les yeux fermés ce que vendait l'Amérique des entreprises. C'est devenu chez eux une seconde nature. Les principaux membres de l'équipe économique du président Obama n'ont pas été épargnés par cette tendance. Ils agissent selon une cosmologie dépassée qui place les banques au centre de l'univers économique.

Quand on parle avec eux de la crise financière actuelle, on a l'impression de remonter le temps jusqu'au IIe siècle et de discuter astronomie avec Ptolémée. De même que ce dernier était persuadé que nous vivions dans un univers géocentrique et a « prouvé » ses théories défaillantes en faisant appel aux mathématiques, les principaux conseillers économiques de Barack Obama sont persuadés que l'univers dans lequel nous vivons tourne autour de Wall Street ; ils passent leur temps à présenter leurs versions personnelles d'« épicycles » et de « cercles excentriques » pour justifier leur attitude à l'égard de l'industrie financière[114]. Et parce que, comme Ptolémée, ce sont des hommes remarquablement intelligents, leurs arguments sont très convaincants.

Si vous pensez que l'univers tourne autour de la Terre – ce qu'il ne fait pas, nous sommes bien d'accord ? –, toutes les bonnes intentions du monde ne serviront à rien. Il n'est pas étonnant que des gens comme Tim Geithner et Larry Summers croient au bancocentrisme : ce sont des créatures de ce monde. Et, dans un univers bancocentriste, le transfert d'argent sans condition à des banques trop-grandes-pour-faire-faillite est parfaitement logique.

Plus longtemps la cosmologie dominante de l'administration Obama demeurera immuable (et plus on mettra de temps à adopter un plan reflétant une cosmologie qui fasse du peuple américain le centre de l'univers et le considère comme trop-grand-pour-faire-faillite), plus le risque sera grand que la crise économique se prolonge au-delà du nécessaire. Et plus grandes seront les souffrances qu'elle entraînera. Ce dogme s'accompagne en effet d'un coût humain considérable.

Réfléchissant sur le « grand livre » de l'univers, Galilée déclarait qu'on ne « peut pas le comprendre aussi longtemps qu'on n'a pas appris son langage et que l'on ne sait pas interpréter les caractères dans lesquels il est écrit. [...] Sans eux, on erre dans un labyrinthe obscur[115] ».

Voilà où nous en sommes aujourd'hui, errant dans un obscur labyrinthe financier – conduits par des hommes de qualité, malheureusement aveuglés par une vision dépassée du monde.

LE CRIME SE PAIE... SAUF SI VOUS TRAVAILLEZ À WALL STREET

« La lutte de l'homme contre le pouvoir est la lutte de la mémoire contre l'oubli[116] », écrivait Milan Kundera dans *Le Livre du rire et de l'oubli*. C'est une de mes citations préférées et elle m'est revenue à l'esprit au moment où je me disais que notre mémoire collective est bien courte quand il s'agit de réclamer des comptes aux puissants.

Avant que la Securities and Exchange Commission ne poursuive Goldman Sachs pour fraude en avril 2010[117], il était facile d'oublier que nous disposions d'un service de régulation destiné à mettre la population à l'abri du pillage auquel se livre l'Amérique des entreprises. Six mois plus tôt, la SEC avait mis au point avec JPMorgan un arrangement révélant à quel point le système est truqué. Le géant bancaire avait accepté de verser 25 millions de dollars de pénalités et d'annuler 647 millions de dollars de commissions dus par le comté de Jefferson, dans l'Alabama, à la suite d'un marché compliqué de produits dérivés qui a explosé au visage de ce comté[118].

Dans le cadre de cet accord, JPMorgan n'a ni admis ni démenti s'être rendu coupable de la moindre infraction, malgré les preuves écrasantes montrant qu'il en avait commis à la pelle[119]. Voilà ce qu'on appelle justice de nos jours. Si vous commettez un délit mineur et finissez par négocier un *plea-bargain**, il faudra que vous reconnaissiez avoir commis une infraction pour que cet accord soit accepté. Mais si vous enfilez un costume et commettez un délit d'un montant de plusieurs milliards de dollars, vous n'aurez même pas à reconnaître que vous avez mal agi – ce qui accroît considérablement les risques de récidive.

La même dynamique a été à l'œuvre dans la saga des 3,6 milliards de primes accordés aux cadres de Merrill Lynch juste avant que la société en faillite ne soit rachetée par Bank of America (avec l'aide non négligeable des contribuables américains, qui ont versé 45 milliards à ladite banque[120]).

Les cadres de Bank of America n'ont pas pris la peine d'informer leurs actionnaires que, dans le cadre de cette acquisition, ils allaient verser plusieurs mil-

* Accord entre l'avocat de l'accusé et le procureur pour revoir les chefs d'accusation à la baisse.

liards aux cadres qui occupaient des postes de direction en 2008, au moment où Merrill avait perdu 27 milliards[121]. Si les actionnaires l'avaient su, la nouvelle aurait mis de sacrés bâtons dans les roues du mariage forcé entre les deux sociétés.

Bank of America a accepté de verser une amende de 33 millions de dollars à la SEC[122] mais, vous l'avez deviné, elle n'a reconnu aucune infraction. Un juge de district héroïque, Jed Rakoff, a refusé d'approuver cet accord, le qualifiant d'atteinte « à la justice et à la moralité » qui « suggère une relation plutôt cynique entre les parties »[123]. La SEC et Bank of America sont revenues à la charge en proposant une amende de 150 millions de dollars[124]. Le juge a déclaré être obligé par *judicial restraint** d'accepter le nouvel accord, mais n'a pas caché que c'était à contrecœur. « Si c'est mieux que rien, cela n'en est pas moins une justice bancale[125] », a-t-il déclaré.

Le montant total des amendes infligées par la SEC en 2008 a été le plus faible depuis que l'on a durci les règles d'application à la suite des scandales économiques de 2002[126]. Ainsi, alors que le système financier fonçait dans le mur, la SEC lâchait le frein. Maintenant encore, les auteurs de ce quasi-écroulement éludent leurs responsabilités. Quand on découvre un crime et qu'on laisse le coupable se promener librement sans même avoir à reconnaître la réalité de son crime, c'est la porte ouverte à l'anarchie, et certainement pas à une saine démocratie.

---

* Disposition visant à encourager les juges à faire preuve de retenue dans leurs jugements.

Ce n'est pourtant pas compliqué : le crime se paie. Mais ceux qui mènent la danse aiment donner l'impression que c'est terriblement compliqué pour mieux masquer le principe moral très simple du bien et du mal. Pourquoi faire une différence entre un crime commis dans la salle d'un conseil d'administration et un crime commis dans la rue ? Quand on se fait prendre, on devrait admettre qu'on a commis une infraction et verser une pénalité proportionnée au crime commis. Si le crime commis dans la rue vous envoie en prison, celui que vous commettez dans la salle d'un conseil d'administration doit en faire autant.

Bien sûr, ce ne sont pas seulement nos banques-trop-grandes-pour-faire-faillite qui ont été libres de commettre des infractions sans être obligées de les reconnaître. Les industries pharmaceutique, minière, pétrolière et celle de la santé jouent depuis des années ce même numéro de « paie l'amende, mais n'avoue rien » – considérant les millions (ou les milliards) de pénalités comme le prix à payer pour faire des affaires.

Mais, en voyant l'Amérique des entreprises engranger des profits considérables tandis que la classe moyenne se débat pour ne pas sombrer, je trouve qu'il est grand temps de retirer aux responsables de ces sociétés la carte « Vous êtes libéré de prison » qu'on leur distribue depuis trop longtemps.

« QUI AURAIT PU S'EN DOUTER ? »

Trois semaines après l'explosion de la plate-forme de Deepwater Horizon dans le golfe du Mexique, BP a fini par publier une vidéo sous-marine montrant une énorme colonne de pétrole jaillissant d'un tuyau percé à mille cinq cents mètres de profondeur[127].

En observant ce geyser, j'y ai vu une métaphore visuelle inverse du sort de la classe moyenne américaine : alors même que ce pétrole noir et visqueux remontait inexorablement vers la surface, heure après heure et semaine après semaine, la qualité de vie de dizaines de millions de salariés américains est entraînée inexorablement vers le fond, mois après mois après mois. Et nos dirigeants contemplent ces deux désastres en se tordant les mains ou en les agitant avec colère et exaspération.

Au tout début de la marée noire, l'affaire a paru fâcheuse, mais pas excessivement inquiétante. Une semaine plus tard, des responsables de l'administration Obama parlaient d'« un scénario très grave » et « potentiellement [...] catastrophique »[128]. En d'autres termes, l'accident était bien plus grave que nous ne l'avions cru. Pouvez-vous me citer, au cours de ces dix dernières années, une crise qui se soit révélée moins grave que nous ne l'avions pensé au premier abord ?

– Nous menons encore deux guerres qui étaient censées être de la petite bière, mais qui durent désormais depuis respectivement neuf et sept ans et sont bien plus graves que nous ne l'avions prévu.

– Katrina avait tout l'air d'être un événement potentiellement grave mais, malgré toutes les mises en garde contre le risque de rupture des digues en cas de tempête de catégorie 5, les destructions ont été finalement bien plus graves que prévu[129].

– Les avertissements n'ont pas manqué sur les dangers de la bulle immobilière alimentée par le casino de Wall Street. Nous savons aujourd'hui qu'à la Fed certains avaient prévu de gros problèmes à venir dès 2004, mais leurs avertissements ont été ignorés[130]. Et quand la bulle a éclaté en 2008, la catastrophe a été bien plus grave que prévu.

– La crise des saisies a frappé durement le pays en 2009. Mais le gouvernement a promis de protéger les propriétaires de maisons… de sorte que, lorsqu'on a assisté, au premier trimestre de 2010, à un nombre de saisies record depuis le début de leur comptabilisation, il est apparu clairement que la situation était bien plus grave que prévu[131].

– En octobre 2009, le taux de chômage a atteint 10,2 %, son record depuis vingt-six ans. Les 787 milliards de dollars des mesures de relance devaient le faire baisser. Ils l'ont fait, mais de façon assez peu sensible. Manifestement, la crise de l'emploi est, elle aussi, bien plus grave que prévu[132].

– Quand BP a déposé sa demande d'exploitation de la plate-forme de Deepwater Horizon, il a soumis des plans au Minerals Management Service, affirmant qu'on ne s'attendait à « aucun effet [environnemental] négatif important » et prédisant qu'une fuite constituait « un événement improbable »[133]. Bien sûr, comme chacun a pu le constater, ce désastre historique est bien plus grave que prévu.

Peut-être devrions-nous baptiser notre époque celle du « Bien Plus Grave que prévu ». Ou, en l'honneur de l'excuse rebattue qu'on nous présente dans chacune de ces situations, l'époque du « Qui aurait pu s'en douter ? ».

Voyons si cette histoire vous dit quelque chose : on se lance dans une entreprise ambitieuse et risquée sans aucun sens de la mesure et on réduit au silence tous ceux qui tirent la sonnette d'alarme, la transparence est limitée voire inexistante, on met en place un système de surveillance dans lequel aucune autorité centrale n'est responsable et on accumule délibérément les ambiguïtés et les complexités pour que, si – ou plutôt *quand* – tout se casse la figure, on puisse se retrancher derrière la bonne excuse du « Qui aurait pu s'en douter ? ».

Est-ce de l'Irak que je parle ? du marché des prêts hypothécaires à risque ? des scandales financiers orchestrés par Enron au début des années 2000 ? de la marée noire de BP ? de la catastrophe minière d'Upper Big Branch ? de l'effondrement financier dirigé par Lehman Brothers et AIG en 2008 ?

Réponse : de tout cela.

Quand on examine les caractéristiques majeures de chacun de ces fiascos des dix dernières années, on est surpris par le nombre de leurs points communs. Et ceux-ci ne portent pas seulement sur la façon dont ils ont commencé, mais sur celle dont ils ont fini : les responsables n'en reviennent pas de ce qui s'est passé parce que... qui aurait pu s'en douter ?

Je vous avoue que cet étonnement m'étonne. En effet, chacune de ces catastrophes était parfaitement prévisible. Et elles ont toutes été prévues. Mais ceux qui ont sonné l'alarme se sont fait brutalement rembarrer, et nous avons laissé les responsables se dédouaner une fois de plus avec un « Qui aurait pu s'en douter ? » (la « lutte de la mémoire contre l'oubli » se poursuit).

Commençons par l'Irak, une guerre inutile qui a coûté aux parents américains la vie de plus de 4 300 de leurs enfants[134], et aux contribuables américains la somme approximative de 750 milliards de dollars[135] (sans parler des 422 milliards de dollars qui seront nécessaires pour soigner les anciens combattants américains par le biais de la couverture maladie et invalidité), autant d'argent qui serait mieux employé ici, en Amérique, pour la reconstruction nationale qui se fait grandement attendre. Et pour quels résultats ? Comme le dit le « Grand Livre de la guerre en Irak » du Center for American Progress : « Il n'existe aucun mode de calcul imaginable qui permette de présenter l'opération Liberté en Irak comme une politique fructueuse ou utile. Cette guerre était destinée à montrer l'étendue du pouvoir américain. Elle n'a réussi qu'à en montrer les limites[136]. »

Dans la phase préparatoire de la guerre, le général Eric Shinseki, un officier héroïque qui avait gravi les échelons jusqu'à celui de chef d'état-major de l'armée, a déclaré au Congrès que, pour réussir, l'occupation de l'Irak exigerait « plusieurs centaines de milliers » de soldats sur le terrain[137]. Le vice-secrétaire à la Défense, Paul Wolfowitz, a fait savoir au Congrès qu'il trouvait cela « difficile à concevoir[138] ». Mais lorsque la tentative du secrétaire à la Défense, Donald Rumsfeld, pour gagner la guerre au rabais a échoué, tout le monde a eu l'air stupéfait. Qui aurait pu s'en douter ?

L'administration Bush avait également déclaré à notre population que la reconstruction de l'Irak ne coûterait pas plus de 1,7 milliard de dollars aux contribuables américains[139]. Avouer que l'administration a considérablement sous-estimé ces coûts serait tout aussi considérablement en deçà de la vérité[140]. Le *New York Times* a présenté nos efforts de reconstruction en Irak comme « une entreprise paralysée avant même l'invasion par les planificateurs du Pentagone hostiles à l'idée de reconstruire un pays étranger, puis vouée à se transformer en échec à 100 milliards de dollars en raison de guerres de territoires bureaucratiques, provoquant une montée en flèche de la violence et de l'ignorance des éléments fondamentaux de la société et de l'infrastructure irakiennes[141] ». Qui aurait pu s'en douter ?

Au moment même où Washington restait aveugle à tous les clignotants qui s'allumaient en Irak, bien des hommes de Wall Street ignoraient les signes annonciateurs de leur propre désastre imminent.

À la fin de 2002, Charles Prince a été placé à la tête de Citigroup, la banque d'entreprise et d'investissement[142]. Le géant bancaire était déjà enfoncé jusqu'au cou dans les actifs toxiques, mais regardait ostensiblement ailleurs. Prince a si bien réussi à détourner les yeux que, cinq ans plus tard, quand on lui a appris que sa banque possédait des actifs hypothécaires toxiques pour une valeur de 43 milliards de dollars, il a prétendu n'en avoir jamais entendu parler[143]. N'est-ce pas une information dont il aurait dû disposer ? Ou a-t-il préféré ne rien savoir ?

Prince a bénéficié de nombreux concours pour ignorer l'évidence, notamment celui de Robert Rubin. Selon un ancien cadre de Citigroup, bien qu'il ait grimpé jusqu'au sommet de la hiérarchie de Citi, Prince était « incapable de distinguer une CDO d'une liste de courses, alors il a cherché quelqu'un qui puisse le conseiller et le soutenir. Il a trouvé Rubin[144] ».

Mais, quand tout s'est effondré, Rubin et Prince se sont présentés avec une belle unanimité comme d'innocentes victimes des circonstances parce que, ma foi… qui aurait pu s'en douter ?

« J'y ai beaucoup réfléchi », a répondu Rubin quand on lui a demandé s'il avait commis des erreurs à Citigroup. « Franchement, je ne sais pas. *A posteriori*, il y a beaucoup de choses que nous ferions différemment. Mais, dans le contexte des faits dont j'étais informé et du rôle qui était le mien, j'ai tendance à penser que non[145]. » Il veut évidemment parler des faits dont il a choisi d'être informé à l'époque.

Franklin Raines, ancien P-DG de Fannie Mae, était atteint du même mal. À l'en croire, on ne peut pas lui reprocher ce qui s'est passé chez Fannie Mae parce que ces histoires de crédits hypothécaires sont – comment dire ? – vraiment compliquées. En fait, il n'arrive même pas à comprendre le contrat de crédit hypothécaire de sa propre maison. « Je sais que j'en suis incapable et, pourtant, j'ai essayé, a déclaré Raines à une commission de la Chambre. Aujourd'hui encore, je ne sais pas ce qu'il contenait… C'est impossible à comprendre pour le commun des mortels[146]. » Autrement dit, qui aurait pu s'en douter ?

Mais n'est-il pas intéressant que cette complexité et cette opacité se traduisent systématiquement en profits pour les responsables ?

Le scandale de Bernie Madoff révèle la même ignorance obstinée de tous les signaux d'alarme. « Nous avons travaillé avec Madoff pendant près de vingt ans », a déclaré Jeffrey Tucker, un ancien contrôleur fédéral, directeur d'une société d'investissements à laquelle Madoff a fait perdre des milliards. « Nous n'avions aucun indice susceptible de nous faire comprendre que nous [...] étions les victimes d'un procédé de malversation massive si sophistiqué[147]. » Qui aurait pu s'en douter ?

Eh bien, par exemple Harry Markopolos, enquêteur spécialisé dans la fraude financière. Non content de se douter qu'il y avait anguille sous roche, il a fait des pieds et des mains pour en informer tout le monde. En 1999, après avoir enquêté sur les méthodes de Madoff, Markopolos a adressé une lettre à la SEC affirmant : « Madoff Securities représente la plus grande pyramide de Ponzi du monde. » Il a passé neuf ans à continuer à avertir les agents fédéraux, sans grand résultat[148].

On pourrait penser que l'excuse « Qui aurait pu s'en douter ? » a suffisamment prouvé son irrecevabilité pour devenir obsolète, mais on trouve toujours de bonnes raisons de se voiler la face.

À la suite des attentats du 11-Septembre, Condoleezza Rice nous a assuré que personne « n'aurait pu prévoir » que quelqu'un « essaierait d'utiliser un avion comme missile »[149]. Sauf, bien sûr, le rapport gouvernemental de 1999 qui contenait cette mise en garde : « Un ou plusieurs kamikazes appartenant à la Brigade des martyrs d'al-Qaida pourraient écraser un avion bourré d'explosifs puissants (C-4 et semtex) contre le Pentagone, le siège de la CIA ou la Maison-Blanche[150]. »

Après Katrina, la Maison-Blanche de Bush a entonné une nouvelle fois le refrain « Qui aurait pu s'en douter ? » : personne n'aurait pu prévoir que la tempête serait de catégorie 5 et provoquerait la rupture des digues[151]. Or nous savons aujourd'hui que beaucoup de gens n'ignoraient pas que les digues risquaient de ne pas résister et l'ont fait savoir, avant que l'ouragan ne frappe.

Et voici le grand prêtre du « Qui aurait pu s'en douter ? » : Alan Greenspan. Celui-ci, examinant rétrospectivement en octobre 2008 les principaux éléments de la crise financière qu'il avait contribué à provoquer, a prononcé ce grand classique du « Qui aurait pu s'en douter ? » : « Si tous ces gens extraordinairement compétents ont été incapables de prévoir l'apparition de ce problème majeur [...] nous ne pouvons que nous demander pourquoi. La réponse est que nous ne sommes pas des êtres suffisamment intelligents. Nous sommes incapables de prévoir les événements avec tant d'avance, voilà tout[152]. »

Autrement dit, ce n'est qu'une question de biologie : en tant qu'êtres humains, nous sommes tout juste assez intelligents pour créer des situations qui permettent aux riches d'être les bénéficiaires d'immenses transferts de richesse de la part de la classe moyenne, mais nous n'avons pas encore évolué suffisamment pour prévoir que c'est ce que nous faisons.

En vérité, le problème n'est pas que « nous ne sommes pas des êtres suffisamment intelligents ». Comme nous l'avons vu à maintes et maintes reprises, des gens suffisamment intelligents ne sont que trop disposés à ignorer les faits qui ne leur conviennent pas ou ne leur rapportent aucun profit à court terme. Et, pour réduire leur culpabilité personnelle, ils institutionnalisent l'ignorance – mettant au point des systèmes de surveillance délibérément conçus pour être inefficaces et, par conséquent, incapables de fournir aux hommes au pouvoir des informations qu'ils ne tiennent de toute façon pas à avoir.

Les signes annonciateurs de la crise financière n'ont pas manqué : ils s'appelaient Enron, WorldCom et Global Crossing. Ces scandales ont préparé le terrain aux excès bien plus considérables, plus sophistiqués et beaucoup plus dangereux qui ont provoqué l'effondrement de l'immobilier et de la banque.

Pourtant, on n'a jamais cherché sérieusement à réformer le système défectueux qui a permis aux scandales Enron et autres de se produire. Bien sûr, il y a eu quelques changements de décor, quelques emplâtres sur la jambe de bois législative. Mais on n'a pas touché à la philosophie de base : l'économie de marché se régule toute seule, et l'Amérique des entreprises a toujours tout su mieux que tout le monde. En réalité, on lui a même accordé une bien plus grande liberté d'action.

La situation n'a donc rien de nouveau, à une différence près – une différence de taille qui a rendu la dernière crise franchement douloureuse : l'ampleur du phénomène. L'effet sur les Américains moyens a été nettement plus dévastateur et plus durable. Et voici le résultat : si nous ne réformons pas le système, si nous ne le réformons pas pour de bon, nous ne résisterons certainement pas à la prochaine crise financière.

C'est ce qui nous fera passer par-dessus bord, ce qui fera de l'image d'une Amérique en chute libre, d'une Amérique membre des États du tiers-monde, davantage qu'un présage sinistre. Elle sera notre réalité. Il est grand temps de renoncer à l'époque du « Qui aurait pu s'en douter ? ». Il est grand temps de savoir ce qui se passe et d'admettre que nous le savons. Et il est grand temps de redresser la situation. Autrement, il sera trop tard.

LINDA D. WILSON

Mon histoire ressemble peut-être à celle de millions d'autres salariés de la classe moyenne qui voient leur foi durement ébranlée. Je suis titulaire d'un MBA et j'ai plus de vingt-cinq ans d'expérience professionnelle dans les ressources humaines. J'ai travaillé pour la même entreprise de Louisiane pendant vingt-deux ans. Malgré des licenciements économiques et des réductions d'effectifs à répétition, j'ai obtenu de l'avancement ou j'ai changé de poste tous les deux ou trois ans, améliorant ainsi mes compétences et mes connaissances dans le domaine des ressources humaines. Je dois dire honnêtement que l'idée que je puisse me faire virer ne m'avait jamais traversé l'esprit. J'étais membre de comités locaux, de commissions, je travaillais bénévolement pour de bonnes causes, je faisais des dons à des associations humanitaires, j'étais active dans ma paroisse. Ma situation d'endettement quasi irréprochable et mes revenus disponibles me permettaient de vivre avec très peu de crédits et j'avais pu rembourser mon prêt hypothécaire en sept ans au lieu de trente.

J'ai surmonté un défaut congénital, un bec-de-lièvre. Après mon opération, j'ai dû réapprendre à parler. Je suis allée à l'université avec une bourse d'athlétisme et, en dernière année, j'ai participé aux épreuves d'athlétisme olympiques des États-Unis. Ensuite, j'ai passé ma licence et commencé ma carrière. Tout en travaillant à plein temps et en gravissant rapidement les échelons dans ma boîte, j'ai inventé un logiciel de planification d'événements. J'ai présenté un dossier et déposé un brevet. Mais mon emploi à temps plein dans un milieu très compétitif ne me laissait pas beaucoup de temps pour créer une entreprise et lancer un nouveau produit. Alors j'ai mis ce projet de côté et je me suis concentrée sur une voie apparemment plus stable et plus sûre en restant employée dans mon entreprise : un salaire garanti, le droit à différentes allocations, une retraite, et un plan d'épargne-retraite. Comme la plupart des membres de la classe moyenne, j'étais persuadée que le travail et la détermination étaient la clé de la réussite. C'est ce que mes parents m'avaient appris par l'exemple et ce dont ils attendaient que je donne la preuve dans toutes mes activités.

En 2005, j'ai adopté deux filles, des sœurs. On a découvert que celle de dix ans était séropositive. Elle travaille d'autant plus dur pour réussir en classe. J'ai ouvert un plan d'épargne pour elles et j'ai investi dans l'immobilier, un patrimoine que je pensais leur laisser en héritage.

Et puis, il y a eu l'ouragan Katrina. Il a détruit ma maison et les biens que je louais à La Nouvelle-Orléans. Ma famille et mes amis sont partis et se sont dispersés à travers tout le pays. C'est ainsi qu'après avoir travaillé vingt-deux ans dans la même entreprise j'ai démissionné pour déménager au Texas avec mes parents et mes cinq sœurs. J'ai mis ma carrière en veilleuse pour reconstruire nos vies. Deux ans plus tard, je n'arrive toujours pas à décrocher un emploi correct à plein temps (n'importe lequel), malgré plus de vingt-cinq années d'expérience.

De toute évidence, le monde a changé pour la classe moyenne. La seule garantie offerte au salarié d'aujourd'hui est celle-ci : tu fais une journée de travail, tu touches une journée de salaire. Un point, c'est tout.

Alors, comme des millions d'autres salariés de la classe moyenne, je suis obligée de reconsidérer ma carrière, mon mode de vie, mes priorités, mes intérêts, mes objectifs et mon avenir. Bien que j'aie dépensé toutes mes économies et que je sois endettée jusqu'au cou, j'ai décidé de ne pas perdre confiance et même de rebondir. Je travaille à mon compte à temps plein, je conçois des produits pour aider les gens à planifier et à organiser leur vie quotidienne. Je suis bien décidée à créer une entreprise pour avoir quelque chose à laisser à mes enfants.

5

★

Éviter la chute

Et maintenant, histoire de changer radicalement de ton… une bonne nouvelle : *la tiers-mondialisation de l'Amérique n'est pas une fatalité.*

Malgré les preuves écrasantes que notre chariot national est en train de perdre ses roues, je suis convaincue que l'Amérique peut encore accomplir de grandes choses, que notre puissance n'appartient pas forcément au passé et même, peut-être, que nos plus belles années sont encore devant nous.

Je me rends parfaitement compte qu'après la description d'une Amérique qui se délite de toutes parts cette allégation peut paraître excessivement optimiste. Ou illusoire. À moins qu'elle ne vous fasse soupçonner que le désespoir m'a conduite à forcer un peu sur l'ouzo. Je sais que la lecture des quatre premiers chapitres de ce livre a de quoi inciter à se rendre sur un de nos ponts qui s'effondrent et à envisager de sauter.

Mais la psyché américaine ne fonctionne pas comme ça. Nous avons toujours été un peuple positif, qui tourne les yeux vers l'avenir. Le dynamisme est inscrit dans nos gènes culturels. Et cette mentalité nous sera plus qu'utile si nous voulons renverser la situation. Sans elle, les germes du changement et de l'innovation s'étioleront dans le sol aride du défaitisme. Avec elle, nous pouvons nous débarrasser de notre cynisme et éviter la longue glissade vers un statut qui n'aura rien à envier à celui d'un pays du tiers-monde.

Notre pays a montré mieux que tout autre qu'il est capable de mobiliser ses forces et de se dresser pour affronter des défis majeurs. C'est l'un de nos plus grands atouts.

Après Pearl Harbor, la marine américaine était décimée. Trois ans plus tard exactement, comme le souligne John Kao dans *Innovation Nation*, « l'Amérique disposait d'une centaine de porte-avions intégralement armés, avec de nouveaux avions, de nouveaux pilotes, une nouvelle tactique et de nouveaux escorteurs, soutenus par de nouvelles approches logistiques, par de nouvelles méthodes de formation, de nouvelles usines d'aviation, des chantiers navals et des ouvrières », sans compter « des innovations aussi révolutionnaires que le B-29... et la fission nucléaire »[1].

Nous avons réagi de manière similaire au lendemain du lancement du spoutnik par les Soviétiques. « Nous nous sommes engagés dans un financement massif en faveur de l'enseignement, écrit Kao, nous avons réorganisé nos programmes scolaires en sciences et en mathématiques, et donné le coup d'envoi d'un grand nombre d'initiatives fédérales qui ont fini par mettre Neil Armstrong en mesure d'accomplir son "bond de géant pour l'humanité"[2]. »

C'est à ce trait fondamental du caractère américain que le président Obama a fait allusion en annonçant le lancement de sa campagne Educate to Innovate, « Éduquer pour innover », un programme national destiné à aider les étudiants américains à recouvrer leur rang parmi les meilleurs en sciences et en mathématiques. « Cette nation ne s'est pas bâtie sur la cupidité, a-t-il rappelé. Elle ne s'est pas bâtie sur le risque irresponsable. Elle ne s'est pas bâtie sur les bénéfices à court terme et la politique à courte vue. Elle a été forgée dans une matière plus solide par des hommes et des femmes audacieux qui ont osé inventer quelque chose de nouveau ou améliorer quelque chose d'ancien, qui ont pris de grands risques pour de grandes idées, qui ont cru que, en Amérique, tout est possible[3]. »

De nombreux économistes et historiens nous disent que la récession économique actuelle a créé une nouvelle normalité. Ils sont convaincus que notre pays ne sera plus jamais le même. Les choses seront différentes, c'est indéniable. Cela ne veut pas dire qu'elles soient condamnées à être pires. Cependant, si nous ne prenons pas à bras-le-corps les problèmes qui se posent, elles ont de bonnes chances de l'être.

L'Amérique possède de nombreuses ressources, naturelles et humaines. « Avec sa société ouverte, libre, sans limites, accueillante à l'égard des immigrés, l'Amérique reste la plus grande machine à rêves du monde, écrit Tom Friedman. L'iPod d'Apple est peut-être fabriqué en Chine, mais c'est en Amérique qu'il a été imaginé[4]. »

Nous devons cesser de dilapider ces ressources. Si nous voulons que la classe moyenne prospère et demeure la colonne vertébrale de l'Amérique, il faut créer les conditions qui permettront à ces rêves de s'épanouir – et à notre pays de continuer à avancer de façon plus raisonnable.

« Un abîme ne se franchit pas en deux petits bonds[5] », a rappelé David Lloyd George, Premier Ministre britannique pendant la Première Guerre mondiale. Il ne se franchit pas non plus en une succession de petits pas. Il faut retrouver l'audace inscrite au cœur de notre identité nationale et accepter une fois de plus de « prendre de grands risques pour de grandes idées[6] ».

Il ne sera pas facile d'enrayer la chute. Cela exigera des initiatives intrépides des secteurs privé et public, dopés au concentré de responsabilité personnelle.

Nous vivons un moment de notre histoire qui exige que nous cessions d'attendre que d'autres, et plus particulièrement les hommes de Washington, résolvent les problèmes et réparent les injustices actuels. Aujourd'hui plus que jamais, nous devons exploiter la ressource de *leadership* la plus sous-employée dont nous disposons : nous-mêmes.

D'autre part, les problèmes de notre société et, en fait, d'une grande partie du monde ont pris une ampleur telle que leur solution n'est pas à la portée d'individus isolés. Nous avons encore besoin de la puissance brute que seules peuvent déployer de grandes initiatives et de grandes dotations budgétaires gouvernementales.

Mais, comme nous l'avons vu, à Washington les dés sont pipés. C'est donc la première chose à laquelle il faut porter remède.

I
Au niveau national

LA MÈRE DE TOUTES LES RÉFORMES

C'est le serpent qui se mord la queue. Pour régler la multitude de problèmes à laquelle l'Amérique doit faire face, le plus efficace serait de passer par le processus démocratique. Or celui-ci est gravement déréglé. Voilà pourquoi la première mesure destinée à éviter notre chute inexorable doit être de briser l'étreinte mortelle dans laquelle l'argent des intérêts particuliers tient notre vie politique.

Cela exige en premier lieu de repenser notre système de financement électoral. Le moyen le plus sûr pour rendre son intégrité à notre gouvernement est d'imposer un financement entièrement public des campagnes politiques.

C'est la mère de toutes les réformes, *la* réforme qui rend toutes les autres possibles. Après tout, qui paie le bal mène la danse. Si quelqu'un doit être propriétaire des hommes politiques, autant que ce soit le peuple américain. Imaginez ceci : pas d'espèces sonnantes et trébuchantes, pas de fonds des PAC*, pas de numéros de téléphone où le public peut s'engager à faire des dons, pas d'accords donnant, donnant. Plus de lobbyistes faisant le siège des bureaux de la Chambre et du

* Political Action Committees ou comités d'action politique. Ce sont des groupes privés qui financent les campagnes électorales.

Sénat et inscrivant littéralement dans la loi des voies de contournement sur mesure pour leurs clients. Plus de petits cadeaux aux entreprises enfouis au milieu d'immenses lois de financement. Plus de dangereuses mesures d'assouplissement des règles de sécurité en échange de fonds de campagne. Il n'y aurait plus que des candidats et des élus n'ayant de comptes à rendre qu'aux électeurs.

Parmi ceux qui essaient d'imposer ce genre de mesures, on peut citer Lawrence Lessig, professeur de droit à Harvard, et Joe Trippi, qui a dirigé la campagne de Howard Dean sur Internet lors des primaires de 2004. Ensemble, ils ont fondé « *Fix Congress First !* » (« Réparez le Congrès d'abord ! »), afin de créer un mouvement populaire susceptible de faire pression sur le Congrès pour qu'il adopte une législation sur le financement public[7]. Et, pour éviter que ces textes ne soient annulés par une Cour suprême activiste, ce groupe essaie également de faire passer un amendement à la Constitution. « Il faut, déclare Lessig, établir clairement et incontestablement le pouvoir du Congrès pour préserver sa propre indépendance institutionnelle[8]. »

En mai 2010, j'ai été l'une des quelque 430 000 destinataires d'un email émanant de ce groupe, à l'objet accrocheur : « 300 millions de lobbyistes ». Il proposait la création du « plus grand lobby de l'histoire de la politique américaine ». Et qui sont les membres de ce lobby tout-puissant ? Vous, moi et 300 millions d'autres citoyens américains.

Comme le disent les fondateurs de ce mouvement : « Ce n'est pas une question démocrate ou une question républicaine. Il s'agit fondamentalement de savoir quel genre de démocratie nous voulons[9]. »

Si vous vous interrogez sur les effets qu'une démocratie indépendante des intérêts particuliers pourrait avoir sur le processus politique, prenez l'exemple du sénateur Ted Kaufman, du Delaware. Quand Kaufman, longtemps chef de cabinet de Joe Biden, a été nommé pour remplacer son ancien patron, on a d'abord pensé qu'il se contenterait de tenir au chaud la place de sénateur de son prédécesseur.

Mais, loin d'attendre son heure, Kaufman s'est rapidement affirmé comme l'un des plus féroces pourfendeurs de Wall Street au Sénat et comme l'avocat d'un remaniement en profondeur de notre système financier pour protéger la classe moyenne. Qu'est-ce qui a bien pu transformer ce collaborateur discret en leader de circonstance séditieux ? Un sain sentiment d'indignation.

En mars 2010, le jour de ses soixante et onze ans, il a pris la parole au Sénat pour fustiger le mépris de la loi affiché par Wall Street. Il a rappelé à ses collègues que les contribuables américains ont déboursé plus de 2 500 milliards de dollars pour « sauver le système » et a demandé : « Qu'avons-nous sauvé exactement ? » Réponse : « Un système de pouvoir financier écrasant et concentré qui est devenu dangereux, [...] un système où la primauté du droit est à nouveau bafouée [...]. En définitive, on peut se demander si nous avons dans ce pays un ou deux systèmes judiciaires. Si nous ne soumettons pas une société de Wall Street qui a escroqué plusieurs millions de dollars aux investisseurs au même traitement que quelqu'un qui a volé cinq cents dollars dans la caisse, comment pouvons-nous espérer que nos citoyens aient confiance dans le règne du droit ? [...] Nos marchés ne pourront prospérer que lorsque les Américains auront repris confiance dans leur équité, leur transparence et leur responsabilité[10]. »

Sa détermination à remettre de l'ordre dans le système financier nous permet d'imaginer comment nous pourrions remettre de l'ordre dans notre système politique. Abstraction faite de son caractère personnel, qui n'est évidemment pas duplicable, une dynamique a contribué à transformer Kaufman en croisé intrépide. Et cette dynamique, nous *pouvons* la reproduire : c'est le faible poids de l'argent dans sa carrière politique.

Kaufman n'a pas eu besoin de lever des fonds pour devenir sénateur : il a été nommé. Et il n'a pas besoin de lever des fonds pour sa campagne de réélection : il ne se représente pas. Il est donc complètement affranchi de la nécessité de chercher à séduire les puissances financières. Kaufman est un excellent modèle, un exemple éclatant de ce dont nos représentants sont capables quand ils ne doivent rien aux intérêts particuliers et qu'ils se mettent uniquement au service du bien public.

Voici une autre mesure propre à combattre la désillusion, le cynisme et le doute qui infectent le corps politique depuis un certain nombre d'années : cultiver la transparence à tous les échelons. « On dit que la lumière du soleil, a déclaré le juge Louis Brandeis dans une phrase demeurée célèbre, est le meilleur des désinfectants[11]. » Mais la vraie transparence va bien au-delà de la création d'un site Internet dédié à chaque service gouvernemental. Ce n'est pas à grands coups de données que l'on mettra en place un système dans lequel les gens auront l'impression de savoir ce que font leurs représentants. Il faut replacer les choses dans leur contexte et trouver comment aider le public à entrouvrir la porte des coulisses du pouvoir pour voir qui décide vraiment.

La Sunlight Foundation l'a fort bien illustré lors du sommet sur l'assurance-maladie en février 2010. Dans le cadre de la diffusion en direct des débats, le groupe s'est livré à un bon exercice de transparence : pendant que chacun de nos élus parlait, la liste de ses principaux contributeurs de campagne s'affichait sur le site Internet de la fondation[12]. Simple, efficace et très éclairant sur les liens financiers unissant un grand nombre des acteurs de ce sommet.

Une version perfectionnée de ce genre de technologie nous permettra bientôt de découvrir qui finance qui, et qui est au service de quels intérêts particuliers, en temps réel et sur toutes les tribunes imaginables. Les émissions politiques du dimanche prendront un tout autre visage le jour où nous pourrons suivre sans effort, instantanément et littéralement, le parcours de l'argent, et comprendre comment une politique apparemment irrationnelle devient la loi du pays.

La vie politique américaine est un jeu truqué. Mais, dans un avenir proche, les innovations technologiques devraient nous permettre d'imposer des règles plus équitables.

APPLICATIONS RÉVOLUTIONNAIRES POUR UNE DÉMOCRATIE DU XXIe SIÈCLE

Tim O'Reilly est de ceux qui cherchent à exploiter la technologie pour améliorer la façon dont on nous gouverne. Ce vrai *geek*, P-DG de O'Reilly Media, a popularisé en 2004 l'expression Web 2.0. Il est aujourd'hui aux avant-postes d'un mouvement qui voudrait appliquer ce concept au fonctionnement de notre démocratie : « Government 2.0 ».

Il décrit Government 2.0 comme « un nouveau contrat entre le gouvernement et le peuple, dans lequel le gouvernement met en place des mécanismes permettant de rendre des services qui ne sont pas assurés par le gouvernement, mais par des citoyens privés ». Il faut considérer le « gouvernement comme une plate-forme [...]. S'il y a une chose que l'industrie de la technologie nous apprend, c'est que les sociétés qui ont le mieux réussi ont toutes été des sociétés plates-formes : des boîtes dont le succès a donné des possibilités à d'autres, qui se sont appuyées sur leur travail et en ont multiplié l'impact »[13].

Se servir du gouvernement comme d'une plate-forme, c'est arriver à exploiter l'immense volume d'informations dont il dispose, à les diffuser largement et à baisser au minimum les barrières qui en interdisent l'accès aux innovateurs. Après tout, l'Internet lui-même était initialement un projet public. Le gouvernement a construit la plate-forme et les innovateurs s'en sont emparés. Il en va de même du GPS, une « application révolutionnaire » qui a dû son apparition au gouvernement.

D'autres exemples d'innovateurs qui utilisent des informations et des services assurés par le gouvernement surgissent d'un bout à l'autre du pays et du Web. Des sites comme Everyblock et StumbleSafely, par exemple, exploitent les statistiques de délits accessibles au public et les transforment en applications destinées à améliorer la sécurité de la population.

Un grand nombre d'expériences d'interface entre technologie et gouvernement parmi les plus intéressantes se font à l'échelle locale. Le maire de Newark, Cory Booker, est un des responsables qui ont adopté ce nouveau modèle avec enthousiasme. « Nous faisons partie et tentons d'apporter notre contribution à une démocratie qui apprend à maîtriser les médias pour faire progresser le changement social, déclare Booker. Les réseaux sociaux sont des tribunes qui permettent aux gens de se rassembler pour créer du lien, parler, se mobiliser et forger un plus grand sentiment de solidarité[14]. »

Booker compte plus d'un million d'abonnés à sa page Twitter, très active. Grâce à Twitter, Facebook et YouTube, il reste en contact avec ses électeurs. Il se sert également de ces plates-formes pour les inciter à participer à des patrouilles de nuit dans des quartiers difficiles, auxquelles le maire lui-même s'associe fréquemment. Il a également constitué un groupe de travail consultatif baptisé le « Newark Tech Corps », composé de cadres de l'informatique qui le conseillent sur les technologies de pointe et sur la meilleure façon de les mettre au service des habitants de Newark.

Chaque jour qui passe nous prouve les limites de ce que le gouvernement peut faire. Il est évident que nous devrons à l'avenir instaurer une relation différente avec lui. « Les citoyens sont plus liés entre eux que jamais ; ils ont les compétences et la passion nécessaires pour résoudre des problèmes qui les touchent sur un plan local comme national, écrit O'Reilly. Les citoyens ont le pouvoir de provoquer l'innovation qui entraînera une meilleure approche de la gouvernance[15]. »

Nous ne pouvons pas espérer d'un gouvernement entravé par des outils séculaires qu'il relève les défis du XXIe siècle. Voilà pourquoi il faut abandonner la version première de Government 2.0 et le mettre en pratique à l'échelle de la nation.

FAIRE BOUGER NOS ÉCOLES

Étape suivante de ce relookage complet de l'Amérique : l'enseignement. Il est vital de réparer notre système scolaire détraqué si nous voulons sauver la classe moyenne américaine et conserver notre rang de nation du premier monde. L'enseignement est un des moyens essentiels, fondamentaux pour changer de vie et de situation. Il ouvre des portes, il rend tout le reste possible : c'est pourquoi l'impuissance de nos dirigeants à prendre la réforme de l'éducation à bras-le-corps est particulièrement inquiétante. Au lieu d'une réforme de fond, ce ne sont que vaines promesses et engagements non tenus.

Une vraie réforme doit d'abord changer la façon dont nous traitons les enseignants de notre pays.

L'efficacité des enseignants est *le* facteur premier de l'amélioration des résultats scolaires. Avec d'excellents enseignants, les élèves peuvent obtenir des notes de 50 % supérieures à celles de leurs condisciples confiés aux pédagogues les moins efficaces[16].

Pourtant, des conventions collectives d'une rigidité excessive nous empêchent de payer davantage les meilleurs enseignants en prenant en compte leurs résultats, et nous avons déjà vu qu'il est devenu quasiment impossible de licencier les plus mauvais. Tant que nous ne mettrons pas fin à cette absurdité, le bulletin de notre système éducatif restera truffé de zéros.

Il faut également renoncer à notre obsession des évaluations, qui étaient censées permettre de mesurer les résultats de la réforme, mais qui se sont aujourd'hui substituées à la réforme elle-même. C'est un peu comme si l'on décidait qu'un *check-up* vaut bien un traitement. Cette importance donnée aux évaluations transforme les enseignants en sergents instructeurs et tend à supprimer du cursus scolaire tout ce qui ne peut pas figurer dans une évaluation standard, qu'il s'agisse de l'art, de la musique ou des discussions de classe.

En outre, les États financièrement aux abois finissent immanquablement par remplacer les dissertations par des questionnaires à choix multiple, dont la correction coûte jusqu'à mille fois moins cher[17]. Adieu réflexion analytique, bienvenue au bachotage et aux réponses au petit bonheur la chance. Cette passion pour les évaluations a entraîné la standardisation de l'enseignement, la destruction de toute réflexion critique et le catalogage de millions de nos enfants sous la rubrique « élèves en échec scolaire ».

Que faire pour remédier à cette situation navrante ?

Pour commencer, il faut considérer les choses d'un autre œil, d'un œil audacieux. Pour paraphraser Einstein, il est impossible de résoudre un problème en appliquant le type de raisonnement qui l'a créé. Malheureusement, dans le climat politique actuel, il est quasiment impossible de convaincre les gens de renoncer à protéger leur pré carré pour porter leurs réflexions à un autre niveau. Cela leur permettrait pourtant de tirer les conclusions qui s'imposent et de voir les possibilités qui existent peut-être de l'autre côté de la montagne.

Ce que je vois, moi, sur l'autre versant de la montagne, c'est un système d'éducation *single payer*[*].

En ce qui concerne la réforme de la santé, le système *single payer* n'a jamais réussi à s'imposer. Mais nous devrions l'introduire dans la réforme de l'éducation.

Dans un plan de santé *single payer*, le gouvernement fédéral assure la couverture de tous les citoyens et résidents légaux américains. Les patients ne sont pas tenus de consulter un médecin du gouvernement ; le gouvernement paie la note, c'est tout. Voici comment j'imagine le fonctionnement d'un plan similaire pour l'éducation. Le gouvernement fédéral, en association avec les États, verserait une allocation d'éducation à tous les parents d'enfants scolarisés. Les parents

* Le système du *single payer* (« payeur unique ») prévoit qu'un organisme unique – gouvernemental – se charge de l'intégralité du financement d'un service social, à la place de la pléthore d'organismes indépendants qui, s'agissant du système de santé, prélèvent les cotisations et procèdent aux remboursements. Il s'agit en réalité d'un système calqué sur le modèle de la Sécurité sociale à la française.

seraient libres ensuite d'inscrire leur enfant dans l'établissement de leur choix.

Dans un plan de santé *single payer*, tous les citoyens pourraient choisir librement leur médecin et leur hôpital. Aucun partisan du système de santé *single payer* n'a jamais suggéré que – comme cela se passe dans notre système d'éducation – les patients soient obligés de consulter exclusivement leur médecin de quartier ou de se faire opérer uniquement à l'hôpital qui se trouve au bout de leur rue. Si nous refusons que notre santé soit l'otage de la valeur de notre bien immobilier, pourquoi l'accepter lorsqu'il s'agit de nos enfants ? Le coût annuel d'éducation par enfant, compensé en fonction des secteurs scolaires urbains et suburbains dans chaque État, serait pris en charge par les sources de financement actuelles de l'éducation.

Dans le système de santé, les directives de Medicare veillent à la qualité des services de soin. Dans l'éducation, le gouvernement serait responsable de l'accréditation des écoles parmi lesquelles les parents pourraient faire leur choix.

C'est simple, raisonnable et, surtout, juste. Et peut-être que, au lieu d'appeler un exorciste chaque fois qu'on parle de « concurrence », de « choix » ou de « liberté » en matière d'éducation, nous pourrions applaudir des deux mains une idée qui préserve ce qui est réellement public dans l'éducation publique, qui en assure le financement tout en favorisant l'épanouissement de la créativité et de l'innovation ainsi que la responsabilisation des parents.

C'EST L'EMPLOI QUI COMPTE, IMBÉCILE* !

En janvier 2010, dans son discours sur l'état de l'Union, le président Obama a déclaré : « L'emploi doit être notre préoccupation numéro un en 2010[18]. » Cette phrase a été accueillie par un tonnerre d'applaudissements, mais s'est traduite par très peu d'actions tangibles. Qu'y a-t-il de nouveau ?

Tout le monde admet avec une si belle unanimité que nous avons besoin de « plus d'emplois » que les mots risquent de perdre tout leur sens, de quitter le domaine de la politique concrète pour devenir du simple blabla. À Washington, dire qu'on soutient l'emploi est devenu une sorte de préambule obligatoire de pure forme, aussi rituel que de s'éclaircir la voix.

Il faut dépasser les effets de rhétorique et les statistiques trompeuses pour nous concentrer sur ce fait : chaque emploi perdu est une catastrophe sociale[19]. La maltraitance et la négligence des enfants, le divorce, la délinquance, la mauvaise santé et la toxicomanie sont bien souvent les effets secondaires ravageurs de la perte d'emploi. Aucun pays ne peut se prétendre en bonne santé quand 26 millions de ses habitants sont au chômage ou en activité réduite.

La crise actuelle de l'emploi est d'une telle ampleur et d'une telle opiniâtreté et provoque des souffrances si

* Allusion à la phrase lancée par Bill Clinton pendant sa campagne électorale contre George W. Bush en 1992 : « *It's the economy, stupid !* » (« C'est l'économie qui compte, imbécile ! »)

aiguës qu'aucune audace ne sera trop grande pour la résoudre.

La première chose à faire est d'obtenir du gouvernement fédéral qu'il accorde une aide directe aux gouvernements locaux et à ceux des États. Depuis août 2008, plus de 150 000 emplois ont été supprimés à l'échelle locale et à celle des États[20], et le déficit budgétaire cumulé de tous les États est de 380 milliards de dollars pour l'année fiscale 2010-2011[21]. Le Center on Budget and Policy Priorities estime que les déficits au niveau local et à celui des États pourraient coûter au pays un point entier de PIB, ce qui entraînerait à son tour la perte de 900 000 emplois supplémentaires l'année prochaine[22]. Voilà pourquoi l'Economic Policy Institute (EPI) recommande que le gouvernement fédéral consente 150 milliards de dollars d'aide aux gouvernements locaux et aux gouvernements des États au cours des dix-huit mois à venir, un investissement qui pourrait sauver jusqu'à 1,4 million d'emplois[23].

Le Congrès et le président devraient également faire voter un plan musclé de création d'emplois dans les services publics. « Le gouvernement fédéral pourrait fournir des emplois en… fournissant des emplois, écrit Paul Krugman. Il est temps de se lancer dans une version, fût-ce à échelle réduite, de la Works Progress Administration du New Deal… Bien sûr, certains accuseraient le gouvernement de lancer de grands chantiers à seule fin d'occuper les chômeurs mais, après tout, la WPA nous a laissé de solides réalisations. Et ce qui compte, c'est que l'emploi public direct est en mesure de créer un nombre important d'emplois à un coût relativement faible[24]. »

L'EPI juge qu'il devrait être possible de créer un million d'emplois destinés « à remettre des chômeurs au travail au service de leurs communautés » moyennant un investissement de 40 milliards de dollars par an pendant trois ans[25]. Cette approche rencontre également le soutien d'Alan Blinder, de Princeton. « L'emploi direct dans les services publics est tout ce qu'il y a de plus simple, observe-t-il. Tant que les nouveaux emplois gouvernementaux ne concurrencent pas le secteur privé, la création nette d'emplois devrait être d'un pour un. Engagez donc des gens pour entretenir les parcs, pas les centres commerciaux[26]. »

Nous avons sans doute laissé passer une chance d'accorder la priorité à la reconstruction de l'infrastructure américaine dans le grand ensemble de mesures de relance que le Congrès a adopté en 2009, mais il faut impérativement redoubler nos efforts en ce sens, ce qui créera en même temps plusieurs millions d'emplois bien rémunérés et impossibles à délocaliser.

Le financement de cet effort massif de reconstruction pourrait se faire par une banque nationale d'infrastructure[27]. Créée sur le modèle de la Banque d'investissement européenne qui investit avec succès depuis plus de cinquante ans dans des programmes européens d'infrastructure d'énergie, de télécommunications et de transports, la version américaine bénéficierait au départ d'une mise de fonds fédérale. Celle-ci exercerait un effet de levier sur des capitaux privés qui s'investiraient dans des projets de reconstruction hautement prioritaires à travers tout le pays[28].

Un investissement gouvernemental de 25 milliards de dollars pourrait avoir un effet multiplicateur et mobiliser plus de 600 milliards de dollars[29]. Cela ne couvrirait pas les 2 200 milliards nécessaires pour remettre notre infrastructure en état[30], mais ce serait un point de départ non négligeable et un puissant moteur de création d'emplois.

Il faut que Washington se ressaisisse. La création d'une banque nationale d'infrastructure a été proposée dès 2007. Et, bien que le président Obama ait soutenu cette initiative législative de tout son poids au début de 2008, le Congrès tenait encore des auditions à ce sujet au milieu de l'année 2010[31]. Il est temps d'accélérer le mouvement et de faire passer cette idée du stade de la planche à dessin à celui de l'application, en réparant les routes, les ponts, les canalisations et les réseaux électriques et en posant des voies ferrées adaptées aux trains à grande vitesse.

Nous devons aussi adopter un vaste ensemble de mesures législatives pour endiguer le départ à l'étranger de nos emplois. Il pourrait s'agir de crédits fiscaux accordés aux sociétés qui conservent et créent des emplois pour les salariés américains, et de dispositions supprimant les échappatoires qui encouragent les employeurs à délocaliser.

Il serait également judicieux de lancer des initiatives en faveur d'emplois verts. Investir dans les énergies renouvelables diminuerait les risques d'une nouvelle catastrophe du genre de celle de BP dans le golfe du Mexique, et placerait les États-Unis sur un marché international de plusieurs milliards, provoquant une explosion d'emplois de haute technologie bien rémunérés et formant la prochaine génération de chefs d'entreprise qui produiront eux-mêmes des emplois.

Pour ne donner qu'un exemple, alors même que les autres secteurs de notre économie entreprenaient des coupes claires dans les emplois en 2009, l'industrie de l'énergie solaire en a créé près de vingt mille[32]. La Solar Energy Industries Association estime que l'industrie solaire pourrait générer jusqu'à deux cent mille emplois au cours des deux prochaines années si le Congrès renouvelle plusieurs programmes d'incitation qui parviennent à leur terme en 2010[33].

Un autre moyen d'encourager l'économie verte serait d'instituer une banque verte nationale, qui, comme l'expliquent John Podesta et Karen Kornbluh, du Center for American Progress, « ouvrirait des marchés de crédit et inciterait les entreprises à recommencer à investir », tout en permettant « à des technologies énergétiques propres – énergie éolienne, solaire, géothermique, biomasse avancée et à haut rendement – de se développer sur une grande échelle et de devenir économiquement rentables aux prix actuels de l'électricité »[34].

Une banque de ce genre permettrait aux petites sociétés d'obtenir plus facilement du crédit et mettrait une source de financement solide à la disposition des chefs d'entreprise qui souhaitent se consacrer aux technologies et aux start-up vertes.

Reed Hundt, qui présidait la Federal Communications Commission sous Bill Clinton, dirige un groupe baptisé The Coalition for Green Capital (Coalition pour le capital vert), qui a pour objectif de « fonder une banque gouvernementale à but non lucratif qui remplirait le vide existant de la législation sur l'énergie propre dans l'Amérique d'aujourd'hui[35] ». Selon Hundt, une banque verte créerait « près de 4 millions d'emplois[36] ». La proposition de Hundt a été inscrite dans plusieurs projets de loi de la Chambre et du Sénat sur le climat et l'énergie. Et Hundt est en négociation avec des gouvernements des États américains pour les aider à fonder leurs propres banques vertes.

Les petites entreprises ont longtemps été les plus grands créateurs d'emplois de l'Amérique. D'après un rapport de mai 2010 de la commission de contrôle du Congrès, « plus de 99 % des entreprises américaines emploient cinq cents employés ou moins [...] et créent deux nouveaux emplois sur trois[37] ». Il y aurait tant de façons de les aider : élargir les programmes de prêt de la Small Business Administration, un organisme d'aide aux petites entreprises ; leur accorder un an d'exemption de charges sociales (en instituant un moratoire sur les charges de Sécurité sociale, de Medicare et du *Federal Insurance Contribution Act*, ce qui encouragerait les entreprises à embaucher) ; accorder aux entreprises un crédit d'impôts pour chaque emploi créé dans un délai de douze mois ; et utiliser le reliquat des fonds de renflouement du TARP au profit de Main Street (en accordant des prêts plus importants aux petites entreprises et en finançant des services publics dans lesquels les États et les municipalités opèrent des coupes).

Chose plus importante encore que l'aide aux petites entreprises, il faut soutenir les entreprises nouvelles. Selon l'économiste John Haltiwanger, l'examen des vingt-cinq dernières années montre qu'un nouvel emploi sur trois environ est créé par une start-up. « Ce sont les fusées de l'économie », remarque-t-il. Comme le rapporte le magazine *Time*, entre 1980 et 2005,

« une société moyenne de quinze ans d'existence a développé ses emplois au rythme de 1 % par an ; une société moyenne de trois ans d'existence l'a fait au rythme de 5 %[38] ».

Si nous voulons encourager les jeunes entreprises créatrices d'emplois, une méthode novatrice consisterait à réviser notre politique d'immigration. Les grandes idées naissent dans le monde entier, et, si l'Amérique n'accueille pas ceux qui ont ces idées et ne leur facilite pas l'entrée dans notre pays, ils iront voir ailleurs. C'est du reste ce qu'ils commencent déjà à faire.

Aujourd'hui même, les États-Unis ont un quota d'immigration de travailleurs qualifiés de soixante-cinq mille personnes, avec une marge de vingt mille de plus pour les titulaires de diplômes supérieurs délivrés par des universités américaines. Un plafond si rigide n'a plus de sens dans le monde actuel. La « procédure d'octroi de visas souffre de retards à répétition en raison de ce quota, explique Jonathan Ortmans, un des responsables de la Kauffman Foundation, un important centre d'entrepreneuriat. Par conséquent, des immigrants très compétents vont chercher ailleurs sur un marché du travail global de plus en plus compétitif, emportant leurs idées novatrices avec eux[39]. » Si l'Amérique veut rester un pays du premier monde, elle devra intensifier sa course aux talents et aux idées de pointe.

Les gens de StartupVisa.com ont présenté une proposition innovante pour accroître la part de l'Amérique sur le marché global des idées[40]. Ils veulent faciliter la tâche aux étrangers qui désirent venir en Amérique pour y monter des entreprises créatrices d'emplois.

Notre loi actuelle accorde un visa aux investisseurs étrangers qui s'engagent à créer une entreprise dotée d'un million de dollars de capital et qui peuvent créer au minimum dix emplois sur-le-champ[41]. Les financiers de capital-risque qui soutiennent StartupVisa.com veulent déplacer l'accent des investisseurs vers les créateurs d'entreprise et fournir des visas à ceux qui seront capables d'obtenir un financement d'investisseurs américains. L'idée est de récompenser les bonnes idées au lieu de se contenter de faire venir de l'argent étranger. La loi actuelle, qui exige de ceux qui ont de bonnes idées qu'ils obtiennent d'abord un financement étranger, augmente les risques qu'ils préfèrent monter leurs entreprises ailleurs.

La proposition législative, le *StartUp Visa Act* de 2010, est déjà dans les tuyaux. Elle est soutenue conjointement par les sénateurs John Kerry et Richard Lugar[42]. Selon le *Washington Post*, leur proposition de loi « accorderait un visa de deux ans aux créateurs d'entreprise immigrés capables de rassembler au moins 250 000 dollars, dont 100 000 fournis par un commanditaire ou un investisseur de capital-risque américain qualifié. Au bout de deux ans, si le chef d'entreprise immigré est en mesure de créer cinq emplois ou plus (à l'exclusion de ses enfants et de son conjoint), d'attirer un million de dollars d'investissement supplémentaire ou de produire un million de dollars de chiffre d'affaires, il deviendra résident légal ».

« Alors que beaucoup se demandent si les démocrates et les républicains sont capables de se rassembler autour d'une cause commune, voici au moins un domaine sur lequel nous sommes parfaitement d'accord, ont écrit Kerry et Lugar dans une chronique. Nous sommes convaincus que l'Amérique est le meilleur pays du monde pour faire des affaires. Et le temps est venu de tendre la main aux créateurs d'entreprise immigrés, aux hommes et aux femmes venus de l'étranger pour étudier dans nos universités et à tous ceux qui, dans d'autres pays, ont de grandes idées, pour qu'ils contribuent à encourager l'innovation et la création d'emplois ici, chez nous. »

Les deux sénateurs ne considèrent pas que cette proposition s'inscrit dans la réforme de l'immigration mais parmi les initiatives favorisant la création d'emplois. « Ce projet de loi, dit Kerry, est un petit acompte sur une thérapie de compétitivité globale[43]. »

De toute évidence, dès qu'il s'agit d'emplois, on ne manque pas d'idées. C'est la volonté politique qui fait défaut.

Un grand nombre de ces propositions génératrices d'emplois sont onéreuses, j'en conviens, mais, à long terme, elles le sont beaucoup moins que le chômage de longue durée et la disparition de la classe moyenne américaine.

DES PRIORITÉS PERVERTIES : LE REMIX

Dès qu'on parle de financer des programmes pour l'emploi ou de reconstruire l'infrastructure américaine en ruine, nos responsables regardent l'étiquette et tombent en pâmoison en poussant les hauts cris : c'est au-dessus de nos moyens ! Ils n'ont pourtant pas la même réaction quand le budget de la Défense dépasse les 700 milliards de dollars[44] ou quand il s'agit de signer encore un chèque pour financer des guerres librement choisies en Irak et en Afghanistan (coût en 2010 : 161 milliards de dollars[45]).

Nous en avons eu un bon exemple en mai 2010 quand, le même jour, le Sénat a approuvé un projet de loi de financement de près de 60 milliards de dollars pour la guerre en Afghanistan tandis que la Chambre opérait des coupes claires dans un autre projet de loi de financement, supprimant des dispositions qui auraient assuré 24 milliards de dollars de secours aux États aux abois et aidé les salariés licenciés à payer leur assurance-maladie[46]. Cette coïncidence de calendrier en disait long sur les valeurs qui sont devenues les nôtres.

Il faut que notre nation tout entière entreprenne de redéfinir la « sécurité nationale » en veillant à ce que nos ports soient protégés, nos chemins de fer sûrs, les centrales nucléaires de notre pays, nos usines chimiques et nos installations de stockage à l'abri d'éventuels attentats. Et il faut nous assurer que, malgré toutes les réductions budgétaires auxquelles procède l'intégralité des États américains, le financement de notre police et de nos pompiers restera suffisant. Il faut cesser de déshabiller Pierre – la sécurité de notre pays – pour habiller Paul – nos guerres à l'étranger.

Nous prévoyons ainsi de dépenser en 2011 12,6 milliards de dollars pour la défense contre les missiles balistiques[47]. Pour la même somme, nous pourrions engager 190 873 policiers supplémentaires pendant un an[48].

Mettons un terme à nos désastreuses et onéreuses opérations de construction nationale en Afghanistan et en Irak. Et cessons de considérer le débat sur la réduction des dépenses de défense comme un sujet tabou, à n'aborder sous aucun prétexte.

On n'a que l'embarras du choix pour dégraisser le département de la Défense. Le représentant Barney Frank propose une première mesure d'économies judicieuse : éliminer un des volets de la triade nucléaire terriblement coûteuse de l'Amérique – bombardiers, sous-marins et missiles balistiques intercontinentaux – destinée à faire face à des menaces datant de la guerre froide, mais qui continue à siphonner une masse de dollars au XXIe siècle. Présentant sa proposition radicale, Frank a suggéré de « dire au Pentagone qu'ils peuvent en choisir deux sur trois, mais qu'ils nous laissent en supprimer un[49] ».

La gabegie du département de la Défense n'est pas seulement dans le collimateur de progressistes comme Frank. Le sénateur Tom Coburn, un conservateur en matière sociale et un faucon budgétaire, a réclamé un audit complet des dépenses du Pentagone[50]. Il résume cette nécessité succinctement : « Le Pentagone ne sait pas comment il dépense son argent. » Dans une lettre accablante adressée au président de la commission du déficit pour exiger cet audit, Coburn déclarait : « Le Pentagone reste dominé par une éthique qui consiste à tracer immuablement un tableau inexact – un tableau déformé par la même orientation irréaliste et qui, en définitive, dépasse nos moyens. Les erreurs n'ont rien d'aléatoire : les coûts réels se révèlent toujours beaucoup plus élevés que les estimations premières, qu'ils vont parfois jusqu'à multiplier plusieurs fois. » Selon un collaborateur de Coburn, cela fait quinze à vingt ans qu'il n'y a pas eu d'audit au Pentagone parce que « les comptes [du département] sont tellement désorganisés qu'il serait impossible à réaliser ». Ce n'est pas tout à fait ce qu'on aurait envie d'entendre à propos d'un ministère auquel nos contribuables versent cette année plus de 700 milliards de dollars[51].

Conclusion : nous pourrions réduire le budget de la Défense, revoir nos priorités de sécurité nationale et rendre notre pays plus sûr. Même après une coupe de plusieurs milliards, les dépenses de défense resteraient nettement plus élevées, en dollars constants, qu'elles ne l'étaient au plus fort de la course aux armements menée par Ronald Reagan[52].

Comme l'a fort bien fait remarquer Robert Gates, secrétaire à la Défense, dans un discours prononcé à la bibliothèque Eisenhower (un lieu opportun si l'on songe aux mises en garde du président contre le complexe militaro-industriel), l'Amérique ne peut pas survivre comme un « État-garnison, aux muscles hypertrophiés – fort militairement, mais économiquement stagnant et stratégiquement en faillite[53] ».

SAUVER NOS MAISONS DE LA SAISIE

Il est impossible d'assurer véritablement la sécurité de notre pays sans protéger sa classe moyenne malmenée. Le meilleur point de départ serait d'arriver à réduire les saisies immobilières et de permettre à nos concitoyens de garder leurs maisons.

Ce que le gouvernement pourrait faire de plus utile pour aider les gens menacés de saisie serait de faire adopter un projet de loi sur le réaménagement des dettes : les propriétaires immobiliers incapables de continuer à rembourser leur crédit hypothécaire pourraient ainsi le renégocier sous la tutelle d'un juge des faillites.

L'opposition farouche des lobbyistes de l'industrie hypothécaire a convaincu le Congrès de repousser ces lois de réaménagement à plusieurs reprises[54]. Mais les sénateurs et les députés qui représentent les intérêts des Américains moyens, et non les intérêts particuliers, ne doivent pas renoncer à leurs efforts. La résistance des banques à toute révision de la loi manifeste quelques signes d'affaiblissement. Certaines, dont Bank of America et Citigroup, ont déjà changé leur fusil d'épaule et annoncé leur soutien à cette mesure[55].

Il faudrait également obliger propriétaires et entreprises de crédit à engager une procédure de médiation avant qu'une saisie ne devienne définitive[56]. Un programme pilote, le Residential Mortgage Foreclosure Diversion Program*, lancé à Philadelphie en 2008, a obtenu d'excellents résultats et a pu éviter ou retarder les saisies dans 75 à 80 % des cas ayant fait l'objet d'une médiation. À l'heure qu'il est, de nombreux propriétaires ne discutent même pas avec leur organisme de prêt avant la saisie de leur maison[57] – ne serait-ce que parce que les prêteurs se débrouillent souvent pour être quasiment impossibles à joindre. Ils peuvent aussi être littéralement introuvables pour peu que le crédit hypothécaire ait été découpé en rondelles et vendu à des spéculateurs.

* Programme de prévention des saisies hypothécaires immobilières.

« Je me suis rendu dans la salle de la mairie où ont lieu les audiences de médiation, m'a raconté le sénateur Bob Casey, de Pennsylvanie ; elles rassemblent une foule de prêteurs et d'emprunteurs, de conseillers et d'avocats, et elles sont remarquablement efficaces[58]. »

Le juge Annette Rizzo, qui n'a pas ménagé sa peine pour que les habitants de Philadelphie puissent conserver leurs maisons, a déclaré au *Philadelphia Daily News* : « Nous faisons un travail de proximité avec chaque client. On s'occupe des gens individuellement. Les avocats du prêteur font connaissance, d'être humain à être humain, avec les propriétaires des maisons. Nous mettons des visages sur ces procédures, et les gens nous suivent. Alors, quand je favorise les contacts, je sens les deux côtés s'humaniser. Au besoin, nos avocats bénévoles vont chercher les clients chez eux et les accompagnent ici. Des conseillers immobiliers font des visites à domicile. Notre mission est de sauver des vies, une adresse après l'autre[59]. »

Ce programme de prévention des saisies a tellement bien fonctionné à Philadelphie qu'il a été repris à Boston, Pittsburgh, Cook County, Prince George's County, Louisville et dans le New Jersey[60]. Il serait bon d'adopter ce modèle et de lui donner une application nationale.

En attendant, nous devrons nous appuyer sur des fonctionnaires comme le juge Rizzo et Arthur Schack, son confrère de la Cour suprême de l'État de New York, à Brooklyn, que le *New York Times* présente comme « un don Quichotte judiciaire, qui se bat contre les légions de banquiers, les facilitateurs de saisies et les avocats qui introduisent des motions à la pelle ». Le juge Schack rejette régulièrement les demandes de saisie des banques pour peu qu'il manque un point sur un « i » ou une barre à un « t ». « Si l'on doit prendre sa maison à quelqu'un, a-t-il déclaré au *Times*, il faut que tout soit parfaitement légal et correct. Je suis un type bizarre : je n'ai pas envie de mettre une famille à la rue si ce n'est pas légitime[61]. »

Son humanité et ses jugements devraient être érigés en modèle national.

ACCORDER DU CRÉDIT À BON ESCIENT

Nous devons aussi protéger la classe moyenne américaine de tous les pièges et de toutes les arnaques des sociétés de cartes de crédit et des banques. Ne vous laissez pas abuser : si la nouvelle loi de réforme sur les cartes de crédit entrée en vigueur au début de 2010 a un peu limité les pratiques les plus scandaleuses de cette industrie, les sociétés de cartes de crédit travaillent jour et nuit pour imaginer de nouveaux moyens de nous dépouiller de notre argent. Elles n'ont pas renoncé à leur petit jeu de « tu finiras bien par te faire avoir ».

Bien sûr, nos élus ont pris soin d'inscrire dans la loi quelques échappatoires destinées aux lobbyistes du milieu bancaire. La nouvelle législation continue ainsi d'autoriser des taux d'intérêt promotionnels attrayants qui accrochent de nouveaux clients pour une brève période[62] avant qu'ils ne se voient imposer le taux d'intérêt réel, bien plus élevé.

Elizabeth Warren trace « le portrait du client rêvé des sociétés de cartes de crédit. C'est quelqu'un qui s'en sort tout juste, qui a perdu son emploi, a du mal à en trouver un autre, essaie laborieusement de payer et se débat pour y arriver. Voilà l'homme qu'il vous faut. Celui à qui vous pourrez extorquer un taux d'intérêt de 29 %... Ce sont des comptes extraordinairement lucratifs. C'est là qu'elles se font du fric, croyez-moi. C'est là que ça se passe[63] ».

La nouvelle loi impose à la société émettrice de cartes de crédit d'adresser à ses clients un avis quarante-cinq jours avant toute hausse des taux d'intérêt[64]. Mais, si vous refusez le nouveau taux, vous devrez cesser d'utiliser votre carte. Les banques n'ignorent rien des terribles difficultés quotidiennes que connaîtraient la plupart des gens si leurs cartes de crédit étaient régulièrement bloquées et s'ils devaient s'en procurer d'autres. Si décourageant que cela puisse être, il faut lire soigneusement tous les documents que vous adresse votre société de carte de crédit – même ceux qui sont en tout petits caractères et vous détaillent les frais de service qui viennent s'ajouter aux frais de retard, qui viennent s'ajouter aux frais d'« inactivité ». Si vous le pouvez, mettez en place un prélèvement automatique pour éviter de manquer un paiement. Les frais représentant 39 % des revenus des émetteurs de cartes de crédit[65], les banques n'auront de cesse d'imaginer de nouvelles arnaques contre lesquelles les lois existantes, qui ne les ont même pas envisagées, ne protègent pas les consommateurs.

La nouvelle loi n'empêche pas les banques d'estamper les clients de leurs cartes de crédit en leur imposant des taux d'intérêt vertigineux[66]. Le sénateur Bernie Sanders, dont les tentatives pour plafonner les taux d'intérêt des cartes de crédit ont été rejetées par ses collègues, déclare : « Quand les banques prélèvent des taux d'intérêt de 30 %, elles ne rendent pas le crédit disponible. Elles se livrent à des pratiques usuraires[67]. »

À travers toute l'histoire, l'usure a été vilipendée par les écrivains, les philosophes et les responsables religieux. Aristote la qualifiait d'« amour du gain sordide » et de « commerce sordide »[68]. Thomas d'Aquin la disait « contraire à la justice[69] ». Dans *La Divine Comédie*[70], Dante reléguait les usuriers dans le septième cercle de l'Enfer. Le Deutéronome (23,20) ordonne : « Tu ne feras à ton frère aucun prêt à intérêt. » Ézéchiel (18,8-13) compare l'usurier à quelqu'un qui « répand le sang [...], déshonore la femme de son prochain [...], exploite le malheureux et le pauvre [...], commet l'abomination ». Quant au Coran, il est tout aussi clair : « Dieu condamne l'usure. »

Il faut en revenir à cette approche des pratiques de prêt scandaleuses. Notre pays ne doit plus tolérer qu'on escroque des millions de familles de salariés et qu'on les soumette aux caprices de banquiers qui ont perdu toute notion d'équité.

FERMER LE CASINO DE WALL STREET

Juste après l'élection du président Obama, Rahm Emanuel a fait cette célèbre déclaration : « Règle numéro un : ne jamais gâcher une crise. Elles offrent la possibilité de grandes choses[71]. » Mais, depuis l'effondrement financier, ce sont les responsables mêmes de la crise qui en ont profité et qui ont réussi de « grandes choses » – essentiellement de gros profits et de grosses primes.

Il faut réparer Wall Street, c'est une évidence. De façon urgente. Il y a beaucoup de choses à rafistoler. Mais, sur le plan purement pratique, voici trois mesures qui s'imposent :

1. Réguler tous les produits dérivés et autres « instruments financiers » extravagants qui ont joué un si grand rôle dans la crise et ont fait des banques de Wall Street de vrais casinos de Las Vegas, en encore plus louche (au moins, à Las Vegas, on prend des risques en connaissance de cause).
2. Créer un *Glass-Steagall Act* du XXIe siècle, pour rétablir une muraille de Chine entre activités bancaires commerciales et d'investissement.
3. Suivre l'exemple de Teddy Roosevelt et démanteler les grandes banques. Il est essentiel d'enterrer définitivement la maxime « trop grandes pour faire faillite » et de veiller à ce que, la prochaine fois, les contribuables ne se fassent pas rouler.

Alan Greenspan lui-même, le chantre du libéralisme économique, qui longtemps fut l'avocat de la dérégulation bancaire, estime que les mégabanques sont trop grandes. Il déclarait ainsi en octobre 2009 : « Si elles sont trop grandes pour faire faillite, c'est qu'elles sont trop grandes tout court… Dans ce cas, il faut entreprendre une action radicale – les démanteler. En 1911, nous avons démantelé Standard Oil. Et que s'est-il passé ? Ses différents éléments ont pris plus de valeur que le tout. C'est peut-être ce dont nous avons besoin[72]. »

Après le quasi-effondrement de l'économie accéléré par Wall Street, on aurait pu croire que tout le monde s'accorderait sur la nécessité de serrer la bride aux grandes banques. Mais tout ce dont Washington est capable, c'est faire adopter des réformes édulcorées qui n'éviteront pas une nouvelle crise.

Au-delà de toutes les régulations, c'est la mentalité qu'il faut changer. Il faut penser plus grand et entreprendre d'éradiquer la culture du gain et de la corruption qui domine aujourd'hui Wall Street. Évoquant la crise économique, Michael Lynton, président du conseil d'administration et P-DG de Sony Pictures, m'a confié : « Quand on voit les difficultés d'Hollywood, on me demande souvent si, en admettant que je doive monter des studios de cinéma à partir de zéro, je choisirais le modèle actuel[73]. »

Sa réponse était négative. De même, quand il s'agit de reconstruire l'économie américaine, aurions-nous envie de reproduire le système actuel, fût-ce en y collant des rustines d'une valeur de quelques milliards de dollars ? Bien sûr que non. Greenspan lui-même a admis qu'il y avait « un défaut dans ce modèle[74] ». Il se trompe. Il n'y a pas de défaut dans le modèle : c'est le modèle lui-même qui est défectueux. Le problème n'est pas que le capitalisme ne fonctionne pas. Le problème est que ce que nous observons en ce moment n'est pas le capitalisme, mais le corporatisme. La solidarité pour les riches. Le gouvernement qui choisit à sa guise les gagnants et les perdants. Wall Street qui obtient le beurre et l'argent du beurre, aux dépens des contribuables. Les pertes socialisées et les gains privatisés.

Une boussole magnétique devrait toujours indiquer le nord ; une boussole morale devrait toujours indiquer que la triche et la fraude sont purement et simplement inadmissibles. Mais il ne suffit pas d'exiger que les entreprises renoncent à mal se conduire. Nous devons exiger qu'elles commencent à bien se conduire. Ce principe doit être le fondement de la réforme financière et économique.

Il faut mettre en place une économie où la productivité ne porte pas préjudice à la qualité de vie. Dans un discours prononcé à l'université du Kansas, en 1967, Robert F. Kennedy avait appelé les Américains à considérer notre économie sous un jour radicalement différent. « Notre produit national brut dépasse actuellement 800 milliards par an, a-t-il dit, mais ce PNB, s'il faut vraiment juger l'Amérique d'après ce critère, prend en compte la pollution atmosphérique et la publicité pour les cigarettes, ainsi que les ambulances qui viennent nettoyer nos autoroutes du carnage. Il prend en compte les serrures dont nous équipons nos portes et les prisons où nous enfermons ceux qui les forcent. Il prend en compte la destruction de nos séquoias et la perte de nos merveilles naturelles provoquée par une urbanisation incontrôlée. Il prend en compte le napalm, le coût d'une ogive nucléaire et celui des voitures blindées des policiers qui combattent les émeutes dans nos rues[75]. »

L'Amérique doit entreprendre une remise en cause tout aussi déchirante d'un certain nombre d'idées reçues. Il faut passer d'une culture d'entreprise obnubilée par les résultats financiers à une approche de type « *triple bottom-line* » ou « triple bilan* », qui exige des entreprises qu'elles ne s'intéressent pas seulement à leurs actionnaires, mais à leurs autres partenaires, ceux qui n'ont peut-être pas investi d'argent dans l'entreprise, mais qui possèdent un investissement de fait dans l'air qu'ils respirent, la nourriture qu'ils consomment et les communautés dans lesquelles ils vivent.

Nous ne pouvons pas nous contenter de réorganiser le casino de Wall Street. Il faut décider collectivement de redevenir un pays qui accorde la priorité à la classe moyenne et qui s'attache à obtenir un effet de ruissellement vers le haut, et non vers le bas : la richesse et l'activité de la base contribuant à celles du sommet, et non l'inverse.

L'AMÉRIQUE QUI TOMBE NE SERA PAS TÉLÉVISÉE... ELLE SERA BLOGUÉE, TWITTÉE ET TÉLÉCHARGÉE SUR YOUTUBE

Nos pères fondateurs avaient une bonne raison de garantir la liberté de la presse dans le tout premier amendement. Comme nous l'avons vu et revu, les gouvernements, ainsi que les grandes entreprises et les banques de Wall Street, sont sujets à la corruption. Et, quand la corruption a métastasé et a envahi les sys-

* Ce « triple bilan » ne prend pas seulement en compte le résultat financier d'une entreprise, mais son bilan social et environnemental.

tèmes politique et financier, une presse opiniâtre et indépendante devient plus indispensable que jamais.

Comme l'a écrit le juge Potter Stewart à propos des Pentagon Papers* : « Sans presse informée et libre, il ne peut y avoir de population éclairée[76]. » Il aurait pu préciser qu'il faisait allusion à une presse qui ne couche pas avec le gouvernement qu'elle est censée surveiller. Au cours des vingt dernières années, les membres des médias n'ont que trop souvent compromis leur indépendance en échange d'un accès illimité aux allées du pouvoir.

N'oubliez pas : à de rares et méritoires exceptions près, les médias ont failli à leur mission d'information du public en faisant l'impasse sur les deux plus grands sujets de notre temps : ce qui a mené à la guerre en Irak et la crise financière. Dans un cas comme dans l'autre, de nombreuses personnes ont parfaitement compris ce qui se passait, ont même prévu ce qui allait arriver et ont tiré la sonnette d'alarme, mais leurs mises en garde ont été noyées sous le martèlement ininterrompu des journalistes qui marchaient au pas. Ce qui explique la pléthore d'autopsies de ce qui avait mal tourné et l'insuffisance de biopsies de ce qui était sur le point de mal tourner.

Les médias ont également une tendance irrésistible à s'intéresser à ce que Bill Maher appelle des « objets brillants, étincelants[77] », détournant ainsi l'attention du public des vrais sujets d'actualité. Ces affaires sans

* Il s'agit de documents top secret sur le rôle politique et militaire des États-Unis au Vietnam de 1945 à 1971 qui, à la suite d'une fuite, ont été publiés par le *New York Times* en 1971.

intérêt nous distraient d'histoires plus complexes à raconter, telles que les causes de la crise financière ou les vraies raisons pour lesquelles le Congrès ne réforme pas Wall Street.

Nous en avons eu un exemple l'année dernière avec la couverture médiatique fébrile et continue de la non-histoire du « *Balloon Boy* », ce petit garçon qu'on a cru prisonnier d'un ballon expérimental : même après qu'on a su que le ballon était vide, les médias n'ont pas lâché l'affaire pendant plusieurs jours, toutes les chaînes de télévision exprimant leur profonde inquiétude pour l'« *Attic Boy* » (le garçon du grenier, un surnom bien plus pertinent puisqu'il n'avait jamais mis les pieds dans le fameux ballon).

Qui aurait pu se douter que les médias se souciaient autant du bien-être des enfants ? En vérité, leur sollicitude dépend beaucoup des circonstances. Pourquoi toute cette compassion pour le « *Balloon Boy* », et si peu pour les centaines de milliers d'enfants frappés par la crise financière et par le cercle vicieux qui entraîne vers le bas la vie de leurs familles ?

Et si nous redirigions une partie de cette compassion au profit des 1,5 million d'enfants sans abri[78], ou des 51 % d'enfants de moins de six ans sans abri[79] ? Et si nous accordions un peu plus d'attention à l'augmentation de 75 à 100 % du nombre d'enfants qui viennent de perdre leur maison à cause de la crise des saisies[80] ? ou aux 14 millions d'enfants américains qui vivent dans la pauvreté[81] ?

Si nous voulons enrayer la chute de l'Amérique, il faut que les médias se concentrent sur leur rôle d'observateurs et d'informateurs, qu'ils mettent nos dirigeants sur la sellette et tiennent un discours de vérité à ceux qui exercent du pouvoir. Des articles ou des émissions qui mettent des visages sur les chiffres créent des liens et braquent le projecteur sur les effets que les lois imposées par les lobbyistes exercent sur la vie quotidienne des familles de la classe moyenne.

« Les gens œuvrent pour la justice quand ils sont émus par des vies et des situations précises qui développent leur faculté d'empathie, leur aptitude à se mettre à la place des autres, explique Paul Loeb, auteur de *Soul of a Citizen*, qui se consacre depuis quarante ans aux mouvements citoyens. Des informations nouvelles – le pourcentage de gens au chômage ou d'enfants vivant sous le seuil de pauvreté, les chiffres qui se cachent derrière les coûts d'assurance-maladie records de l'Amérique, l'augmentation annuelle des gaz à effet de serre à l'échelle de la planète – peuvent nous aider à appréhender l'envergure de nos problèmes communs et à élaborer des réactions appropriées. Mais l'information ne peut à elle seule produire le lien organique qui attache une personne à une autre ou qui nous émeut suffisamment pour nous pousser à l'action. Des articles ou des émissions convaincants peuvent nous inciter à franchir les barrières de nos univers isolés[82]. »

Heureusement, grâce au développement des sources d'information en ligne, des nouveaux réseaux sociaux comme Twitter et Facebook, à la diminution du format et du prix des téléphones portables qui font en même temps office d'appareils photo et de caméra, chacun d'entre nous peut désormais se comporter en journaliste. Aussi le journalisme citoyen s'impose-t-il rapidement comme un outil d'information extrêmement précieux.

Rien n'a démontré plus clairement le pouvoir du journalisme citoyen que le soulèvement de 2009 en Iran. Les gens qui échangeaient sur Twitter des informations sur les manifestations et téléchargeaient des vidéos des violences prises avec des téléphones portables ont pu raconter ce qui se passait, en temps réel, alors que les médias officiels, étroitement contrôlés, étaient incapables de travailler avec la même rapidité et la même précision.

Le journalisme citoyen fonctionne particulièrement bien quand il comble un vide, qu'il traite d'un événement que les journalistes traditionnels ne sont pas autorisés à couvrir ou qu'ils ont négligé ou lorsqu'il déniche une petite histoire riche de sens qui se passe juste au coin de la rue. Les gens font preuve d'une créativité croissante pour dénicher ces faits et relater ces histoires.

Les nouveaux médias et le journalisme citoyen reprennent à leur compte la mission de témoignage des journalistes traditionnels et l'élargissent au-delà de la petite élite qu'ils constituent, empêchant largement celle-ci de déformer la réalité comme elle l'a fait si souvent.

Notre chute ne sera peut-être pas télévisée… mais elle sera bloguée, twittée, mise sur Facebook, retransmise par téléphone portable et téléchargée sur YouTube. Et en la mettant ainsi sous le feu des projecteurs peut-être réussirons-nous à l'éviter.

II
Au niveau personnel : regardez-vous dans la glace

C'est indéniable : les temps sont durs. Ce qui paraît normal de nos jours, c'est le coup de poing dans l'estomac, la gifle en travers de la figure et le seau d'eau glacée sur la tête. C'est un frisson qui parcourt notre colonne vertébrale nationale.

La question est la suivante : qu'allons-nous faire pour y remédier ? Allons-nous éteindre toutes les lampes, nous rouler en boule et nous coller sur le front une étiquette « Victime » ? Ou allons-nous parer les coups, prendre une profonde inspiration, retrousser nos manches et retourner dans l'arène ?

Allons-nous nous vautrer dans le désespoir ou la colère en constatant que le rêve américain s'est évanoui ?

Le préambule à la Constitution américaine commence par ces mots : « *We the People* », « Nous, le Peuple ». Jamais encore nous n'avons eu autant besoin de la participation active de chacun d'entre nous.

Chaque jour qui passe nous en fait prendre conscience : nous ne pouvons pas compter sur le seul gouvernement pour redresser la situation. Il faut, bien sûr, que nos dirigeants s'attaquent aux problèmes qui figurent sur la liste intitulée « Comment éviter la chute de l'Amérique ». Mais nous ne sauverons pas la classe moyenne, et l'Amérique ne conservera pas son rang de nation du premier monde sans que chacun d'entre nous s'engage et agisse à son niveau, sans que chacun apporte sa contribution. Nous ne pouvons pas rester sur la touche et nous plaindre. Tout dépend de nous, Nous, le Peuple.

Le *leadership* impose, après tout, de rompre avec les anciens paradigmes, de repérer l'ornière où est coincée la société et de proposer des moyens de l'en sortir. Or, à l'heure qu'il est, l'ornière la plus profonde, le goulet d'étranglement majeur qui nous empêche d'affronter les problèmes comme il le faudrait se trouve à Washington même. Aussi la responsabilité de nous sortir de là incombera-t-elle de plus en plus à ceux qui se trouvent loin du centre de pouvoir. Pour apprendre à exploiter les ressources de *leadership* des Américains ordinaires, il faut cesser de compter aveuglément sur les autorités élues pour résoudre nos problèmes. Inutile de gouverner de grandes nations ou de commander d'immenses armées pour changer les choses. En regardant le leader qui nous contemple dans la glace, nous ne faisons qu'obéir à l'envie très américaine de prendre les choses en main et d'agir.

Tip O'Neill disait : « Toute politique est locale[83]. » Et, pour finir, toute solution à un problème est personnelle. Il faut donc nous poser cette question : qu'allons-nous faire pour nous aider nous-mêmes et pour nous aider les uns les autres ?

Déplacer son argent est un premier pas.

ROMPRE AVEC SA GRANDE BANQUE

Cela a été une illumination. Nous nous étions réunis à quelques-uns, l'économiste Rob Johnson, la politologue Alexis McGill, le réalisateur Eugene Jarecki, Nick Penniman, de l'Investigative Fund du Huffington Post, et moi. Tout en dînant, nous évoquions le gouffre immense et de plus en plus large qui séparait Wall Street de Main Street ainsi que le comportement scandaleux des mégabanques américaines, l'impudence avec laquelle elles s'étaient fait renflouer avec notre argent mais avaient accordé de moins en moins de prêts, s'étaient versé des primes records et n'avaient renoncé à aucune des pratiques cupides, abusives et impitoyables qui leur ont fait gagner des milliards. Notre colère grandissait.

Et la lumière fut : pourquoi ne pas retirer notre argent de ces grandes banques pour le déposer dans des banques communautaires et des établissements de crédit coopératif ? Et pourquoi ne pas encourager tous les Américains à en faire autant ?

L'idée était fort simple : si un nombre suffisant de clients d'une des six grandes banques d'investissement (JPMorgan Chase, Citigroup, Bank of America, Wells Fargo, Goldman Sachs et Morgan Stanley) reprenaient leur argent et le transféraient dans des banques communautaires et des établissements de crédit coopératif plus modestes, plus locaux, plus traditionnels, nous aurions accompli collectivement, en tant qu'individus, un grand pas en avant dans la transformation de notre système financier, transformation destinée à lui redonner le rôle qui devrait être le sien, celui de moteur productif et stable de la croissance[84]. Dans la mesure où le montant des dépôts bancaires assurés est le même dans les petites banques que dans les grandes – jusqu'à 250 000 dollars –, l'opération est sans risque[85]. Si nous n'avons peut-être pas le pouvoir de réformer le système à nous seuls, nous avons celui de retirer notre argent des banques qui ont ébranlé notre économie et de le déposer dans les établissements plus responsables qui contribuent à la reconstruire. Inutile d'attendre que Washington agisse. Nous pouvons contourner intégralement l'écosystème fermé des lobbyistes et des hommes politiques.

Nous avons lancé la campagne Move Your Money, « Déplacez votre argent », sur le Huffington Post à la fin de 2009, et elle a pris comme une traînée de poudre[86]. La vidéo qu'a tournée Eugene Jarecki (rivalisant avec *It's a Wonderful Life*, ce grand classique du cinéma où le banquier local, George Bailey, aide la population de Bedford Falls à échapper aux griffes de M. Potter, banquier rapace et prédateur) a connu un succès vertigineux. Bill Maher a expliqué que déplacer son argent, c'était mettre fin à « une relation abusive et sans amour avec sa grande banque[87] ». Les médias ont abondamment relayé cette initiative. Chris Whalen et Dennis Santiago, d'excellents analystes financiers, ont créé un outil permettant aux gens d'entrer simplement leur code postal et d'obtenir rapidement une liste des petites banques et des établissements de crédit sûrs à proximité de chez eux. Près de 2 millions de personnes, originaires de toutes les régions du pays, ont ainsi décidé de transférer leur argent, soit plus de 5 milliards de dollars pour le premier trimestre de 2010, comme l'ont fait un nombre croissant de villes, d'États et de grands fonds de pension[88].

L'idée n'est ni libérale ni conservatrice (c'est du populisme productif sous son meilleur jour) et elle a été adoptée par des gens de tous bords politiques, écœurés par les mégabanques et qui ont envie d'agir.

Les grandes banques sont peut-être toujours « trop grandes pour faire faillite », mais elles ne sont pas trop grandes pour éprouver l'impact de plusieurs centaines de milliers de clients décidés à changer un système financier et politique détraqué. Le tout sans avoir besoin d'attendre que Washington se bouge.

Des personnes de tous horizons nous ont confié qu'elles s'étaient senties beaucoup plus fortes grâce au petit geste consistant à déplacer leur argent. L'une d'elles, H. Lee Grove, nous a écrit : « Merci infiniment. J'étais tellement déprimé par l'apathie dans laquelle m'avait plongé le fait de voir le fort casser la figure au faible sans rien pouvoir faire qu'il m'arrivait de ne plus quitter mon lit de la journée. Je suis allé déposer mon argent dans un crédit coopératif et je suis en pleine forme[89]. »

TOUT LE MONDE SAIT QUE LES DÉS SONT PIPÉS... ALORS CHANGEZ LE JEU

Leonard Cohen a écrit son grand succès *Everybody Knows* à la fin des années 1980, mais cette chanson ne saurait être plus à propos :

Tout le monde sait que les dés sont pipés
Tout le monde roule les doigts croisés
Tout le monde sait que la guerre est finie
Tout le monde sait que les bons ont perdu
Tout le monde sait que le combat était truqué
Les pauvres restent pauvres, les riches s'enrichissent
Voilà comment ça se passe
Tout le monde le sait.

Savoir qu'aux États-Unis, quand il s'agit de progresser socialement, les dés sont pipés, savoir qu'il est de plus en plus difficile de se préserver et de préserver sa famille des conséquences de notre politique fourvoyée alimente la colère, le ressentiment, le cynisme et le désespoir d'un bout à l'autre du pays. Mais si nous voulons changer ce jeu truqué, il faut commencer par sortir du cercle vicieux du désespoir. Le meilleur antidote à la déprime, c'est l'action. Le mouvement « Déplacez votre argent » en offre un exemple.

Un autre consiste à se défendre énergiquement contre le comportement prédateur d'hommes d'affaires sans scrupule – plus particulièrement les banquiers, les établissements de prêts immobiliers et les sociétés de cartes de crédit. Il faut pour cela rivaliser d'intelligence et faire preuve d'une grande vigilance à l'égard des sociétés auxquelles nous confions nos intérêts. S'agissant des cartes de crédit, choisissez une société émettrice, un établissement de crédit coopératif par exemple, qui ne consacre pas le plus clair de son temps à imaginer comment vous extorquer un taux d'intérêt de 30 % ou vous imposer toutes sortes de frais et de pénalités qui viendront gonfler son chiffre d'affaires.

Les crédits coopératifs qui s'adressent aux particuliers n'appartiennent pas à des actionnaires qui recherchent un profit trimestriel maximal, mais à leurs membres, en quête de stabilité et de service[90]. N'ayant pas pour objectif de maximiser leur profit à court terme, les sociétés de crédit coopératif ont, dans l'ensemble, évité les prêts hypothécaires à risque[91]. Près de 90 millions d'Américains ont fait confiance aux sociétés de crédit coopératif, lesquelles proposent généralement des frais moins élevés et des taux d'intérêt plus intéressants sur l'épargne[92].

Près de 70 % des hypothèques des crédits coopératifs sont détenues par les sociétés de crédit elles-mêmes[93], au lieu d'être saucissonnées et revendues sur des marchés secondaires pour permettre aux joueurs du casino de Wall Street de prendre leurs paris (à l'exception des sociétés de crédit coopératif qui s'adressent aux entreprises et qui ont commencé à se conduire comme des banques d'investissement, plongeant tête la première dans le marché des titres toxiques)[94].

« Une société de crédit coopératif m'a sauvé de Bank of America, a écrit Joe McKesson sur le Huffington Post. Bank of America réussissait à me piquer tous les jours un peu d'argent ; mes frais quotidiens allaient de

25 cents à 35 dollars. Quand je suis passé au crédit coopératif, les choses sont redevenues transparentes. Je me réveillais le matin avec sur mon compte le même montant que la veille au soir… Le pillage était fini. Je ne ferai plus jamais confiance à une grande banque[95]. »

« Tout ce que je peux dire, c'est que rien ne surpasse l'attention personnelle que vous accorde une société de crédit coopératif, a écrit Consuelo Flores. C'est le “Cheers' Bar*”, tout le monde vous connaît par votre nom[96]. »

À dix-neuf ans, la fille de Deborah Bohn, qui n'avait pourtant jamais connu de problèmes d'endettement, n'arrivait pas à obtenir un prêt pour acheter une voiture, malgré un apport initial de 50 %. « Notre société de crédit coopératif lui a permis de le faire[97] », a écrit Mme Bohn.

La vérité est que, à l'heure actuelle, tous les ans, plusieurs millions de personnes perdent inutilement de l'argent au profit des banquiers et autres prêteurs. Cette situation est due, en partie, au fait que seuls 20 % des ménages peuvent se payer des conseils financiers de qualité[98]. Mais il existe de nouveaux outils technologiques susceptibles d'y remédier.

Prenons l'exemple de HelloWallet.com, une start-up qui, moyennant une somme modique, fait fonction de gestionnaire financier personnel en ligne, définissant

* Allusion à une série télévisée américaine, *Cheers*, diffusée à la fin des années 1980 et qui se déroulait à Boston, au « Cheers' Bar », un bar de quartier où, comme le disait la chanson du générique, « tout le monde vous connaît par votre nom ».

les possibilités d'épargne de ses utilisateurs et les avertissant des menaces qui pèsent sur leur santé financière avant qu'elles ne se transforment en catastrophes économiques[99]. Lancée en 2009 grâce à une subvention de la fondation Rockefeller et avec le soutien de Bill Clinton, d'Ernst & Young et de dizaines d'organisations à but non lucratif à travers tout le pays, HelloWallet offre à l'Amérique un service qui n'existait pas jusque-là : des conseils financiers à un prix abordable.

Le site repérera automatiquement les meilleurs tarifs de différents produits financiers, comme les prêts hypothécaires et les cartes de crédit, et vous préviendra dès que votre banque cherchera à augmenter vos taux d'intérêt ou à vous réclamer des frais. Il facilite également la création et la tenue de votre budget : il centralise tous vos comptes, ventile vos dépenses par catégories et vous présente une répartition de vos postes de dépense[100].

Mais, surtout, comme ce site est indépendant des banques, il peut vous épargner un certain nombre de frais et vous conseiller objectivement sur la manière de tirer le meilleur parti de votre argent[101]. C'est ainsi que HelloWallet a pu obtenir que, pour la première fois depuis longtemps, les banques recommencent à travailler dans l'intérêt de leurs clients, faisant économiser au public des milliards de dollars par an.

Un autre outil en ligne tout à fait intéressant est Mint.com[102], un service gratuit qui vous permet de centraliser en toute sécurité vos comptes de cartes de crédit, vos emprunts, vos comptes en banque et votre épargne-retraite afin de disposer d'une vision d'ensemble de vos finances. Ce site vous permet aussi d'établir votre budget grâce à des dispositifs qui ventilent vos dépenses en différentes catégories, il vous aide à planifier le meilleur remboursement de vos dettes et peut vous envoyer des avertissements quand le solde de vos comptes baisse, ou qu'il est temps de régler certaines factures.

Si, en fin d'année, vous obtenez un remboursement d'impôt, vous pouvez demander à faire diminuer vos prélèvements à la source et utiliser ces liquidités supplémentaires pour rembourser vos dettes au lieu de laisser cet argent entre les mains du gouvernement qui ne vous verse pas d'intérêts. Il est utile par ailleurs de surveiller votre degré de solvabilité et votre cote de crédit, qui peuvent déterminer le taux d'intérêt qu'on vous proposera[103]. À propos, commencez à prendre l'habitude d'économiser, ne serait-ce qu'une petite somme chaque mois.

En avril 2010, le président Obama a fait une proclamation dans le cadre du National Financial Literacy Month – le mois national de l'éducation financière. « Si notre gouvernement a un rôle majeur à jouer pour protéger les consommateurs et promouvoir l'éducation financière, disait ce texte, il incombe à chacun d'entre nous de comprendre les concepts fondamentaux : comment équilibrer ses comptes, mettre de l'argent de côté pour financer les études d'un enfant, éviter les pratiques et les produits financiers à risque, préparer sa retraite et éviter d'accumuler des dettes excessives[104]. »

Il aurait peut-être dû ajouter à ces conseils pratiques et à ces avertissements : « Et ne l'oubliez jamais : ceux que vous considérez comme des “prestataires de services” cherchent à vous rouler. Ils peuvent avoir l'air aimables, mais ce ne sont pas vos amis. Ils espèrent vous entraîner, vous et votre famille, dans un cycle infernal d'endettement. C'est un combat financier. Si vous voulez survivre, vous et vos proches, vous seriez bien avisés d'apprendre à repérer les mines enterrées au milieu de vos contrats de crédit immobilier et de cartes de crédit, et à vous prémunir contre le danger. »

JE PRENDS DES COUPS... MAIS JE ME RELÈVE

Dans le courant de cette année, je suis tombée sur un article énumérant « Dix nouvelles règles pour une nouvelle économie » publié dans *Consumer Reports.* Les sept premières reprenaient les habituelles ficelles sur la gestion des finances personnelles, du genre « sachez évaluer les risques » et « contrôlez vos dépenses ». Mais je dois dire que j'étais loin de m'attendre aux trois dernières de ces règles. Les voici :

> 8. Restez en bonne santé. Le meilleur placement à vous conseiller est d'investir dans votre santé.
> 9. Ne stressez pas. Oubliez votre « relation » avec l'argent. Ce n'est qu'un instrument.
> 10. Continuez à aller de l'avant… ne tenez compte que de ce que vous pouvez gagner ou perdre en avançant, et pas de ce que vous avez perdu[105].

Ou, comme le dit Suze Orman : « *No Blame, No Shame*, aucune faute, aucune honte… La première étape, et la plus difficile, consiste à vous détacher, vous et votre conjoint ou partenaire, de tout sentiment de culpabilité… Les erreurs financières que vous pensez peut-être avoir commises, les démarches que vous regrettez d'avoir faites ou de n'avoir pas faites, sont hors de propos[106]. » Ce n'est pas le genre de recommandation que vous donne habituellement un conseiller financier, mais elle met dans le mille. Pour franchir cette passe difficile, il est essentiel de se concentrer sur les aspects profondément personnels des « finances personnelles ».

Karen Reivich et Andrew Shatté, auteurs de *The Resilience Factor*, ont défini la résilience comme l'aptitude à faire face aux aléas de la vie : « Le point où vous vous situez sur la courbe de résilience, vos réserves naturelles de résilience, a une incidence sur vos résultats scolaires et professionnels, sur votre santé physique, votre santé mentale et la qualité de vos relations… Nous connaissons tous des personnes résilientes. Elles nous inspirent. Elles ont l'air de continuer à s'élever malgré les épreuves et les traumatismes qu'elles affrontent… Les gens résilients comprennent qu'un échec n'est pas définitif. Ils n'éprouvent pas de honte à ne pas réussir. Au contraire, les gens résilients sont capables de trouver du sens dans l'échec et se servent de cette connaissance pour grimper plus haut qu'ils ne le feraient autrement. […] Les gens résilients, poursuivent-ils, ont trouvé un système – parce que c'est un système – pour se pousser à agir et pour s'attaquer aux problèmes de façon réfléchie, exhaustive et énergique. Les gens résilients éprouvent de l'angoisse et des doutes, comme tout le monde, mais ils ont appris à empêcher leur angoisse et leurs doutes de les paralyser. Nous les voyons faire face à la menace avec intégrité et grâce, et nous nous demandons : “Pourrais-je en faire autant[107] ?” »

Par bonheur, la résilience, comme l’intrépidité, est un muscle qui se travaille. Plus nous nous en servons, plus elle se renforce, et, en définitive, notre capacité à faire face à l’adversité dépend de la façon dont nous avons développé cette force intérieure.

Dominique Browning, qui a perdu son poste de rédactrice en chef de *House and Garden*, décrit les longs mois qui ont suivi le bouleversement de sa carrière. « Sur le plan personnel, j’étais en chute libre, complètement anéantie. Mon cauchemar avait fini par se réaliser. Cela faisait des années que l’idée du chômage me terrifiait, une peur qui dépassait largement la simple inquiétude des factures à payer. J’aimerais pouvoir dire que cela tenait à l’insécurité intrinsèque de la publication d’une revue, mais mon angoisse se rattachait surtout à mes propres névroses. Évidemment, je ne voyais pas les choses sous cet angle. Le travail était devenu l’ossature même de ma vie. Je m’appuyais sur lui. Il préservait mon équilibre mental, maintenait la façade intacte. Je m’étais toujours dit que, si je n’avais pas de travail, je sombrerais dans une torpeur abjecte[108]. »

Effectivement, après son licenciement, elle a traversé « plusieurs mois de léthargie et de dépression[109] ». Mais, peu à peu, elle a commencé à faire des promenades quotidiennes, marchant parfois des kilomètres, tout en s’admonestant : « Il faut que je me bouge. Ce n’est pas parce que quelque chose a raté que je suis une ratée. Ce n’est pas parce que quelque chose a pris fin que tout ce que j’ai réalisé était une erreur. Ce n’est pas parce que j’ai été rejetée que je suis nulle et qu’on ne peut pas m'aimer. Ça vous rappelle quelque chose ? Certainement, si vous ou un de vos proches avez vécu l'épreuve d'un divorce. Je m'en étais relevée bien des années auparavant. J'avais l'impression que c'était pareil. En pis. Un divorce, on le choisit. Le chômage, c'est lui qui vous choisit[110]. »

Il va de soi que la foi aide les gens à trouver la résilience nécessaire pour franchir des périodes difficiles. Mais c'est aussi vrai de choses toutes simples, apprendre à réduire le stress en se déconnectant et en rechargeant ses batteries, par exemple en dormant suffisamment et en allant se promener tous les jours tout en se sermonnant, comme l'a fait Browning.

Elle est finalement arrivée à remonter la pente. « J'ai horreur des gens qui voient toujours le bon côté des choses ou, pis, qui prétendent que des fenêtres s'ouvrent au moment où les portes se claquent », dit-elle, mais, le temps passant, elle a eu l'impression d'avoir pris un nouvel ancrage, d'avoir fait pousser une racine plus solide « qui s'enfonce plus profondément dans la terre nourricière. Je suis plus résiliente. Si je devais en donner une définition, je dirais que je me sens enfin ouverte au miracle de ce monde »[111].

Jim Laman, de Holland, dans le Michigan, offre une autre illustration de l'efficacité avec laquelle la résilience peut vous aider à franchir une étape difficile. Il avait travaillé vingt et un ans chez Herman Miller, un fabricant de meubles, lorsqu'il a été victime d'une « restructuration » à la suite de la chute verticale de l'économie qui a suivi le 11-Septembre. Après avoir retrouvé un emploi dans une entreprise de plus petites dimensions, il l'a perdu subitement en 2006 au cours d'un licenciement massif. « Il n'y a eu aucun avertissement, rien, dit-il. Mes allocations ont pris fin cette nuit-là à minuit, en même temps que mon salaire. J'étais effondré. Je ne l'avais vraiment pas vu venir. Ils ne m'ont même pas versé la prime qu'ils me devaient pour l'année en cours. Ça m'a longtemps rendu amer et ça me tracasse encore, parce que c'était une boîte qui se prétendait très "familiale" d'esprit. Ils auraient dû préciser "sans garantie" ! »

Laman a décroché un nouvel emploi, chez un fabricant de transmissions de camions dans le sud-ouest du Michigan, cette fois. C'était à cent kilomètres de chez lui, mais il a réduit sa facture de carburant en prenant sa moto, même par mauvais temps, ce qui lui a permis d'économiser près de 60 dollars par semaine. Puis, en novembre 2008, quand l'économie a subi le contrecoup de la crise financière, son entreprise a envoyé une série de lettres de licenciement. Une fois de plus, avec un préavis de vingt-quatre heures et à un mois de Noël, il s'est retrouvé au chômage.

« Ça n'a pas été un très joyeux Noël, raconte-t-il, mais on a quand même eu quelques cadeaux pour les gosses et un sapin gratuit. Je me suis mis à vendre des trucs sur eBay pour joindre les deux bouts, et je continue à le faire de temps en temps. Le mobilier d'Herman Miller est très coté, alors on a vendu quelques meubles, et je me suis défait d'une Saab classic et des pièces détachées que j'avais accumulées pour cette voiture au fil des ans. En un an, j'ai vendu pour près de cinq mille dollars sur eBay, et ça nous a beaucoup aidés. Entre-temps, nouveau coup dur : la mission d'intérim de ma femme chez Herman Miller a pris fin.

À ce moment-là, nous avons eu très peur de perdre notre maison et mes parents nous ont un peu aidés. J'étais tellement stressé que, franchement, certains jours je me demandais si je tiendrais encore longtemps. Les allocations de chômage et le reste de notre épargne-retraite nous ont permis de ne pas sombrer complètement. J'ai essayé de vendre mon sang, de trouver du travail à l'usine, de faire des petits boulots, n'importe quoi pour gagner quelques sous… Sans trouver preneur. »

Il a rempli presque cinq cents demandes d'emploi. Aux abois, Laman a élargi ses recherches, d'abord à l'Indiana, puis jusqu'à Chicago où il a fini par obtenir une proposition à la mi-mars 2009. Il a accepté cet emploi et le bouleversement de son existence que cela imposait.

« Peu après, j'ai trouvé une chambre à louer à Evanston, à une dizaine de kilomètres au nord de mon lieu de travail. J'y loge toujours. Je rentre dans le Michigan tous les vendredis soir et je repars le dimanche en fin de journée. Évidemment, ça fait des week-ends plutôt courts, mais bon, on fait aller. Au début, les gens ont cru que ma femme et moi on était séparés ou qu'on divorçait. Pas du tout, on s'entend très bien. On vit dans des États différents, c'est tout. C'est un peu bizarre, c'est sûr, mais j'ai obtenu un forfait plus économique pour mon portable et, entre ça et les emails, on arrive à communiquer. De temps en temps, je suis aussi ce qui se passe sur Facebook ! Je crois que c'est une question d'attitude et de priorités : si vous adoptez une bonne attitude, il vous arrivera de bonnes choses. Voilà pourquoi je fais un tas de trucs que je n'aurais jamais faits avant, je fais du bénévolat dans ma boîte par exemple, je participe à un championnat de softball et j'explore la ville tout seul sur ma moto. Des trucs nouveaux, plutôt sympas. Des choses que je n'aurais jamais imaginé faire en 2006, quand j'ai perdu mon boulot. »

La résilience a conduit beaucoup de ceux que la récession a privés d'emploi à reprendre des études, ce qui explique que le nombre des inscriptions à l'université, surtout dans le premier cycle, ait connu une courbe ascendante parallèle à celle du chômage. Quand Patty C., chef de bureau dans une société d'assurance-maladie de Denver, dans le Colorado, a été licenciée en juin 2009, elle a profité de ses six mois de chômage pour passer de nouveaux certificats et est retournée sur les bancs de la fac pour obtenir un diplôme de gestion de l'information sur la santé. Perdre son emploi a permis à Patty de renforcer ses compétences et d'améliorer ses qualifications. « Nous avons passé notre vie au service des entreprises où nous étions employés, remarque-t-elle. Il est temps de nous recentrer sur nous-mêmes et de réfléchir à la prochaine étape de notre carrière. » Le chômage a aussi obligé Patty à réduire considérablement les dépenses familiales, ce qu'elle a fait en suivant les conseils de blogs consacrés aux offres à prix réduit et de sites Internet qui encouragent une baisse de la consommation. Elle a fini par décrocher un nouvel emploi de directrice d'opérations d'une organisation à but non lucratif. Malgré une baisse de salaire de 25 %, elle s'est dite « confiante dans l'avenir », persuadée de pouvoir s'en sortir avec moins d'argent et sûre que sa nouvelle formation lui « ouvrirait des portes fermées jusque-là ».

La crise financière a bien failli faire perdre à Lesa Deason Crowe, d'Oklahoma City, dans l'Oklahoma, l'agence de publicité dont elle est propriétaire et qui employait douze personnes. « Ç'a commencé avec les informations, raconte-t-elle. Tous les soirs, la télé diffusait un autre sujet sur la récession, la crise. C'était à l'automne de 2008. Les clients se sont mis à paniquer et à se préparer de façon proactive à la "catastrophe". Ils ont commencé notamment à "dégraisser" leurs budgets, c'est-à-dire, en ce qui me concernait, à renoncer à la publicité, au marketing et à tout le travail de relations publiques. J'ai touché le fond le jour où trois clients m'ont plaquée en même temps. Je suis arrivée à une réunion mensuelle, une réunion comme les autres, me disais-je, et, sans avoir le temps de dire ouf, je me suis retrouvée au tapis. Trois d'un coup. Nos deux plus gros clients, et le cinquième par ordre d'importance. Envolés. »

Elle a essayé de continuer à occuper ses employés qu'elle appréciait beaucoup, mais elle ne pouvait s'empêcher de s'inquiéter. Elle en perdait le sommeil. « Mon mari était en Irak, mon fils dormait, le ménage était fait et moi, j'étais là, réveillée, à regarder le plafond, incapable de fermer l'œil. Un truc pareil, ça vous obsède. Je m'inquiétais pour mes collaborateurs et aussi pour mes clients, parce que je tiens à eux, ce sont des amis. Je me faisais du souci pour les factures, pour ma boîte, pour tout, absolument tout. »

La situation a commencé à s'améliorer quand Lesa s'est inscrite aux activités du Women's Business Center des Rural Enterprises*. « Une des femmes de mon groupe de conseil s'est penchée vers moi et m'a tendu une carte de visite. "Tiens, ça, ça devrait être un super-client pour toi." Il se trouve qu'il est devenu mon plus gros client. » Peu après, ses anciens clients ont commencé à revenir progressivement. « Cela a pris presque un an, mais je les ai tous récupérés, sauf un. » Lesa affirme que c'est grâce au Women's Business Center et aux femmes qu'elle y a rencontrées qu'elle a pu conserver à la fois son agence et sa santé mentale.

Lesa trouve une source d'inspiration dans l'exemple de sa mère, qui a divorcé en 1964 avec quatre filles de moins de sept ans sur les bras. « Tous les jours, je voyais cette femme superbe, diplômée de l'université, accepter tous les boulots qui se présentaient, depuis des travaux de couture jusqu'à un emploi dans une usine de conserves. Elle disait souvent : "Comment est-ce que tu fais le ménage chez toi ? Tu prends une chose et tu la ranges. Tu en prends une autre et tu la ranges. Tu continues comme ça et, en peu de temps, ta maison est en ordre." C'est pareil dans le monde du travail. Nous sommes morts de trouille et nous restons là, les bras ballants, complètement découragés. Il faut redresser la tête et se dire : même si je ne fais qu'une toute petite chose, je continuerai à me battre et, au moins, j'aurai réalisé quelque chose aujourd'hui ! »

---

* Centre professionnel féminin de l'Association des entreprises rurales : il s'agit d'une association propre à l'Oklahoma qui aide les femmes à lancer ou à gérer de petites entreprises.

VOIR LE BON CÔTÉ DES CHOSES

« Aider les autres, ça vous aide. » Incroyable le nombre de fois où cette phrase apparaît dans les récits de résilience.

C'est un rebondissement qui ne va pas de soi : prendre ce qu'on possède en abondance quand on est sans emploi, à savoir du temps, et s'en servir pour aider les autres se révèle extrêmement gratifiant et stimulant. Dépasser un sentiment accablant d'impuissance pour améliorer la vie d'autrui – que ce soit en travaillant dans une banque alimentaire, en portant des repas aux personnes âgées ou en faisant de l'aide aux devoirs – peut transformer notre vécu des moments les plus angoissants de notre existence. En effet, les conséquences du chômage ne sont pas seulement économiques, elles sont également psychologiques. Et le poids psychologique devient beaucoup plus léger quand on cesse de se regarder le nombril et qu'on réussit à épauler ceux qui ont encore moins de chance que nous. Cela peut donner du sens à notre vie et une perspective d'avenir. Par ailleurs, les témoignages prouvent que se tourner vers les autres, leur tendre la main, cultiver le lien social, surtout dans les périodes difficiles, a toujours d'heureuses conséquences.

Prenons le cas d'Annette Arca, commerciale dans l'immobilier à Las Vegas. Après avoir perdu son emploi, elle s'est mise à consacrer une partie de son temps libre à des activités de bénévolat dans son quartier. Alors qu'elle n'arrivait même plus à faire face aux échéances du crédit de sa propre maison, elle s'est dit qu'il y avait des gens encore plus mal lotis qu'elle et qu'ils avaient besoin d'aide. Elle a donc consacré un certain nombre d'heures par semaine à la livraison de déjeuners dans des centres médicaux et à des activités avec des familles sans abri. « C'est une merveilleuse occasion de s'impliquer, d'aider les autres », a-t-elle déclaré dans le *Las Vegas Review Journal.* Mais le bénévolat a également apporté à Arca un objectif et un état d'esprit positif qui ont facilité sa recherche d'emploi. « Si je suis négative, rien de bon ne m'arrivera jamais[112] », dit-elle.

Voici aussi l'exemple de Seth Reams, qui a perdu son travail de concierge d'hôtel en décembre 2008. Il a abordé sa chasse à l'emploi avec énergie, transmettant son CV à plus de trois cents employeurs potentiels. Mais, devant la vanité de tous ses efforts, Reams a avoué à la station de radio KOMO de Seattle qu'il se sentait inutile ; c'est, a-t-il dit, « comme si je n'appartenais plus à la société, comme si je ne contribuais plus à l'entretien de [mon] ménage[113] ». Aux abois, il s'est creusé la tête avec sa compagne, Michelle King, qui travaillait comme analyste assistante d'administration dans une société d'assurance-maladie, pour trouver des moyens de rester productif tout en continuant à chercher un emploi. Ensemble, ils ont monté « *We've Got Time to Help* », « Nous avons du temps pour vous aider », un site en ligne destiné aux gens du coin qui disposent de temps libre – généralement des gens qui ont été licenciés – et ont envie d'apporter quelque chose à leur communauté de Portland, dans l'Oregon, où habitent Reams et King. Le premier projet de ce blog a consisté à aider une femme seule et enceinte, qui avait de surcroît trois frères et sœurs à sa charge, à déplacer les meubles à l'intérieur de sa maison. D'autres projets ont rapidement suivi : repeindre une pièce dans un foyer pour femmes maltraitées, donner des cours de conduite à des réfugiés, aider une famille dans le besoin à réparer le toit de sa maison. Seize mois après le lancement du site en janvier 2009, *We've Got Time to Help* rassemblait plus d'une centaine de bénévoles qui ont donné un coup de main à plusieurs centaines de personnes en difficulté.

« Les gens nous appellent et nous parlent de faim, de saisie immobilière, de perte d'emploi, de deuil, de difficultés de toutes sortes, ont écrit Reams et King sur leur blog en mai 2010. Mais la plupart n'ont pas perdu tout espoir. Ils espèrent que les choses vont changer. Que les temps seront bientôt moins durs. Que leur situation va s'améliorer. Que quelqu'un s'intéressera à eux. Et si l'un de ceux qui nous appellent donne l'impression d'avoir vraiment perdu tout espoir, nous essayons de lui en redonner un peu. Nous lui expliquons que nous ferons tout ce que nous pourrons pour l'aider. Que nous ne le laisserons pas tomber. Que nous serons à ses côtés au moment le plus difficile[114]. »

« La mesure ultime d'un homme ou d'une femme, a dit Martin Luther King, n'est pas son attitude dans le confort et l'aisance, mais dans la difficulté et le conflit[115]. »

LEÇONS DU FRONT

Au terme de plusieurs mois passés coincé avec une section de trente hommes dans la lointaine vallée de

Korengal, en Afghanistan, Sebastian Junger, à qui cette expérience a inspiré un livre intitulé *War*, affirme qu'il a constaté avec étonnement qu'après avoir vécu « la pire expérience qui soit » les soldats la regrettent souvent une fois rentrés chez eux. Ils n'ont pas besoin de leur dose d'adrénaline, explique-t-il. Non : ils sont devenus accros à l'amour fraternel. « Chaque gars de la section était indispensable à tous les autres et il me semble que cela crée une accoutumance bien plus forte que l'adrénaline, observe Junger. Dans un petit groupe, vous possédez une importance inaltérable que vous ne pouvez pas reproduire dans la société normale[116]. »

En réalité, nous *pouvons* reproduire cette « importance inaltérable » et ce caractère « indispensable » hors du champ de bataille. C'est même nécessaire. En des temps de danger mortel, les soldats éprouvent inconsciemment un sentiment d'objectif partagé, de solidarité et de proximité. À l'instant où j'écris ces lignes, les périls qui nous guettent ici, dans notre pays, ne sont évidemment pas aussi tangibles ni aussi mortels que ceux qu'affrontent nos soldats en Afghanistan. Personne ne nous tire dessus, et je n'ai pas la moindre intention d'établir un parallèle entre notre situation et les menaces létales qui pèsent quotidiennement sur les membres de nos forces armées. Néanmoins, l'Amérique compte 26 millions de gens au chômage ou sous-employés[117] ; plus de 4 % des salariés américains sont sans emploi depuis plus de six mois – un chiffre deux fois supérieur à celui de 1983 ; 46 % des chômeurs le sont depuis plus de six mois, 23 % depuis un an ou plus[118].

Et les rangs des « 99e » – le groupe de ceux qui sont sans emploi depuis quatre-vingt-dix-neuf semaines, durée après laquelle toutes les allocations de chômage sont supprimées – ne cessent de grossir[119]. Le Congrès ayant refusé de prolonger le versement des indemnités au-delà de ce terme, à la fin de l'année 2010 plus d'un million de personnes auront probablement épuisé toutes les possibilités d'allocations existantes. Ajoutons que le tiers des chômeurs américains ne touchent jamais d'aide financière quand ils perdent leur emploi ; ils n'ont pas droit aux indemnités de chômage[120].

Comme si la situation n'était pas déjà suffisamment grave, on observe une tendance croissante et inquiétante chez certains employeurs : des offres d'emploi qui interdisent explicitement aux chômeurs d'y postuler, avec des formules de ce genre : « Aucune candidature de chômeur ne sera examinée », « Emploi actuel exigé » ou : « Le client n'examinera pas la candidature et ne proposera pas d'entretien à ceux qui n'exercent PAS d'emploi actuellement, pour quelque raison que ce soit »[121].

« Dans l'économie d'aujourd'hui, où des millions de gens ont perdu leur emploi sans qu'ils y soient pour rien, je trouve plus qu'inadmissible qu'un employeur refuse d'examiner la candidature de chômeurs à des postes actuellement disponibles », a déclaré au Huffington Post Judy Conty, coordinatrice fédérale en faveur du projet de loi nationale sur l'emploi. « De plus en plus, les hommes et les décideurs politiques s'efforcent de rejeter sur les chômeurs la responsabilité de cette situation ; voir cette propagande honteuse déteindre sur les décisions d'embauche est franchement triste et méprisable. »

Ne vous y trompez pas : ce n'est pas une guerre militaire, c'est une guerre financière, et l'ennemi d'en face ne vous veut aucun bien. Les méchants ne tirent pas de balles ; ils tendent des pièges financiers. Les saisies se multiplient toujours. Les coûts de santé vont continuer à grimper en flèche, même pour ceux qui possèdent une assurance. Et le chômage de longue durée restera une réalité dans un avenir prévisible.

Les conséquences peuvent être incommensurables : une étude menée par des chercheurs de Yale a révélé que « des taux de chômage élevés augmentent la mortalité et des taux de chômage faibles la diminuent tout en accroissant le sentiment de bien-être au sein d'une communauté[122] ». Selon M. Harvey Brenner, un des auteurs de cette étude, la croissance économique est le principal facteur de l'espérance de vie. « L'emploi est l'élément essentiel du statut social et définit l'individu comme un membre de la société à part entière ; il a également des conséquences très importantes sur l'estime de soi, dit-il. Quand on les prive de cela, les gens deviennent sujets à la dépression, à des maladies cardio-vasculaires, au sida et à bien d'autres affections qui augmentent la mortalité. »

Comment nous protéger et protéger nos proches ? Comment recréer le sentiment d'« importance inaltérable » et le caractère « indispensable » que décrit Junger ? Comment créer à travers tout le pays nos propres groupes de frères et de sœurs qui nous donneront l'impression d'être indispensables et d'avoir un but dans la vie, et qui nous aideront à tenir tête à ces menaces ?

La vérité est que nous sommes programmés pour chercher à avoir une importance inaltérable. L'envie d'être indispensable est inscrite dans nos gènes. Il y a quinze ans, j'ai écrit un livre, *The Fourth Instinct* (« Le quatrième instinct »), traitant de cette pulsion qui nous pousse à dépasser notre instinct de survie, de reproduction et de pouvoir, et à élargir les limites de nos préoccupations au-delà de nos petites personnes pour englober le monde qui nous entoure : « L'appel au sentiment communautaire n'est pas une affirmation creuse de fraternité universelle. C'est l'appel de notre quatrième instinct à faire de la souffrance d'autrui la nôtre, à nous épanouir et à devenir véritablement nous-mêmes en donnant. Il ne s'agit pas d'un don froid et abstrait adressé à l'humanité en général et à aucun être humain en particulier. C'est un don concret, intime, tangible[123]. »

Voilà ce que regrettent les soldats, selon Junger, quand ils quittent le champ de bataille. Or nous pouvons créer ce sentiment de fraternité dans nos propres vies pour autant que nous décidions de le faire. En fait, c'est une nécessité, parce qu'il est bien difficile d'affronter seul les périls du nouveau paysage économique. Il faut que les moins menacés tendent la main à ceux qui sont déjà pris au piège. Quand ils racontent leur vie au front, les soldats parlent toujours de ceux qui s'y trouvaient avec eux – ce n'est pas un endroit où l'on a envie d'être seul. Ce n'est pas simplement que le nombre fait la force, c'est que tendre la main et créer du lien donne un but et un sens.

Comme le disait Pablo Neruda, « sentir l'intimité de frères est une chose merveilleuse dans la vie. Sentir l'amour de gens que nous aimons est un feu qui nourrit notre vie. Mais sentir l'affection de ceux que nous ne connaissons pas, d'inconnus qui veillent sur notre sommeil et sur notre solitude, sur nos dangers et nos faiblesses, c'est quelque chose d'encore plus grand et d'encore plus beau, car cela élargit les limites de notre être, et unit tous les êtres vivants[124] ».

LE BONHEUR DONT PARLAIT JEFFERSON N'ÉTAIT PAS CELUI DE LA CONSOMMATION

D'emblée, l'Amérique a été vouée à « la vie, la liberté et la recherche du bonheur ». Les hommes qui ont signé la Déclaration d'indépendance pensaient néanmoins que certaines vérités n'avaient pas à être prouvées : elles allaient de soi. Il allait de soi, par exemple, que le bonheur à rechercher n'était pas la frénésie du shopping, mais celui dont parle le Livre des proverbes : « Qui a pitié des humbles est heureux[125]. » C'est le bonheur que vous inspire le sentiment d'être bon en faisant le bien.

Or la braderie spirituelle des cinquante dernières années a trop souvent réduit le bonheur à une gratification immédiate. Nous le cherchons dans l'alcool qui nous fait traverser la vie en titubant ; nous le cherchons dans une malbouffe qui offre une mauvaise nourriture à notre corps. Nous croyons les publicités qui prétendent qu'il existe un remède à tous les maux et que le bonheur peut se trouver dans une gélule.

Confrontés à des temps difficiles, les Américains sont aujourd'hui de plus en plus nombreux à essayer de redonner à la recherche du bonheur une définition beaucoup plus proche de la conception originelle de Jefferson. Les trous qui ne cessent de s'élargir dans les mailles du filet de protection sociale de l'Amérique confèrent une valeur de plus en plus pressante à la notion d'entraide. Nous avons vu le peuple américain se mobiliser à maintes reprises en des temps de tragédie nationale – songez à l'afflux de dons et de bonnes volontés au lendemain de catastrophes comme l'ouragan Katrina, le tremblement de terre à Haïti ou les attentats du 11-Septembre. Au lendemain de ceux-ci, les Américains ont prouvé qu'ils étaient impatients d'œuvrer pour le bien commun, de répondre à l'appel d'un idéal plus pur. Nous avons vécu le meilleur des moments dans le pire des moments.

Le président Obama n'a pas à convaincre le peuple américain de la valeur de l'entraide ; ce qu'il faut, c'est qu'il trouve le moyen de canaliser cet instinct national dans un effort durable pour affronter les sombres jours que nous traversons. Il a prononcé les mots justes : « Quand vous servez, a-t-il déclaré lors d'un discours de remise des diplômes à l'université Notre-Dame, cela n'apporte pas seulement quelque chose à votre communauté, cela fait de vous un membre de cette communauté. Cela fait tomber des murs. Cela favorise la coopération. Et quand cela se produit, quand les gens oublient leurs différends, ne fût-ce qu'un moment, pour travailler dans un effort commun en vue d'un objectif commun, quand ils se battent ensemble, qu'ils se sacrifient ensemble et apprennent les uns des autres – alors, tout est possible[126]. »

Mais il faudra davantage qu'une belle rhétorique. Tous les présidents font l'apologie de l'entraide. Juste après le 11-Septembre, le président Bush a ainsi déclaré : « Nous avons beaucoup à faire, et beaucoup à demander au peuple américain[127]. » Un mois plus tard, il reprenait ce thème en disant simplement : « L'Amérique est le sacrifice[128]. » Il est vrai qu'au final son idée de sacrifice s'est résumée à consommer davantage, à aller à Disney World et à offrir des réductions fiscales aux Américains les plus fortunés[129].

Il reste au président Obama à traduire ses paroles en actes et à réaliser sa promesse d'imiter le Civilian Conservation Corps de Roosevelt, les Peace Corps de Kennedy et le Volunteers in Service to America (VISTA)*. Le rôle que le service peut – et doit – jouer pour s'attaquer aux besoins urgents de notre pays est d'une importance capitale pour les jeunes de notre nation, qui ont manifesté un tel enthousiasme pendant la campagne de 2008, mais qui vont avoir aujourd'hui de plus en plus de mal à trouver un emploi ou à pouvoir se permettre de poursuivre leurs études.

La demande des jeunes est en hausse. En 2009, par exemple, Teach for America a reçu 35 000 demandes

---

* Le CCC lancé par Roosevelt en 1933 était un programme destiné à de jeunes volontaires de dix-huit à vingt-cinq ans sans emploi et sans qualification, qui participaient à des travaux d'intérêt général rémunérés tout en bénéficiant d'une formation. Les Peace Corps créés par Kennedy en 1961 sont une organisation de coopération et d'aide aux pays en développement formée de jeunes volontaires américains. Quant au programme VISTA, lancé par Johnson en 1964, c'était une sorte d'équivalent des Peace Corps mais à vocation intérieure : lutter contre la pauvreté en Amérique et aider les plus défavorisés.

pour 4 100 postes[130]. En 2008, 75 000 membres d'Americorps* ont mobilisé et piloté 2,2 millions de bénévoles locaux[131]. Le *Serve America Act*, présenté par Ted Kennedy et Orrin Hatch, fera passer le nombre d'emplois de service à plein temps (sur le modèle de l'Americorps) de 75 000 à 250 000[132]. Ces embauches peuvent avoir un effet exponentiel sur le recrutement de bénévoles.

Le bilan des activités de service de nos seniors a également été remarquable. Près de 280 000 enfants ayant des besoins éducatifs spécifiques ont bénéficié en 2007 du tutorat de 30 000 membres de l'organisation « Foster Grandparents », « Grands-parents adoptifs »[133] ; 81 % des enfants aidés par cette association de grands-parents adoptifs ont vu leurs résultats scolaires s'améliorer, 90 % ont eu une meilleure image d'eux-mêmes et l'on a observé chez 59 % d'entre eux une réduction des comportements à risque[134]. Quant aux élèves qui ont travaillé avec un tuteur d'Experience Corps**, leurs compétences en lecture se sont améliorées de 60 % par rapport à celles de leurs camarades qui n'ont pas participé à ce programme[135]. Ces bénévoles utilisent leurs compétences au service

* Teach for America est un corps d'enseignants fraîchement diplômés qui s'engagent à travailler pendant deux ans dans des établissements et des quartiers défavorisés. Americorps est une agence fédérale indépendante placée au service de la collectivité ; elle recrute soixante-quinze mille bénévoles par an, qui obtiendront, en échange de leur engagement, différents avantages tels qu'une bourse d'études.

** Organisme de soutien scolaire rassemblant des bénévoles de plus de cinquante-cinq ans.

d'autrui, même lorsqu'ils connaissent eux-mêmes des difficultés économiques.

« À VOUS DE TROUVER VOTRE CALCUTTA »

Quand des gens proposaient à Mère Teresa de venir participer au « merveilleux travail » qu'elle accomplissait à Calcutta, elle leur répondait souvent : « À vous de trouver votre Calcutta »[136]. Autrement dit, occupez-vous de ceux qui sont dans le besoin là où vous vivez. Des milliers de personnes à travers l'Amérique ont obéi à cette injonction : ils ont trouvé leurs propres Calcutta.

Geoffrey Canada en offre un modèle exemplaire. Depuis qu'il est revenu à Harlem avec son diplôme de Harvard et sa ceinture noire troisième dan, il mène un combat contre la pauvreté, la drogue, les gangs et l'indifférence, immeuble après immeuble, enfant après enfant. Grâce à la Harlem Children's Zone, il a changé des vies tout en nous rappelant que nous avons, à bien trop d'égards, manqué à nos devoirs envers les enfants d'Amérique.

Cette association à but non lucratif s'occupe d'un quartier englobant quatre-vingt-dix-sept rues de Harlem, dispensant conseils et soutien personnel aux enfants qui y vivent. Aller voir ses réalisations, c'est passer d'une antenne de soins à une autre. Ses initiatives sont aussi diverses qu'une université des bébés (où l'on apprend aux parents qu'il est important de lire des histoires à leurs enfants et d'éviter les punitions corporelles), un centre d'aide technologique et un pôle pour l'emploi.

Soldat du front de la bataille pour sauver nos enfants, Canada déclare : « Le problème ne peut pas se régler de loin, par une campagne médiatique ou par d'autres solutions sans danger qui fonctionnent à distance. Le seul moyen de faire bouger les choses, c'est de faire venir des adultes bien formés et engagés au milieu de ce qu'il faut bien appeler les zones de tir libre de nos communautés les plus pauvres[137]. »

En 2004, il a lancé la Promise Academy, la *charter school* de la Children's Zone. Comme l'a rapporté *Metro*, « en 2007, 97 % de ses élèves de quatrième obtenaient des résultats conformes ou supérieurs au niveau normal de cette classe, contre seulement 46 % des élèves des écoles publiques du même secteur[138] ».

Canada a résumé sa philosophie du « Si ce n'est pas nous, ce sera qui ? Si ce n'est pas maintenant, ce sera quand ? » dans un poème qu'il a écrit après avoir vu le documentaire de David Guggenheim sur la faillite du système scolaire américain. Il l'a intitulé *En attendant qui*[139] *?*

Si vous me demandez où tout a foiré
Et pourquoi nous voyons aujourd'hui
Que la vie de certains enfants est détruite,
Tant de rêves brisés, mis au rebut,
Je vous raconterai une histoire si triste
Que peut-être vous ne la croirez pas.
Elle est vraie, elle est triste et terrible.
Une seule question se pose : que ferez-vous ?

ÉVITER LA CHUTE

Il paraît que ce n'est pas un crime,
Il paraît qu'il n'est pas illégal
De ne pas éduquer correctement des millions d'enfants
Sous prétexte qu'ils sont pauvres.
On peut les laisser tomber bon an mal an,
Personne ne s'en soucie.
Enfin, personne, sauf vous et moi,
Mais nous nous taisons, et l'injustice persiste.

En fait, il semble que les adultes aient le droit
D'être payés même quand ils font du mal.
Même s'ils ont giflé et insulté,
Et pincé ces petits bras.
Certains font encore pis, ne l'oubliez pas,
Ceux qui frappent, qui humilient et maltraitent,
Ils restent en place, on ne peut pas les renvoyer.
Mais dites-moi, qui soutient ce système ?

Je demande qui a créé ce système détraqué,
Où les enfants pauvres échouent depuis des dizaines d'années.
Pourquoi ne pouvons-nous pas remédier au dysfonctionnement
Qui conduit la plupart en prison après une scolarité manquée ?
Qui diable défend cette situation,
Alors que nous en avons la preuve sous le nez ?
Moi, je dis que trop c'est trop
Et j'espère pouvoir compter sur vous.

Nos enfants attendent quelqu'un,
Un héros prêt à se battre
Pour mettre fin à des décennies d'injustice,
Pour savoir et faire ce qui est juste.
Ce que je dis vous choque,
Mais c'est la vérité.
Le héros que nos enfants attendent,
Ce héros, c'est moi, c'est vous.

Susie Buffett a trouvé son Calcutta, elle aussi[140]. Sans quitter sa localité d'Omaha, dans le Nebraska, la fille de Warren Buffett a consacré sa Sherwood Foundation, du nom de la forêt de Robin des Bois, aux habitants de sa ville qui sont en difficulté. Travaillant dans le bâtiment même qui a abrité pendant plus de quarante ans la société de son père, Berkshire Hathaway, Susie Buffett a multiplié les initiatives et apporté beaucoup à la collectivité. Les exemples ne manquent pas : rénovation des quartiers, activités postscolaires pour les élèves, éducation financière ou programme de lutte contre la violence avec la participation d'anciens membres de gang qui retournent dans la rue discuter avec de jeunes délinquants. Sa fondation coopère aussi avec les écoles pour faire de la prévention contre la violence scolaire et le recrutement dans les gangs, et apporter des remèdes à ces problèmes.

Susie Buffett a commencé à travailler très jeune dans sa ville. « Nous nous sommes fait arrêter plusieurs fois par la police, ma mère et moi, raconte-t-elle, parce que nous circulions dans les cités alors que nous étions blanches. Dans les années 1960, j'étais bénévole Head Start* (ma mère a lancé Head Start à Omaha dans notre salon – ç'a été le deuxième site du pays) et, quand j'étais au lycée, je donnais des cours de couture dans les cités. »

La fondation de Susie Buffett collabore aussi étroitement avec les écoles publiques d'Omaha : elle met les

* Head Start est un programme fédéral d'aide aux enfants et aux familles à faibles revenus.

collections de livres à jour et améliore les bases de données en ligne de toutes les bibliothèques scolaires du district ; elle assure l'ouverture des bibliothèques scolaires pendant l'été ; elle accorde des subventions aux élèves de la cinquième à la troisième pour qu'ils s'inscrivent à des cours de vacances et permet à de nombreux professeurs de maths et d'anglais de développer leurs compétences en participant à des conférences et à des séminaires d'été.

Le Buffett Early Childhood Fund (« Fonds Buffett pour la petite enfance ») a pour principal objectif d'assurer « une plus grande égalité des chances entre tous les enfants à l'entrée en maternelle », et cherche à intégrer les cinq premières années de la vie dans les programmes d'éducation. « Quand mes parents ont créé trois fondations pour mes frères et moi à la fin de 1999, j'ai décidé de travailler avec les écoles publiques d'Omaha, m'a confié Buffett. Je suis allée voir le docteur Mackiel, le directeur, je lui ai dit que j'avais tant et tant d'argent et je lui ai demandé de réfléchir à ce qu'on pouvait en faire. Il m'a répondu : "Ne me le donnez pas. Trouvez qui fait le meilleur boulot dans le domaine de la petite enfance, et aidez les enfants les plus pauvres pour les préparer à l'entrée en maternelle." » C'est ainsi qu'est né Building Bright Futures (« Construire des avenirs radieux »), une association à but non lucratif qui s'efforce d'« améliorer les résultats scolaires, d'augmenter le taux de diplômés, de développer la responsabilité civique et communautaire et de veiller à ce que tous les élèves soient préparés à l'enseignement post-secondaire en développant des partenariats avec des structures existantes et en élaborant de nouveaux programmes concrets pour créer un vaste réseau de services communautaires ».

Tout en luttant pour que notre économie recommence à tourner à plein rendement, il faut veiller à ce que nos communautés tournent, elles aussi, à plein rendement. À plein rendement de don. À plein rendement de service. À plein rendement de compassion.

EMPATHIE POUR CEUX QUI SOUFFRENT

Dans *The Empathic Civilization* (« La civilisation de l'empathie »), Jeremy Rifkin définit l'empathie comme « la disposition d'un observateur à devenir partie intégrante de l'expérience d'autrui, à partager ce que cette expérience lui a fait éprouver[141] ».

Contrairement à la compassion, qui est passive, l'empathie est active, engagée et dynamique. Des recherches scientifiques récentes nous apprennent que l'empathie n'est pas un comportement aberrant qui se manifeste à chacun de nos passages épisodiques dans une banque alimentaire ou pendant un Téléthon larmoyant. Elle s'inscrit au contraire au plus profond de la nature humaine[142].

Depuis la crise, l'empathie joue un rôle accru dans notre vie. En fait, en cette période de difficultés économiques, d'instabilité politique et d'évolution technologique vertigineuse, l'empathie est *la* qualité dont nous avons le plus besoin pour assurer la prospérité du XXIe siècle. « Un individu, disait Martin Luther King, n'a pas commencé à vivre tant qu'il n'arrive pas à s'élever au-dessus des limites étroites de ses propres préoccupations individualistes pour accéder aux préoccupations plus vastes de l'humanité tout entière[143]. »

À l'automne 2009, le Huffington Post a publié un article consacré à Monique Zimmerman-Stein, une mère de famille qui souffre du syndrome de Stickler, une maladie génétique rare entraînant la cécité. Bien qu'elle soit aujourd'hui presque entièrement aveugle, elle a renoncé au traitement susceptible de préserver sa vision pour pouvoir payer les soins médicaux nécessaires à ses deux filles, victimes de la même affection. Les injections régulières dont Monique a besoin coûtent 380 dollars chacune, déduction faite de la contribution versée par l'assurance-maladie de la famille. Son mari et elle étaient déjà écrasés sous les dettes médicales. Sacrifier son propre traitement était, a-t-elle dit, « un choix qu'aurait fait n'importe quelle maman[144] ».

L'histoire de la famille Stein a ému nos lecteurs et beaucoup nous ont écrit pour nous demander comment ils pouvaient l'aider. Aussi avons-nous organisé une collecte de fonds, mettant à la disposition des lecteurs désireux de soutenir les Stein un moyen rapide et facile de faire un don. En moins d'une semaine, nous avons réuni plus de 30 000 dollars pour aider la famille à payer ses factures médicales[145]. « J'ai été époustouflée, estomaquée, comblée, a réagi Monique. La vie est difficile pour tant de gens. Qu'ils soient prêts à nous donner quelque chose est un cadeau stupéfiant. » Gary, le mari de Monique, a renchéri. « Nous ferons tout notre possible pour rendre la pareille à d'autres », a-t-il dit.

« Nous sommes à la veille d'un changement homérique, écrit Jeremy Rifkin. Le siècle de la Raison est en passe d'être éclipsé par le siècle de l'Empathie[146]. » Il explique que les liens multiples que la technologie crée entre les êtres humains imposent de donner un sens à toute cette connectivité. « En l'absence d'un objectif général et unificateur, sept milliards de connexions individuelles font l'effet d'un gigantesque gaspillage d'énergie humaine[147]. »

La poursuite d'un tel objectif, qui doit inclure l'élargissement des limites étroites de nos propres préoccupations, peut avoir de puissantes incidences sociales. Martin Luther King a montré que seule l'empathie est en mesure de donner à un mouvement social une base suffisamment large pour entraîner un vrai changement.

Dans un texte de 1963 intitulé *Letter from a Birmingham Jail* (« Lettre d'une prison de Birmingham »), King regrettait amèrement que les « Blancs modérés » soient incapables de « comprendre que la tension actuelle dans le Sud est une phase de transition nécessaire entre une odieuse paix négative dans laquelle le Nègre a accepté passivement son sort injuste, et une paix positive et réelle, dans laquelle tous les hommes respecteront la dignité et la valeur de la personnalité humaine[148] ».

King avait compris qu'il devait exploiter l'empathie d'électeurs qui ne seraient pas les bénéficiaires directs du mouvement pour les droits civiques. Il a présenté des arguments moraux incontestables en obligeant beaucoup de membres de l'Amérique blanche à prendre enfin conscience que, dans les faits, plusieurs millions de leurs compatriotes vivaient dans un monde différent du leur, dans une Amérique différente. Il a ouvert des chemins à l'empathie, puis s'en est servi pour créer un pays meilleur pour tous.

Le commentateur conservateur Tony Blankley a remarqué un jour, mi-figue, mi-raisin, que « l'évolution, cruelle comme elle est, a décidé que l'empathie ne fait pas partie de la stratégie de survie[149] ». Si vous avez observé le comportement d'un certain nombre de nos P-DG, des responsables des grandes banques à ceux de Massey Energy et de BP, vous aurez tendance à lui donner raison. Pourtant, si nous voulons que notre société reste démocratique et prospère, nous aurons besoin de toute l'empathie existante. Faute de quoi nous n'accéderons jamais au consensus national nécessaire pour nous attaquer aux problèmes considérables qui se posent, pour sauver la classe moyenne et interrompre notre chute.

Alors que l'indicateur de pauvreté de l'Amérique monte en flèche[150], il faut que notre indicateur d'empathie suive la même courbe.

L'INDICATEUR D'EMPATHIE : DU LOCAL AU VIRTUEL

« Il faut nous appuyer les uns sur les autres, veiller les uns sur les autres, nous aimer les uns les autres et prier les uns pour les autres », a déclaré Barack Obama en prononçant l'éloge funèbre des neuf mineurs décédés en Virginie-Occidentale en avril 2010[151]. C'est un appel qui transcende le clivage politique entre gauche et droite.

David Brooks a évoqué la nécessité de remplacer notre « société atomisée, segmentée » par une société « centrée autour des relations et des associations[152] » – une attitude soutenue par le conservateur britannique Phillip Blond dans son livre *Red Tory*. « Les activités de bénévolat, surtout parmi les membres des professions libérales et les jeunes, écrit Blond, ont doublé au cours des derniers mois. » Preuve, avance-t-il, que « l'envie de changer quelque chose est une aspiration commune et croissante »[153].

Ceux qui s'attellent aux ravages qui touchent leurs propres collectivités sont ouverts à l'expérience, prêts à faire l'essai de nombreuses solutions, à échouer et essayer encore, comme on le fait quand quelque chose vous tient vraiment à cœur. Or la philanthropie locale manifeste une extraordinaire créativité.

En 2002, dans le quartier de Mission District à San Francisco, Dave Eggers, écrivain, et Nínive Calegari, enseignante, ont ouvert le 826 Valencia, une clinique d'écriture qui assure une aide scolaire gratuite aux enfants du coin et a attiré plusieurs centaines d'instructeurs bénévoles qualifiés[154]. Assurant un enseignement personnalisé, en tête à tête, centré sur les aspects créatifs et ludiques de l'écriture ainsi que sur d'autres programmes d'apprentissage comprenant des sorties éducatives et des cours en salle de classe, 826 Valencia a essaimé depuis à travers le pays, ouvrant des antennes et engageant des tuteurs bénévoles à Los Angeles, New York, dans le Michigan, à Seattle, Chicago et Boston.

À Brooklyn, dans l'État de New York, FEAST (Funding Emerging Art with Sustainable Tactics, « Financer l'art émergent par des tactiques durables ») organise des dîners préparés par des bénévoles dans le sous-sol d'une église, où la population locale est invitée à donner des idées dans le domaine de projets locaux d'art et d'améliorations diverses. Les participants, plus de deux cent cinquante, paient entre 10 et 20 dollars pour assister à ces soirées, où ils dégustent des plats locaux, assistent à des concerts, bavardent et votent pour leurs propositions préférées. À la fin du dîner, FEAST remet le montant des recettes de la soirée au gagnant pour qu'il puisse mettre son projet en œuvre[155].

Dans un ouvrage intitulé *Philanthrocapitalism*, Matthew Bishop, rédacteur de la rubrique affaires de *The Economist*, s'est interrogé sur la manière dont on pouvait exploiter cette crise du capitalisme et de la philanthropie pour transformer les deux : conférer une mission sociale au capitalisme et revigorer la philanthropie en lui appliquant les méthodes les plus efficaces du capitalisme[156]. Associer l'efficacité du monde de l'entreprise aux bienfaits de la philanthropie, voilà précisément ce que cherche à faire le mouvement naissant des entrepreneurs sociaux. Ceux-ci identifient des problèmes sociaux et, au lieu d'attendre une intervention gouvernementale, ils appliquent les principes du marché pour leur trouver des solutions originales[157]. Soutenus par des fonds d'investissement d'organisations comme Echoing Green, Ashoka et Investors' Circle, ces entrepreneurs sociaux innovants imaginent des moyens inédits de faire bouger les choses non seulement à l'étranger, mais aussi ici, chez nous.

Le financement de petites entreprises par le microcrédit est une innovation qui a valu à Muhammad Yunus le prix Nobel de la paix en 2006[158]. En 2008, la Grameen Bank de Yunus a ouvert une succursale à New York[159]. En 2010, elle en a ouvert une autre à Omaha, dans le Nebraska[160]. Slogan de la Grameen Bank : « *Banking for the unbanked* », « Une banque pour ceux qui n'en ont pas »[161]. Espérant toucher un million d'entrepreneurs américains, Grameen America prévoit de s'établir dans plus de cinquante villes à travers le pays, dont Washington et San Francisco[162]. Une expérience que l'on a tendance à associer étroitement à l'aide aux pays du tiers-monde en difficulté a fait son apparition en Amérique. En février 2010, la succursale new-yorkaise avait déjà accordé un crédit à deux mille cinq cents clients, principalement des femmes[163]. Le montant moyen du prêt est de 1 500 dollars (aucune garantie n'est exigée) et plus de 99 % des bénéficiaires remboursent leur dette dans les délais prévus[164].

Grameen Bank n'est pas le seul organisme à proposer un microcrédit aux petites entreprises américaines. Depuis 1999, ACCION USA a prêté plus de 119 millions de dollars, sous forme de plus de dix-neuf mille cinq cents prêts aux petites entreprises, à des entrepreneurs à revenus faibles ou modestes[165]. C'est ainsi que Luis Zapeda Alvarez, après avoir été un moment sans emploi et même sans domicile, dirige aujourd'hui sa propre entreprise de livraison de plats cuisinés à des restaurants et des traiteurs de New York – en grande partie grâce à l'assistance qu'il a reçue. S'étant vu refuser par les banques le prêt du capital de départ nécessaire, Alvarez s'est adressé à ACCION, qui lui a accordé un crédit suffisant pour lui permettre d'acheter la camionnette de livraison dont il avait besoin pour faire démarrer son affaire. Quand il a dû refaire l'isolation de son véhicule, ACCION USA l'a aidé à obtenir un prêt de 5 600 dollars pour procéder aux aménagements nécessaires. L'entreprise d'Alvarez s'est développée ; il fait désormais trois tournées quotidiennes et a tellement de travail qu'il a dû embaucher un employé à temps partiel. Sa réussite professionnelle a également eu des effets positifs sur ses relations avec ses enfants[166].

Grâce à un microcrédit d'ACCION USA, une autre New-Yorkaise, Lyn Genet Recitas, a ouvert à Harlem Neighborhood Holistic, une salle de yoga avec un spa. Moins d'un an plus tard, son établissement était devenu rentable et s'est développé ; elle a engagé douze salariés à temps partiel et offert des bourses de yoga aux habitants du quartier à faibles revenus[167].

Une fraction de l'aide sociale et de la « philanthropie citoyenne » la plus intéressante a lieu sur Internet. DonorsChoose.org invite par exemple les professeurs d'établissements publics de tout le pays à indiquer sur son site les besoins de leur école. Les internautes consultent les listes où figurent des articles aussi divers que des cahiers et des stylos, des projecteurs LCD pour les cours de maths ou des miroirs pour que les élèves d'arts plastiques puissent s'exercer à l'autoportrait, et donnent le montant qu'ils veulent pour financer les projets qui les séduisent. En mai 2010, dix ans tout juste après le lancement du site par Charles Best, professeur d'études sociales dans un lycée du Bronx, DonorsChoose.org avait collecté plus de 52 millions de dollars pour plus de cent trente mille projets différents[168].

Dans le Connecticut, le concepteur de sites Ben Berkowitz a lancé SeeClickFix.com, qui invite les utilisateurs à répertorier les problèmes de leurs quartiers qui ne présentent pas un vrai caractère d'urgence, un réverbère cassé, par exemple, ou une rue pleine de nids-de-poule. D'autres membres de la collectivité proposent alors des solutions ; il arrive que des voisins ne mettent que quelques minutes à réagir et à régler le problème. Avec SeeClickFix.com, les citoyens peuvent identifier plus rapidement les problèmes locaux et y remédier afin d'améliorer leurs quartiers et, par extension, le pays tout entier[169].

Utiliser la structure des réseaux sociaux pour aider les gens à nouer des liens et à aider les autres en fonction de leurs compétences et de leurs aspirations personnelles : telle est l'idée qui soutient All for Good, une initiative lancée en 2009 par des ingénieurs de Google (qui ont profité du « 20 % » de temps libre accordé par l'entreprise à ses employés pour qu'ils puissent consacrer une journée par semaine à des projets qui leur tiennent à cœur). L'objectif était d'utiliser la puissance de ce moteur de recherche pour soutenir les activités d'entraide et de bénévolat et de mettre les réseaux sociaux – dont Facebook Connect et Google Friend Connect – au service de cette entraide. Parmi les initiatives soutenues, on peut mentionner Cities of Service, qui permet aux maires de toute l'Amérique d'utiliser plus facilement Internet pour développer les possibilités de bénévolat dans leurs communes[170].

Certains utilisent aussi les sites de réseaux sociaux pour créer un sentiment de solidarité qui nous aidera à traverser cette période économiquement sombre, qui nous évitera d'avoir l'impression d'être des victimes impuissantes. Sur des sites comme Recessionwire.com, LayoffSupport Network.com, LayoffSpace.com, HowIGotLaidOff.com et The 405Club.com, les demandeurs d'emploi partagent leurs tuyaux pour trouver du travail et s'en sortir, et expriment en toute franchise leurs anxiétés et leurs craintes face à l'avenir. D'autres ont raconté qu'ils avaient décroché des emplois en utilisant des sites comme Facebook et Twitter pour prendre des contacts informels avec des amis et des associés.

Quand la journaliste de télévision Andrea McCarren a été brutalement licenciée de son poste à WJLA-TV, une filiale d'ABC, à Washington, son premier geste a été de mettre à jour son profil Facebook. « Andrea McCarren vient d'être licenciée, et remercie tout le monde pour les vingt-six années qu'elle a pu consacrer aux informations télévisées », a-t-elle écrit. Ses amis et ses anciens collègues ont ainsi été informés immédiatement qu'elle venait de perdre son job, et ont réagi par une avalanche de manifestations de soutien, diffusant la nouvelle sur Twitter. « Les réseaux sociaux, je l'ai appris ce jour-là, sont comme un feu de forêt, qui se répand à toute allure à travers Internet, sans qu'on puisse vraiment l'arrêter, a écrit McCarren dans un article de *Nieman Reports* en mars 2010[171]. L'annonce que j'ai faite sur Facebook a immédiatement provoqué un afflux de coups de fil, d'emails de sympathie et de pistes pour retrouver du travail. Un ami Facebook que je n'avais rencontré en personne qu'une seule fois m'a présentée à un P-DG influent qui m'a fait venir en Californie pour un entretien d'embauche la semaine suivante. D'anciens collègues et même plusieurs stagiaires dont j'avais été la tutrice ont parlé de moi à leurs patrons et m'ont donné des contacts avec leurs chaînes d'information en l'espace de quelques jours. Personne n'embauchait, mais tous ces contacts m'ont remonté le moral. »

« Impressionnés par la compassion et la gentillesse des Américains qui [lui] avaient écrit », McCarren et son mari ont décidé de lancer Project Bounce Back, « Projet Rebond », un site qui publie des récits de résilience en ces temps de difficultés économiques. Les McCarren et leurs trois enfants ont fini par prendre la route, sillonnant le pays pour dresser la chronique de l'espoir et de la vitalité des Américains[172].

Toutes ensemble, ces entreprises et des milliers d'autres du même genre contribuent à transformer notre pays. Si seulement un plus grand nombre des super-riches d'Amérique – les 1 % les plus aisés, qui détiennent 35 % des richesses du pays[173] – puisaient, eux aussi, dans leurs réserves d'empathie et appliquaient la maxime d'Andrew Carnegie : « Qui meurt riche meurt déshonoré[174] » !

C'est un sentiment que Bill Gates et Warren Buffett partagent, de toute évidence. Les deux hommes ont lancé The Giving Pledge, « La promesse de don », une campagne destinée à convaincre les milliardaires du monde entier de faire don d'au moins 50 % de leur fortune[175]. Buffett a promis de donner à des œuvres de bienfaisance 99 % de ses biens, estimés à 46 milliards de dollars[176] ; Gates a pris un engagement similaire. D'autres commencent à les rejoindre, dont Michael Bloomberg qui, faisant écho à Carnegie, déclare : « Je crois fermement qu'il faut tout donner et j'ai toujours dit que le meilleur plan financier se termine par un chèque en bois aux pompes funèbres[177]. » Si The Giving Pledge fait boule de neige, Gates et Buffett pensent pouvoir réunir 600 milliards de dollars au profit de causes humanitaires[178].

Tout à la fin du dernier âge d'or, des gens richissimes, des hommes comme Andrew Carnegie, Cornelius Vanderbilt, John D. Rockefeller et Andrew W. Mellon, ont pris la tête d'un vaste mouvement national de philanthropie. Si Buffett et Gates mènent leur entreprise à bien, alors que notre propre âge d'or touche à son terme, une seconde grande vague de dons approche. Elle ne saurait mieux tomber.

ESPOIR 2.0

Le grand thème de la campagne électorale de 2008 aura été « l'espoir ». Mais il ne suffira certainement pas d'espérer que nos dirigeants de Washington se décident par miracle à faire ce qu'il faut, d'autant plus qu'ils sont prisonniers d'un système qui les incite fortement à faire ce qu'il ne faut pas.

Nous devons impérativement passer à la version suivante, Espoir 2.0 : admettre que notre système est trop profondément détraqué pour pouvoir être réparé par des hommes politiques qui ne remettent pas en cause le *statu quo*, quelles que soient leurs intentions. Il faut que le changement vienne d'ailleurs que de Washington. Mais aucun changement politique fondamental ne peut s'accomplir si aucun mouvement ne l'exige. Comme le dit Frederick Douglass : « Le pouvoir n'accorde jamais rien sans qu'on le lui réclame ; il ne l'a jamais fait et ne le fera jamais[179]. »

Nous avons eu un excellent exemple de cette réalité en mars 1965[180]. Cherchant à faire passer un texte législatif sur le droit de vote, Martin Luther King a rencontré le président Lyndon Johnson. Mais ce dernier était persuadé de ne pas disposer des voix indispensables pour que cette loi soit adoptée. King est reparti, certain qu'on ne trouverait jamais à Washington le soutien nécessaire tant qu'il n'aurait pas fait monter la pression dans le reste du pays. Il a donc décidé de pousser le peuple à réclamer cette mesure, pour obtenir le vote de Washington. Deux jours plus tard, l'affrontement du *Bloody Sunday* de Selma – où les manifestants ont été accueillis par des gaz lacrymogènes et des matraques – a frappé la conscience de la nation. Cinq mois après cet événement, le 6 août, le président Johnson, entouré de King et de Rosa Parks, signait le *National Voting Rights Act*[181].

Quand il avait reçu King en mars, le président estimait que les conditions du changement n'étaient pas réunies. King a fait ce qu'il fallait pour changer ces conditions.

De même, pendant la Seconde Guerre mondiale, avant l'entrée en guerre des États-Unis, le légendaire dirigeant syndical A. Philip Randolph, président de la corporation des porteurs des wagons-lits, a fait pression sur Roosevelt pour qu'il accorde aux Noirs le droit de postuler aux mêmes emplois que les Blancs dans les usines d'armement[182]. Roosevelt l'a écouté avec bienveillance, mais n'a pris aucun engagement. Randolph a saisi le taureau par les cornes et décidé de plaider sa cause devant le peuple américain tout entier, annonçant l'organisation d'une grande marche sur Washington. Inquiet des conséquences que cette manifestation pourrait avoir sur le moral du pays en temps de guerre, Roosevelt a obtenu son annulation en promulguant un décret-loi interdisant la discrimination dans les usines d'armement et instituant le Fair Employment Practices Committee (Commission sur les pratiques d'emploi équitables) pour contrôler les pratiques d'embauche.

Au cours des dernières décennies, le système est devenu encore plus truqué et les pouvoirs constitués plus rigides. La capacité des intérêts particuliers à empêcher tout changement digne de ce nom n'a jamais été si forte. Et comment justifie-t-on, encore et encore et encore, l'impossibilité d'imposer une réforme fondamentale ? Devinez : « Nous ne disposons pas des voix nécessaires. »

C'est là qu'intervient Espoir 2.0. Si les voix ne sont pas là, il faut que le peuple les crée. Si les hommes politiques mouillent leur doigt avant chaque décision pour voir dans quel sens souffle le vent, eh bien ! changeons la direction du vent.

Tout au début de la crise financière, remarquant la surdité de Wall Street, et plus particulièrement de l'ancien P-DG de Merrill Lynch, John Thain, qui n'a pas hésité à faire réaménager son bureau pour 1,2 million de dollars en plein effondrement économique[183], je me suis dit que Thain et ses confrères des grandes banques étaient les Marie-Antoinette de la crise. Ils étaient complètement à côté de la plaque. Un point, c'est tout.

J'étais loin de me douter que les agissements scandaleux de Thain étaient de la petite bière par rapport à ce que nous apporteraient les mois suivants. Lloyd Blankfein, de Goldman Sachs, qui croyait accomplir « le travail de Dieu[184] », Tony Hayward de BP qui aurait tant voulu « retrouver [sa] vie d'avant[185] » et tous leurs copains P-DG de firmes trop grandes pour faire faillite, tous ces dirigeants incapables de comprendre la colère de l'opinion publique devant ce qu'ils avaient fait et continuent de faire, ne sont plus « à côté de la plaque », mais bien au-delà.

Heureusement pour eux, la société a évolué et nous n'exprimons plus notre colère comme du temps de Marie-Antoinette. Au lieu de couper des têtes, on se contente de couper des primes, ce qui est tout de même beaucoup moins douloureux. Mais une question se pose : peut-on canaliser de façon productive la juste colère du peuple américain pour qu'elle donne naissance à un vrai mouvement de réforme ? Ou sera-t-elle exploitée par de dangereux démagogues, le reste étant récupéré par les défenseurs du *statu quo* à Washington ?

En 2004, l'espoir est né grâce à un sénateur inconnu qui s'est dressé pour déclarer que nous ne sommes pas des États bleus et des États rouges, mais un seul peuple, et que nous ne pourrons résoudre nos problèmes que tous ensemble.

En 2008, l'espoir a consisté à croiser les doigts et à élire des dirigeants dont nous pensions qu'ils allaient mettre en œuvre le changement dont nous avons tant besoin.

Espoir 2.0 doit créer les conditions qui ne leur laisseront pas le choix.

À NOUS DE CHOISIR

Nous avons du pain sur la planche, c'est sûr. Pour nous-mêmes et pour notre pays. Bonne nouvelle : le vrai changement, le changement fondamental, est possible, pourvu que nous admettions que la démocratie n'est pas un sport de spectateurs et que nous retroussions nos manches.

Le président Obama a affirmé que nous nous trouvions « à un rare point d'inflexion de l'histoire, où les dimensions et la portée des défis qui nous attendent exigent que nous recréions notre monde pour renouveler sa promesse[186] ».

Alors que nous abordons ce virage et dépassons peu à peu ce que Jonas Salk appelait Époque A (un passé concentré sur la survie) pour accéder à l'Époque B (un avenir concentré sur le sens)[187], il faut se demander à quoi ressemblera le monde que nous devons recréer.

S'agira-t-il d'un monde où les chances économiques redeviendront réelles pour tous et pas exclusivement pour l'élite économique ?

S'agira-t-il d'un monde où l'on ne récompensera plus la cupidité et l'égoïsme et où l'on tendra la main aux « plus petits d'entre nous » au lieu de leur tourner le dos ?

S'agira-t-il d'un monde où les ponts seront réparés avant qu'ils ne s'effondrent, et où on ne laissera pas les élèves s'enliser dans des écoles en faillite ?

S'agira-t-il d'un monde où l'intérêt public l'emportera à nouveau sur les intérêts particuliers et où la politique publique ne sera plus vendue à l'encan ?

S'agira-t-il d'un monde de transparence, où les maquignonnages seront bannis des allées du pouvoir ?

S'agira-t-il d'un monde où Main Street remplacera Wall Street comme centre de l'univers économique ?

S'agira-t-il d'un monde où la classe moyenne ne sera plus systématiquement le dindon de la farce et où le rêve américain ne sera pas une simple hallucination ou un souvenir lointain qu'on distingue encore vaguement dans le rétroviseur de notre pays ?

Les choix que nous ferons – à titre personnel et collectif – décideront de l'avenir de l'Amérique : est-elle condamnée à poursuivre sa chute vers le tiers-monde ou deviendra-t-elle « l'union plus parfaite » qu'envisageaient nos pères fondateurs ?

C'est maintenant qu'il faut agir. Les points d'inflexion de l'histoire ne sont pas très fréquents.

Et maintenant ?
Cliquez ici

Peu auront la grandeur d'infléchir l'histoire elle-même, mais chacun d'entre nous peut s'efforcer de changer un petit quelque chose et c'est dans le total de toutes ces actions que s'écrira l'histoire de cette génération.

ROBERT F. KENNEDY[1]

Notre envie d'agir tourne souvent court parce que nous ne savons pas quoi faire, ni comment changer les choses. Pour combler l'abîme entre intention et réalisation, nous avons créé sur le site de Huffington Post une section où vous trouverez des informations sur ce que *vous* pouvez faire pour nous aider à éviter de devoir vivre un jour dans une Amérique du tiers-monde. Rendez-vous sur www.huffingtonpost.com/ThirdWorldAmerica – et engagez-vous.

NOTES

Préface

1. Luigi Barzini, *The Europeans*, New York, Penguin, 1983, p. 14, 234.
2. William Antholis, « The Good, the Bad, and the Ugly : E.U.-U.S. Cooperation on Climate Change », 19 juin 2009, www.brookings.edu.

1

Les États-Unis, pays du tiers-monde

1. Barack Obama, remarques du président et du vice-président au Middle Classe Task Force Meeting (réunion du groupe d'experts sur la classe moyenne), 25 janvier 2010, www.whitehouse.gov.
2. David Plouffe, interviewé par l'auteur à Washington, 31 octobre 2009.
3. David Plouffe, *The Audacity to Win*, New York, Viking, 2009, p. 9.
4. Elizabeth Warren, « America Without a Middle Class », 3 décembre 2009, www.huffingtonpost.com.

5. Joshua Gallu et Christine Harper, « Goldman Sachs Sued by SEC for Fraud Tied to CDOs », 16 avril 2010, www.bloomberg.com.
6. David Brooks, « The Formerly Middle Class », 18 novembre 2010, www.nytimes.com.
7. « From Recession to Recovery to Renewal », 20 avril 2010, www.brookings.edu.
8. Center on Budget and Policy Priorities, « An Update on State Budget Cuts », 19 avril 2010, www.cbpp.org.
9. *Ibid.*
10. Center on Budget and Policy Priorities, « Recession Continues to Batter State Budgets ; State Responses Could Slow Recovery », 25 février 2010, www.cbpp.org.
11. Brady Dennis, « AIG Plans Millions More in Bonuses », 11 juillet 2010, www.washingtonpost.com.
12. Christine Harper, « Taxpayers Help Goldman Reach Height of Profit in New Skyscraper », 21 décembre 2008, www.bloomberg.com.
13. Shahien Nasiripour, « Bank of America TARP Repayment Premature, Analyst Says », 4 décembre 2010, www.huffingtonpost.com.
14. Malden Read, « Citigroup : TARP Loans Near $ 45 billion Mark », Associated Press, 12 mai 2009.
15. Judy Lin, « Schwarzenegger Lays Out Bleak California Budget », Associated Press, 14 mai 2010.
16. Center on Budget and Policy Priorities, « An Update on State Budget Cuts », 19 avril 2010, www.cbpp.org.
17. Center for Labor Market Studies, Northeastern University, « Labor Underutilization Problems of U.S. Workers Across Household Income Groups at the End of the Great Recession », février 2010, www.clms.neu.edu.
18. Robert Frank, « High Unemployment ? Not for the Affluent », 12 février 2010, wwww.wsj.com.
19. Bob Herbert, « The Worst of the Pain », 9 février 2010, www.nytimes.com.
20. Michael Herr, *Dispatches*, 5e éd., New York, Knopf, 2009, p. 201.

21. Tom Wolfe, « The Birth of The New Journalism : Eyewitness Report by Tom Wolfe », *New York Magazine*, 14 février 1972, p. 38.
22. Benjamin Disraeli, *Sybil, or the Two Nations*, Londres, Macmillan, 1895, p. 74 [*Sybil*, roman trad. sous la dir. de P. Lorain, Paris, Hachette, 1859].
23. Kenneth Dodge, « Make CEOs Help the Little Guy », *Pittsburgh Post-Gazette*, 7 février 2010, www.post-gazette.com.
24. Derek Douglas et Almas Sayeed, « An Ever Increasing Divide », Center for American Progress, 1er septembre 2006, www.americanprogress.org.
25. *Ibid.*
26. « The Rich Get Richer and the Poor Get… Fired », 13 août 2010, www.businessinsider.com.
27. « The Suburbanization of Poverty : Trends in Metropolitan America, 2000 to 2008 », 20 janvier 2010, www.brookings.edu.
28. Matt Miller, « The Upside of Downward Mobility », 29 décembre 2010, www.money.cnn.com.
29. Economic Mobility Project, « Getting Ahead or Losing Ground : Economic Mobility in America », février 2010, www.economicmobility.org.
30. *Ibid.*
31. Isabel Sawhill et John E. Morton, « Economic Mobility : Is the American Dream Alive and Well ? », mai 2007, www.economicmobility.org.
32. Darlene Superville, « Obama : Jobs Will Help Small Business Owners », 13 mars 2010, www.huffingtonpost.com.
33. Christopher Rugaber, « Millions of Jobs That Were Cuts Won't Likely Return », 13 mai 2010, www.bostonglobe.com.
34. Diana Furchtgott-Roth, Irwin Stelzer et John Weicher, « Hudson Institute Economic Report », 8 janvier 2010, www.hudson.org.
35. Richard Florida, « How the Crash Will Reshape America », mars 2009, www.theatlantic.com.
36. Richard McCormack, « The Plight of American Manufacturing », 21 décembre 2009, www.prospect.org.
37. Thomas Philippon, « The Future of the Financial Industry », 16 octobre 2008, www.sternfinance.blogspot.com.

38. Simon Johnson, « The Quiet Coup », mai 2009, www.theatlantic.com.
39. *Ibid.*
40. « “13 Bankers” in 4 Pictures : Why Wall Street Profits Are Out of Whack », 15 avril 2010, www.huffingtonpost.com.
41. Paul Krugman, « Don't Cry for Wall Street », 22 avril 2010, www.nytimes.com.
42. Sandra Pianalto, Federal Reserve Bank of Cleveland, « Forecasting in Uncertain Times », 18 mai 2010, www.clevelandfed.org.
43. *Ibid.*
44. Laura Bassett, « D.C. Career Fair for Older Workers Attracts Thousands », 12 mai 2010, www.huffingtonpost.com.
45. Mike Dorning, « College Grads Flood U.S. Labor Market with Diminished Prospects », 19 mai 2010, www.businessweek.com.
46. Laura Bassett, « Same Job, Less Pay : Employees Learn to Swallow Their Demotions », 7 mai 2010, www.huffingtonpost.com.
47. Peter S. Goodman, « Cuts to Child Care Subsidy Thwart More Job Seekers », 23 mai 2010, www.nytimes.com.
48. Heather Hollingsworth, « Cash-Strapped Districts Cutting Summer School », Associated Press, 23 mai 2010.
49. Don Lee, « Consumer Spending Trend Is a Shaky Foundation for Economic Recovery », 16 mai 2010, www.latimes.com.
50. Board of Governors of the Federal Reserve System, « H. 8. Assets and Liabilities of Commercial Banks in the United States », 23 juin 2010, www.research.stlouisfed.org.
51. « Senate Rejects Credit Card Interest Rate Measure », Associated Press, 19 mai 2010.
52. Gary Rivlin, « The Payday Lenders Confront Their Mortality », 17 mai 2010, www.huffingtonpost.com.
53. Kay Hagan, « Republicans Object to Considering Hagan Payday Lending Amendment », 18 mai 2010, www.hagan.senate.gov.
54. Simon Johnson, « Focus on This : Merkley-Levin Did Not Get a Vote », 21 mai 2010, www.huffingtonpost.com.
55. Duha Tore Altindag et Naci H. Mocan, « Joblessness and Perceptions About the Effectiveness of Democracy », National

Bureau of Economic Research, working paper n° 15994, mai 2010, www.nber.org.
56. Molly Line, « Job Hunt : Blue Collar Workers Struggle Most », 23 mars 2010, www.foxnews.com.
57. *Ibid.*
58. Jeff Madrick, « Should We Still Make Things ? », 11 mars 2009, www.dissentmagazine.org.
59. Patrick Thibodeau, « Survey : One In Four IT Jobs Moving Offshore », 9 décembre 2010, www.computerworld.com.
60. Linda Levine, « Offshoring (a.k.a. Offshore Outsourcing) and Job Insecurity Among U.S. Workkers », 2 mai 2005, www.fpc.state.gov.
61. Booz Allen Hamilton, « The Globalization of White-Collar Work : The Facts and Fallout of Next-Generation Offshoring », 2006, www.booz.com.
62. Julia Hanna, « How Many U.S. Jobs are "Offshorable" ? », Harvard Business School, 1er décembre 2008, www.hbswk.hbs.edu.
63. *Ibid.*
64. Booz Allen Hamilton, « The Globalization of White-Collar Work : The Facts and Fallout of Next-Generation Offshoring », 2006, www.booz.com.
65. Martin Wolf, « The Challenge of Halting the Financial Doomsday Machine », 20 avril 2010, www.ft.com.
66. David Brooks, « The Ecstasy of Fiscal Policy », 1er avril 2010, www.nytimes.com.
67. Douglas W. Elmendorf, « The Economic and Budget Outlook », Congressional Budget Office, 13 mai 2010, www.cbo.gov.
68. John Mauldin, « The Future of the Global Public Debt Explosion », 2 mai 2010, www.businessinsider.com.
69. Bank for International Settlements [Banque des règlements internationaux], « The Future of Public Debt Prospects and Implications », mars 2010, www.bis.org.
70. *Ibid.*
71. John Mauldin, « The Future of the Global Public Debt Explosion », 2 mai 2010, www.businessinsider.com.
72. *Ibid.*

73. Alan Blinder, « Opening Remarks and Consequences of Current Fiscal Trajectory », 8 octobre 2009, www.americanprogress.org.
74. Arnold Toynbee, *A Study of History*, New York, Oxford University Press, 1946, p. 273 [*L'Histoire*, trad. par J. Potin, P. Buisseret *et al.*, Paris, Bruxelles, Elsevier Sequoia, 1978].
75. Dwight D. Eisenhower, « The Chance for Peace », discours prononcé devant l'American Society of Newspaper Editors, 16 avril 1953, www.eisenhower.archives.gov.
76. « Civilian Unemployment Rate », Federal Reserve Bank of St. Louis, 4 juin 2010, www.research.stlouisfed.org.
77. Bureau of Labor Statistics, « Alternative Measures of Labor Underutilization », tableau A-15, 7 mai 2010, www.bls.gov.
78. Anne Gearan et Anne Flaherty, « War Cost : Obama Wants $ 33 Billion More for Afghanistan, Iraq », 12 janvier 2010, www.huffingtonpost.com.
79. Jackie Calmes, « Obama to Seek Spending Freeze to Trim Deficits », 25 janvier 2010, www.nytimes.com.
80. Lawrence Korb, « Spending Freeze Must Include Defense », 27 janvier 2010, www.nytimes.com.
81. Katherine McIntire Peters, « Defense Budget Portends Difficult Trade-Offs », 12 août 2009, www.govexec.com.
82. Barack Obama, « Against Going to War with Iraq », 2 octobre 2002, www.barackobama.com.
83. Joshua Partlow, « In Afghanistan, Taliban Surpasses Al-Qaeda », 11 novembre 2009, www.washingtonpost.com.
84. Doyle McManus, « The Kandahar Gambit », 4 avril 2010, www.latimes.com.
85. Robert Greenwald, « Rethink Afghanistan », vidéo, 21 avril 2010, www.huffingtonpost.com.
86. Diane Francis, « Knife Military Spending : Kill the Deficit », 4 février 2010, www.huffingtonpost.com.
87. National Priorities Project, « Federal Budget Trade-Offs », www.nationalpriorities.org.

2

Cauchemar sur Main Street

1. Nancy Cook, « Foreclosures Spread to Middle Class », 28 octobre 2009, www.newsweek.com.
2. Alexis de Tocqueville, *De la démocratie en Amérique*, Introduction, Paris, Robert Laffont, coll. « Bouquins », 1986, p. 41.
3. *Ibid.*, IIe partie, p. 226.
4. *Jacobellis v. Ohio*, 378 U.S. 184 (Cour suprême, 1964).
5. Déposition de Paul Taylor, vice-président exécutif, Pew Research Center, devant la commission des finances du Sénat, 26 mars 2009, www.pewresearch.org.
6. Pew Research Center, « Inside the Middle Class : Bad Times Hit the Good Life », 9 avril 2008, www.pewsocialtrends.org.
7. *Ibid.*
8. *Ibid.*
9. *Ibid.*
10. *Ibid.*
11. Claudia Goldin et Lawrence F. Katz, « Long-Run Changes in the Wage Structure : Narrowing, Widening, Polarizing », 2007, www.brookings.edu.
12. John Cassidy, « Who Killed the Middle Class ? », 16 octobre 1995, www.newyorker.com.
13. Paul Krugman, « The Great Wealth Transfer », *Rolling Stone*, 30 novembre 2006.
14. *Ibid.*
15. Alfred Marshall, « Some Aspects of Competition : The Address of the President of Economic Science and Statistics of the British Association », *Nature*, XLII, 1890, p. 497.
16. Amartya Sen, « The Economist Manifesto », 23 avril 2010, www.newstatesman.com.
17. David Herszenhorn, « Senate Acts on Credit-Rating Agencies », 13 mai 2010, www.nytimes.com.
18. Jo Becker, Sheryl Gay Stolberg et Stephen Labaton, « White House Philosophy Stocked Mortgage Bonfire », 20 décembre 2008, www.nytimes.com.

19. Andrew Clark et Jill Treanor, « Greenspan – I Was Wrong About the Economy. Sort Of », 24 octobre 2008, www.guardian.co.uk.
20. Jo Becker, Sheryl Gay Stolberg et Stephen Labaton, « White House Philosophy Stocked Mortgage Bonfire », 20 décembre 2008, www.nytimes.com.
21. U.S. Census Bureau, « Table 23. People in Poverty by Nativity : 1993 to 2008 », www.census.gov.
22. « Who Are the Hungry ? », *California Agriculture*, pvol. 48, n° 7, décembre 1994, www.californiaagriculture.ucant.org.
23. National Center on Family Homelessness, « Homeless Children : America's New Outcasts », 2009, www.homelesschildren america.org.
24. James Cramer, « Let Them Eat Stocks », *New Republic*, 29 avril 1996, p. 24-25.
25. Frank Rich, « All the President's Enrons », 5 juillet 2002, www.nytimes.com.
26. Claudia Goldin et Lawrence F. Katz, « Long-Run Changes in the Wage Structure : Narrowing, Widening, Polarizing », 2007, www.brookings.edu.
27. John Cassidy, « Who Killed the Middle-Class ? », 16 octobre 1995, www.newyorker.com.
28. *Ibid.*
29. Déposition d'Elizabeth Warren, Committee on Banking, Housing and Urban Affairs, U.S. Senate, 25 janvier 2007, www.banking.senate.gov.
30. Emmanuel Saez, « Striking It Richer : The Evolution of Top Incomes in the United States (Update with 2007 Estimates) », *Pathways Magazine*, Stanford Center for the Study of Poverty and Inequality, hiver 2008, p. 6-7.
31. « The State of Metropolitan America », 9 mai 2010, www.brookings.edu.
32. Pew Research Center, « Inside the Middle Class : Bad Times Hit the Good Life », 9 avril 2008, www.pewsocialtrends.org.
33. *Ibid.*
34. Marcus Baram, « The Real Misery Index April 2010 : Underemployment Woes Lead to Two-Tier Economy », 12 mai 2010, www.huffingtonpost.com.

35. Gretchen Morgenson, « Death of a Loophole, and Swiss Banks Will Mourn », 26 mars 2010, www.nytimes.com.
36. Office of the Press Secretary, « Leveling the Playing Field : Curbing Tax Havens and Removing Tax Incentives for Shifting Overseas », 4 mai 2009, www.whitehouse.gov.
37. United States Government Accountability Office, « International Taxation : Large U.S. Corporations and Federal Contractors with Subsidiaries in Jurisdictions Listed as Tax Havens or Financial Privacy Jurisdictions », décembre 2008, www.gao.gov.
38. *Ibid.*
39. Michael Brostek, « Cayman Islands : Business Advantages and Tax Minimization Attract U.S. Persons and Enforcement Challenges Exist », United States Government Accountability Office, 24 juillet 2010, www.gao.gov.
40. United States Government Accountability Office, « International Taxation : Large U. S. Corporations and Federal Contractors with Subsidiaries in Jurisdictions Listed as Tax Havens or Financial Privacy Jurisdictions », décembre 2008, www.gao.gov.
41. Farah Stockman, « Top Iraq Contractor Skirts U.S. Taxes Offshore », 6 mars 2008, www.bostonglobe.com.
42. *Ibid.*
43. Arianna Huffington, « Tax Avoidance and a Tan : Why I'm Thinking of Moving this Column to Bermuda », 15 mai 2002, ariannaonline.huffingtonpost.com.
44. Stephen Ohlemacher, « Obama Cracking Down on Tax Havens », Associated Press, 4 mai 2009.
45. Gretchen Morgenson, « Death of a Loophole, and Swiss Banks Will Mourn », 26 mars 2010, www.nytimes.com.
46. Pat Garofalo, « Baucus and Oszag See "Growing Sense of Inevitability" for Ending Hedge Fund Manager Tax Break », 13 mai 2010, www.thinkprogress.org.
47. Robert Reich, « Closing Tax Loopholes for Billionaires », 23 mai 2010, www.huffingtonpost.com.
48. *Ibid.*
49. Tomoeh Murakami Tse, « Buffett Slams Tax System Disparities », 27 juin 2007, www.washingtonpost.com.
50. Nan Mooney, *(Not) Keeping Up with Our Parents : The Decline of the Professionnal Middle Class*, Boston, Beacon Press, 2008, p. 3-6.

51. Bureau of Labor Statistics, « Alternative Measures of Labor Underutilization », 2 avril 2010, www.bls.gov.
52. Rex Nutting, « GDP to Show More Balanced Growth, Survey Says », 29 avril 2010, www.marketwatch.com.
53. Laura Bassett, « Middle Class No More, Families Struggle to Fight Off Homelessness », 4 février 2010, www.huffingtonpost.com.
54. *Ibid.*
55. *Ibid.*
56. Paul Wiseman, « When the Textile Mill Goes, So Does a Way of Life », 11 mars 2010, www.usatoday.com.
57. *Ibid.*
58. *Ibid.*
59. Dion Hoynes, « Blacks Hit Hard by Economy's Punch », 24 novembre 2009, www.washingtonpost.com.
60. Floyd Norris, « In Global Underemployment, a Sea of Young Faces », 16 avril 2010, www.nytimes.com.
61. Peter S. Goodman, « Despite Signs of Recovery, Chronic Joblessness Rises », 20 février 2010, www.nytimes.com.
62. Deank Baker, « The Great Recession Didn't Have to Happen », 25 janvier 2010, www.cepr.net.
63. Gene Sperling, « Subprime Market – Isolated or a Tipping Point ? » 14 mars 2007, www.bloomberg.com.
64. Jim Puzzanghera, « Senators Grappel with Derivatives Tules in Financial Overhaul », 19 mai 2010, www.latimes.com.
65. Dean Baker, « The Great Recession Didn't Have to Happen », 25 janvier 2010, www.cepr.net.
66. Charles W. Caolmiris et Peter J. Wallison, « Blame Fannie Mae and Congress for the Credit Mess », 23 septembre 2008, www.wsj.com.
67. *Ibid.*
68. George W. Bush, 2e discours d'investiture, 20 janvier 2005, georgewbush-whitehouse.archives.gov.
69. Dan Dorfman, « Liars' Loans Could Make Many Moan », 20 décembre 2006, www.nysun.com.
70. Sewell Chan, « Memos Show Risky Lending at WaMu », 12 avril 2010, www.nytimes.com.

71. Jeanne Sahadi, « President Signs Bankruptcy Bill », 20 avril 2005, www.money.cnn.com.
72. U.S. Senate, « S. 256, the Brankruptcy Reform Bill », *Congressional Record*, 109th Cong. 1st Session, vol. CLI, n° 26, 8 mars 2005, www.senate.gov.
73. Institute for Financial Literacy, « 2009 Annual Consumer Bankruptcy Demographics Report : The Debtor in the Great Recession », juin 2010, www.financiallit.org.
74. Leslie Linfield, dans une communication par email avec l'auteur, 19 mai 2010.
75. Catherine Arnst, « Study Links Medical Costs and Personal Bankruptcy », 4 juin 2009, www.businessweek.com.
76. American Bankruptcy Institute, « Annual Business and Nonbusiness Filings by State (2007-09) », www.abiworld.org.
77. Catherine Arnst, « Study Links Medical Costs and Personal Bankruptcy », 4 juin 2009, www.businessweek.com.
78. Barry Bosworth et Rosanna Smart, « The Wealth of Older Americans and the Sub-Prime Debacle », novembre 2009, crr.bc.edu.
79. Lynn Adler, « U.S. 2009 Foreclosures Shatter Record Despite Aid », 14 janvier 2010, www.reuters.com.
80. Dan Levy, « U.S. Foreclosures May Rise to 3 Million this Year », 14 janvier 2010, www.bloomberg.com.
81. Wenli Li, Michelle J. White et Ning Zhu, « Did Bankruptcy Reform Cause Mortgage Default Rates to Rise ? », avril 2010, www.philadelphiafed.org.
82. Doris Dungey, « Just Say Yes to Cram Downs », 7 octobre 2007, www.calculatedriskblog.com.
83. Ryan Grim, « Banks Beat Homeowners : Foreclosure Bill Killed in Senate », 31 mai 2009, www.hunffingtonpost.com.
84. Julianne Peitone, « Foreclosures Filings Jump 24 % », 16 avril 2009, www.money.cnn.com.
85. Ryan Grim, « Banks Beat Homeowners : Foreclosure Bill Killed in Senate », 31 mai 2009, www.hunffingtonpost.com.
86. Margaret Chadbourn, « Senate Defeats Mortgage "Cram-Down" as Democrats Balk (Update 2) », 30 avril 2010, www.bloomberg.com.

87. Paul Kiel, « Disorganization at Banks Causing Mistaken Foreclosures », 4 mai 2010, www.propublica.org.
88. Melanca Clark et Maggie Baron, « Foreclosures : A Crisis in Legal Representation », Brennan Center for Justice, 6 octobre 2009, www.brennancenter.org.
89. *Ibid.*
90. *Ibid.*
91. *Ibid.*
92. *Ibid.*
93. *Ibid.*
94. « After the Stimulus », 12 février 2009, www.nytimes.com.
95. Pew Charitable Trusts, « Defaulting on the Dream : States Respond to America's Foreclosure Crisis », avril 2008, www.pewtrusts.org.
96. *Ibid.*
97. *Ibid.*
98. Dan Immergluck et Geoff Smith, « The Impact of Single-Family Mortgage Foreclosures on Neighborhood Crime », *Housing Studies*, 21, 6 novembre 2006, p. 851-866.
99. Erik Eckholm, « Surge in Homeless Pupils Strains Schools », 5 septembre 2009, www.nytimes.com.
100. National Center on Family Homelessness, « America's Youngest Outcasts : State Report Card on Child Homelessness », 2009, www.homelesschildrenamerica.org.
101. Erik Eckholm, « Surge in Homeless Pupils Strains Schools », 5 septembre 2009, www.nytimes.com.
102. National Center on Family Homelessness, « Annual Report : Working to End Family Homelessness », 2009, www. homelesschildrenamerica.org.
103. National Center on Family Homelessness, « Homeless Children : America's New Outcasts », 1999, www.homelesschildren america.org.
104. Erik Eckholm, « Surge in Homeless Pupils Strains Schools », 5 septembre 2009, www.nytimes.com.
105. Melanca Clark et Maggie Baron, « Foreclosures : A Crisis in Legal Representation », Brennan Center for Justice, 6 octobre 2009, www.brennancenter.org.

106. « Miller, Ellison Introduce Bill to Address Conflict of Interest in Mortgage Companies », 1er avril 2010, www.bradmiller.house.gov.
107. Mike Konczal, « Principal Writedowns and the Fake Stress Test », 9 mars 2010, www.rortybomb.wordpress.com.
108. Matthew Karnitschnig, Deborah Solomon, Liam Pleven et Jon E. Hilsenrath, « U. S. to Take Over AIG in $ 84 Billion Bailout : Central Banks Inject Cash as Credit Dries Up », 16 septembre 2008, www.wsj.com.
109. Jeremy M. Simon, « Consumer Credit Card Balances Fall for 16th Straight Month », 5 mars 2010, www.creditcards.com.
110. Ben Woolsey et Matt Schulz, « Credit Card Statistics, Industry Facts, Debt Statistics », 13 mai 2010, www.creditcards.com.
111. *Ibid.*
112. *Ibid.*
113. « Elizabeth Warren on Credit Card "Tricks and Traps" », *NOW*, 2 janvier 2009, www.pbs.org.
114. National Association for the Advancement of Colored People, « Usury : The Impact of Credit Card Debt and High Interest Rates on African American Wealth », 4 septembre 2009, www.naacp.org.
115. Ben Woolsey et Matt Schulz, « Credit Card Statistics, Industry Facts, Debt Statistics », 13 mai 2010, www.creditcards.com.
116. *Marquette Nat. Bank v. First of Omaha Corp*, 439 U.S. 299, 1978.
117. Robin Stein, « The Ascendancy of the Credit Card Industry », *Frontline*, 23 novembre 2004, www.pbs.org.
118. « Elizabeth Warren on Credit Card "Tricks and Traps" », *NOW*, 2 janvier 2009, www.pbs.org.
119. Steven Gray et Michael Peltier, « Exposing the Credit-Card Fine Print », 21 février 2008, www.time.com.
120. Robin Sidel, « Banks Roll Out New Chek, Card Fees », 2 janvier 2010, www.wsj.com.
121. Brad Tuttle, « Credit Card Fee Watch : Now there's a Fee for NOT Buying Stuff », 6 août 2009, www.time.com.

122. Ben Woolsey et Matt Schulz, « Credit Card Statistics, Industry Facts, Debt Statistics », 26 mars 2010, www.creditcards.com.
123. *Ibid.*
124. « Student Loans », FinAid : The SmartStudent Guide to Financial Aid, www.finaid.org.
125. Jessica Silver-Greenberg, « The Next Meltdown : Credit-Card Debt », 9 octobre 2008, www.businessweek.com.
126. « Elizabeth Warren on Credit Card "Tricks and Traps" », *NOW*, 2 janvier 2009, www.pbs.org.
127. Dana Blanton, « Fox News Poll : 79 % Say U.S. Economics Could Collapse », 23 mars 2010, www.foxnews.com.
128. Jeffrey M. Jones, « Americans Remain Down About Their Financial Situations », 22 avril 2010, www.gallup.com.
129. Dennis Jacobe, « One in Five Americans Fear Job Loss in Next 12 Months », 23 avril 2010, www.gallup.com.
130. Don Peck, « How a New Jobless Era Will Transform America », mars 2010, www.theatlantic.com.
131. Arthur Delaney, « Long-Term Unemployment : 80 Percent of People Jobless Last Summer Still Out of Work », 4 mai 2010, www.huffingtonpost.com.
132. *Ibid.*
133. Sean Murphy et Tim Talley, « Oklahoma Tea Party Plans to Form Armed Militia », Associated Press, 12 avril 2010.
134. Michael Winter, « Anti-Government Group Tells Governors to Resign or Be Removed », 2 avril 2010, www.usatoday.com.
135. Brett Michael Dykes, « Who are the Christian Militia "Hutaree" and Why Was the FBI Targeting Them ? », 29 mars 2010, www.yahoo.com.
136. Nick Wing et Jeremy Binckes, « Tea Parties Protest Tax Day 2010 », 17 avril 2010, www.huffingtonpost.com.
137. Ron Fournier, « Sarah Palin Tells GOP "Don't Retreat – Reload" at Southern Republican Leadership Conference », Associated Press, 9 avril 2010.
138. Rachel Weiner, « Michele Bachmann : I Want People "Armed and Dangerous" over Obama Tax Plan », 23 mars 2009, www.huffingtonpost.com.

139. Mark Potok, *Rage on the Right : The Year in Hate and Extremism*, Southern Poverty Law Center Intelligence Report n° 137, printemps 2010, www.splcenter.org.
140. Tim Rutten, « The Winter of America's Discontent », 5 février 2010, www.latimes.com.
141. Ian Kershaw, *Hitler : A Biography*, New York, W.W. Norton, 2008, p. 206 [*Hitler*, trad. P.-E. Dauzat, Paris, Flammarion, 1999-2000].
142. Rebecca Edwards, *Angels in the Machinery*, New York, Oxford University Press, 1997, p. 111.
143. John Findlay, « Industrialization, Class and Race : Chinese and Anti-Chinese Movement in the Late 19th Century Northwest », Center for the Study of the Pacific Northwest, University of Washington, 1999, www.washington.ed.
144. *Ibid.*
145. Richard Hofstadter, *The Age of Reform*, New York, Random House, 1955, p. 62.
146. *Ibid.*
147. Wendy Koch, « U.S. Urged to Apologize for 1930s Deportations », 5 avril 2006, www.usatoday.com.
148. Hasia R. Diner, *The Jews of the United States, 1654 to 2000*, Los Angeles, University of California Press, 2004, p. 211.
149. Social Security Administration, « Social Security History : Father Charles Coughlin », www.ssa.gov.
150. Pete Hamill, « The Revolt of the White Lower Middle Class », *New York*, 14 avril 1969, p. 24-29.
151. Kate Zernike et Megan Thee-Brenan, « Poll Finds Tea Party Backers Wealthier and More Educated », 14 avril 2010, www.nytimes.com.
152. « "Wingnuts" and President Obama », 24 mars 2010, www.harrisinteractive.com
153. Michael Bader, « We Need to Have Empathy for Tea Parties », 5 mars 2010, www.psychologytoday.com.

3

~~La belle Amérique~~
L'Amérique délabrée

1. Robert Fishman, « Beyond Motor City, 1808-1908-2008 : National Planning for America », 23 janvier 2010, www.america2050.org.
2. American Society of Civil Engineers, *2009 Report Card for America's Infrastructure*, www.infrastructurereportcard.org.
3. American Society of Civil Engineers, *2009 Report Card for America's Infrastructure*, www.asce.org.
4. Katherine Harmon, « U.S. Infrastructure Crumbling », 28 janvier 2009, www.scientificamerican.com.
5. American Society of Civil Engineers, *2009 Report Card for America's Infrastructure*, www.infrastructurereportcard.org.
6. *Ibid.*
7. Jeffrey Passel et D'Vera Cohn, « Immigration to Play Lead Role in Future U.S. Growth », 11 février 2005, www.pewresearch.org.
8. « The Cracks Are Showing », 28 juin 2008, www.economist.com.
9. « Rushing on by Road, Rail and Air », 14 février 2008, www.economist.com.
10. Keith Bradsher, « China Sees Growth Engine in a Web of Fast Trains », 12 février 2010, www.nytimes.com.
11. « Rushing on by Road, Rail and Air », 14 février 2008, www.economist.com.
12. Andrew Peaple, « China's Infrastructure Still on Rails », 3 mars 2010, www.wsj.com.
13. « China's Rural Road Length Hits 3.3 Million Kilometers ; Most Villages, Towns Connected : Official », People's Daily Online, 22 février 2010, www.english.peopledaily.com.
14. « Rushing on by Road, Rail and Air », 14 février 2008, www.economist.com.
15. Thomas Friedman, « Time to Reboot America », 23 décembre 2008, www.nytimes.com.
16. « Are "Mega-Regions" the Future of Transportation ? », 29 juin 2008, www.npr.org.

17. Felix Rohatyn, *Bold Endeavors : How Our Government Built America, and Why It Must Rebuild Now*, New York, Simon & Shuster, 2009, p. 2, 3 [*Ces hommes qui ont fait l'Amérique*, trad. H. Demazure, Paris, Saint-Simon, 2010].
18. www.bafuture.org/about.
19. « Pa.'s Rendell Urging Fix for Bridges, Roads », 29 juin 2008, www.npr.org.
20. « The Next American Economy : Transforming Energy and Infrastructure Investment », 3 février 2010, www.brookings.edu.
21. American Society of Civil Engineers, « National Fact Sheet », 2005, www.asce.org.
22. « Pa.'s Rendell Urging Fix for Bridges, Roads », 29 juin 2008, www.npr.org.
23. Thomas Friedman, « Time to Reboot America », 23 décembre 2008, www.nytimes.com.
24. Jeffrey Sachs, « A Fiscal Straitjacket », 27 janvier 2009, www.ft.com.
25. Ed O'Keefe, « Eye Opener : April 14, 2009 », www.washingtonpost.com.
26. Van Jones, dans un entretien avec l'auteur, 2 février 2009.
27. Alan Brinkley, « Roosevelt, Franklin Delano », février 2000, www.fdrheritage.org.
28. « Will the Next War Be Fought over Water ? », 3 janvier 2010, www.npr.org.
29. Jeanne M. VanBriesen, « The Nation's Big Water Repair Bill », 11 avril 2010, www.nytimes.com.
30. Charles Duhigg, « Saving U.S. Water and Sewer Systems Would Be Costly », 14 mars 2010, www.nytimes.com.
31. American Society of Civil Engineers, « Infrastructure Report Card Fact Sheet : Drinking Water », 2009, www.infrastructurereportcard. org.
32. Charles Duhigg, « Saving U.S. Water and Sewer Systems Would Be Costly », 14 mars 2010, www.nytimes.com.
33. *Ibid.*
34. « Liquid Assets : The Story of Our Water Infrastructure », 19 octobre 2009, www.infrastructureusa.org.

35. Déposition de Judy Treml, House Committee on Transportation and Infrastructure, 15 octobre 2009, www.transportation.house.gov.
36. American Society of Civil Engineers, « Infrastructure Report Card Fact Sheet : Wastewater », 2009, www.infrastructurereportcard. org.
37. Thomas J. Donohue, « Rebuilding America – The Time Is Now », U.S. Chamber of Commerce, 10 août 2007, www.uschamber. com.
38. American Society of Civil Engineers, « Infrastructure Report Card Fact Sheet : Energy », 2009, www.infrastructurereportcard.org.
39. U.S. Department of Energy, « Smart Grid System Report », juillet 2009, www.energy.gov.
40. American Society of Civil Engineers, « Infrastructure Report Card Fact Sheet : Energy », 2009, www.infrastructurereportcard.org.
41. Allan J. DeBlasio *et al.*, « Learning from the 2003 Blackout », U.S. Department of Transportation, Federal Highway Administration, septembre-octobre 2004, www.tfhrc.gov.
42. « U.S.-Canada Power System Outage Task Force : Final Report on the August 14th Blackout in the United States and Canada », p. 61, 93, www.energy.gov.
43. American Society of Civil Engineers, « Infrastructure Report Card Fact Sheet : Roads », 2009, www.infrastructurereportcard.org.
44. *Ibid.*
45. *Ibid.*
46. Ted R. Miller et Eduard Zaloshnja, « On a Crash Course : The Dangers and Health Costs of Deficient Roadways », avril 2009, www.pire.org.
47. *Ibid.*
48. *Ibid.*
49. American Society of Civil Engineers, « Infrastructure Report Card Fact Sheet : Roads », 2009, www.infrastructurereportcard.org.
50. Nick Paumgarten, « There and Back Again : The Soul of the Commuter », 16 avril 2007, www.newyorker.com.

51. Hope Yen, « Recession's Impact : Census Data Show Longer Commutes, Delayed Marriage, Fewer Immigrants », Associated Press, 21 septembre 2009.
52. Nick Paumgarten, « There and Back Again : The Soul of the Commuter », 16 avril 2007, www.newyorker.com.
53. Alois Stutzer et Bruno S. Frey, « Stress That Doesn't Pay : The Commuting Paradox », Institute for the Study of Labor (IZA), Discussion Paper n° 1278, août 2004, www.iew.unizh.ch.
54. Tom Vanderbilt, « Stop This Train ! », 15 mai 2009, www.slate.com.
55. Chris Dolmetsch, « Amtrak Cuts Acela Train Fares to Attract More Leisure Travelers », 17 février 2009, www.bloomberg.com.
56. Nicole C. Wong, « Will Stimulus Funds Put Rail on the Fast Track ? », 25 février 2009, www.bostonglobe.com.
57. Mark Reutler, « How America Led, and Lost, the High-Speed Rail Race », 31 mars 2010, www.progressivefix.com.
58. Randy James, « A Brief History of High-Speed Rail », 20 avril 2010, www.time.com.
59. « Obama Wants Nationwide High-Speed Rail System », 28 janvier 2010, www.cnn.com.
60. Michael Cooper, « Stimulus Plan for Rail Line Shows System of Weak Links », 22 mars 2010, www.nytimes.com.
61. Matt Van Hattem, « High Speed Rail in the Northeast : Beyond the Corridor, Slow Trains Get Some Help », *Trains Magazine*, 28 janvier 2010, www.trains.com.
62. Tom Vanderbilt, « Stop This Train ! » 15 mai 2009, www.slate.com.
63. American Society of Civil Engineers, « Infrastructure Report Card Fact Sheet : Bridges », 2009, www.infrastructurereportcard.org.
64. *Ibid.*
65. Tim Tally, « Up to 12 Feared Dead in Bridge Collapse », 27 mai 2002, www.bgdailynews.com.
66. *Magnolia Marine Transport Company v. State of Oklahoma*, U.S. Court of Appeals (10th Cir. 2004).
67. « Divers Find 3 Victims from Bridge Collapse », 27 mai 2002, www.cnn.com.

68. Kris Glenn, « Oklahoma Faces Bridge Tragedy », 29 mai 2002, www.oudaily.com.
69. Tim Tally, « Up to 12 Feared Dead in Bridge Collapse », 27 mai 2002, www.bgdailynews.com.
70. Justin Juozapavicius, « Nearly a Quarter of Oklahoma Bridges Need Overhaul or Replacement », Associated Press, 25 mai 2008.
71. Steve Karnowski, « Contractor Settles with State in 35W Bridge Collapse », 19 mars 2010, www.minnesota.publicradio.org.
72. Elizabeth Stawicki, « Why Did the Bridge Collapse ? », 2 août 2007, www.minnesota.publicradio.org.
73. Craig Gima, « Ka Loko Settlement Is Reached », 30 octobre 2009, www.starbulletin.com.
74. Diane Leone, « State Keeps Eye on Dams », 16 mars 2006, www.starbulletin.com.
75. Joint Hearing on National Levee and Dam Safety Programs, House Committee on Transportation and Infrastructure, 8 mai 2007.
76. American Society of Civil Engineers, *2009 Report Card for America's Infrastructure*, www.infrastructurereportcard.org.
77. *Ibid.*
78. *Ibid.*
79. Joint Hearing on National Levee and Dam Safety Programs, House Committee on Transportation and Infrastructure, 8 mai 2007.
80. Harry Shearer, « Fixing the Responder, Ignoring the Cause », 25 novembre 2008, www.huffingtonpost.com.
81. Harry Shearer, « New Orleans : Where Accountability Failed, Liability Follows », 19 novembre 2009, www.huffingtonpost.com.
82. American Society of Civil Engineers, *2009 Report Card for America's Infrastructure*, www.infrastructurereportcard.org.
83. « Fixing America's Crumbling Infrastructure », *Free Enterprise : News and Views from the U.S. Chamber of Commerce*, juillet 2008, www.uschambermagazine.com.
84. « National Broadband Plan : Consumer Survey Results Are In », 23 février 2010, www.brookings.edu.

85. Iain Morris, « Resilience Amid Turmoil : Benchmarking IT Industry Competitiveness 2009 », septembre 2009, www.economist.com.
86. « National Broadband Plan : Consumer Survey Results Are In », 23 février 2010, www.brookings.edu.
87. Jerome Cukier, « Internet Penetration – Who's Online ? », OECD Factblog, 12 février 2010, www.oecd.org.
88. Julius Genachowski, « America's 2020 Broadband Vision », 18 février 2010, www.huffingtonpost.com.
89. John Horrigan, « Home Broadband Adoption 2009 », Pew Research Center, juin 2009, www.pewinternet.org.
90. Tony Romm, « FCC Unveils Executive Summary of National Broadband Plan », 15 mars 2010, www.thehill.ocm.
91. American Society of Civil Engineers, *2009 Report Card for America's Infrastructure*, www.infrastructurereportcard.org.
92. Alliance for Excellent Education, « How Does the United States Stack Up ? International Comparisons of Academic Achievement », www.all4ed.org.
93. Stéphane Baldi *et al.*, « Highlights from PISA 2006 : Performance of U.S. 15-Year-Old Students in Science and Mathematics Literacy in an International Context », National Center for Education Statistics, 4 décembre 2007, www.nces.ed.gov.
94. National Assessment of Educational Progress, « The Nation's Report Card », 2009, www.nationsreportcard.gov.
95. Robert Schlesinger, « Senate OK's Education Bill, Win for Bush ; New Spending, Required Testing », 15 juin 2001, www.bostonglobe.com.
96. National Assessment of Educational Progress, « The Nation's Report Card », 2009, www.nationsreportcard.gov.
97. Remarques du président lors de la remise des diplômes de l'université de Hampton, 19 mai 2010, www.whitehouse.gov.
98. *Ibid.*
99. Stacy Teicher Khadaroo, « US High School Graduation Rate Climbs to 69,2 Percent », 9 juin 2009, www.csmonitor.com.
100. « Measuring College and Career Readiness », 2009 ACT National Profile Report, www.act.org.
101. Robert Greenwald, « Rethink Afghanistan », 21 avril 2010, www.huffingtonpost.com.

102. *Ibid.*
103. *Ibid.*
104. Scott Weinberg, « Sundance Review : Waiting for Superman », 24 janvier 2010, www.cinematical.com.
105. *Waiting for Superman*, réalisation Davis Guggenheim, scénario de Billy Kimball et Davis Guggenheim, date de sortie : septembre 2010.
106. *Ibid.*
107. *Ibid.*
108. Erin Einhorn, « Teachers in Trouble Spending Years in "Rubber Room" Limbo That Costs $65M », 4 mai 2010, www.nydailynews.com.
109. *Waiting for Superman*, réalisation Davis Guggenheim, scénario de Billy Kimball et Davis Guggenheim, date de sortie : septembre 2010.
110. Center for Responsive Politics, Federal Election Commission Data, 16 mai 2010, www.opensecrets.com.
111. Andrew J. Coulson, « The Effects of Teachers Unions on American Education », *Cato Journal*, vol. XXX, n° 1, hiver 2010, p. 162.
112. *Waiting for Superman*, réalisation Davis Guggenheim, scénario de Billy Kimball et Davis Guggenheim, date de sortie : septembre 2010.
113. Ann O'Connell, « Are We Teaching American Citizens or Training Prussian Serfs ? », mai 1998, nj.npri.org.
114. Association of American Colleges and Universities, Greater Expectations Initiative, www.aacu.org.
115. Diane Ravitch, *Left Back : A Century of Failed School Reforms*, New York, Simon & Schuster, 2000, p. 328-330.
116. *Waiting for Superman*, réalisation Davis Guggenheim, scénario de Billy Kimball et Davis Guggenheim, date de sortie : septembre 2010.
117. Pew Center on the States, « One in 31 : The Long Reach of American Corrections », mars 2009, www.pewcenteronthestates.org.
118. U.S. Department of Justice, « Prison Inmates at Midyear 2008 », 31 mars 2009, www.ojp.usdoj.gov.

119. International Centre for Prison Studies, « Prison Brief », Kings College, Londres, www.kcl.ac.uk.
120. « Don't Teach Our Children Crime », 3 juillet 2008, www.nytimes.com.
121. Bill Clinton, discours sur l'état de l'Union, 4 février 1997, clinton2.nara.gov.
122. U.S. Center for Education Statistics, « Trends in International Mathematics and Science Study (TIMSS) », décembre 2000, www.nces.ed.gov.
123. George H.W. Bush, discours sur l'état de l'Union, 31 janvier 1990, www.cspan.org.
124. National Center for Education Statistics, « Program for International Student Assessment (PISA) », décembre 2001, www.nces.ed.gov.
125. *Collected Works of Abraham Lincoln*, comp. par Roy P. Basler, New Brunswick, NJ, Rutgers University Press, 1955, p. 537.

4

Enquête criminelle : Qui a tué le rêve américain ?

1. American National Election Studies, « The ANES Guide to Public Opinion and Electoral Behavior », 27 novembre 2005, www.electionstudies.org.
2. *Ibid.*
3. « World Publics Say Governments Should Be More Responsive to the Will of the People », 12 mai 2008, www.worldpublicopinion.org.
4. Dave Levinthal, « Federal Lobbying Climbs in 2009 as Lawmakers Execute Aggressive Congressional Agenda », 12 février 2010, www.opensecrets.org.
5. Center for Responsive Politics, « Lobbying Database », 25 avril 2010, www.opensecrets.org.
6. Alan R. Grant, *The American Political Process*, 7e éd., New York, Routledge, 2004, p. 252.
7. Center for Responsive Politics, « Big Picture : Price of Admission », www.opensecrets.org.

8. Simon Johnson et James Kwak, « Too Big for Us to Fail », 26 avril 2010, www.prospect.org.
9. Simon Johnson et James Kwak, *13 Bankers : The Wall Street Takeover and the Next Financial Meltdown*, New York, Pantheon, 2010, p. 91.
10. *Ibid.*
11. Brian Wingfield, « Wall Street Overehaul Not So Bad for Wall Street », 17 mai 2010, www.forbes.com.
12. « Fannie, Freddie Need to Be Part of Reform : Corker », 18 mai 2010, www.cnbc.com.
13. Gretchen Morgenson, « Ignoring the Elephant in the Bailout », 7 mai 2010, www.nytimes.com.
14. *Ibid.*
15. *Ibid.*
16. *Ibid.*
17. Theodore Roosevelt, *The New Nationalism*, New York, The Outlook Company, 1910, p. 13.
18. Adam Liptak, « Justices, 5-4, Reject Corporate Spending Limit », 21 janvier 2010, www.nytimes.com.
19. *Ibid.*
20. « More than Genes III : Pregnancy, Toxic Environments, and Fetal Vulnerability », 1er décembre 2009, www.huffingtonpost.com.
21. American Cancer Society, « Cigarette Smoking », 24 novembre 2009, www.cancer.org.
22. Kimberly Hefling, « Iraq Contracts Have Cost Taxpayers at Least $85 Billion Since Invasion », Associated Press, 12 août 2008.
23. Michael Cooper, Gardiner Harris et Eric Lipton, « In Mine Safety, a Meek Watchdog », 10 avril 2010, www.nytimes.com.
24. Russell Gold et Stephen Power, « Oil Regulator Ceded Oversight to Drillers », 7 mai 2010, www.wsj.com.
25. *Ibid.*
26. Carol E. Lee, « Oynes to Resign in Wake of Oil Leak », 17 mai 2010, www.politico.com.
27. Tom Raum et Jennifer Loven, « Elizabeth Birnbaum Quits Under Pressure : MMS Director Is Pushed Out After Gulf Spill », Associated Press, 27 mai 2010.

28. Michael Cooper, Gardiner Harris et Eric Lipton, « In Mine Safety, a Meek Watchdog », 10 avril 2010, www.nytimes.com.
29. Craig Torres, « Fed Says Capital at Some Major Banks Is "Substantially Reduced" », 24 avril 2009, www.bloomberg.com.
30. Jonathan J. Miller, « The Federal Housing Finance Agency : Regulators Awaken ? », 19 novembre 2008, www.nytimes.com.
31. Andrew Ross Sorkin, « At Lehman, Watchdogs Saw It All », 15 mars 2010, www.nytimes.com.
32. Jason Linkins, « Massey CEO Blankenship Has Complained About "Nonsensical" Regulation », 9 avril 2010, www.huffingtonpost.com.
33. Russell Gold et Stephen Power, « Oil Regulator Ceded Oversight to Drillers », 7 mai 2010, www.wsj.com.
34. *Ibid.*
35. Shahien Nasiripour et Ryan McCarthy, « Greenspan Testifies to Financial Crisis Commission, Blames Fannie, Freddie for Subprime Crisis », 7 avril 2010, www.huffingtonpost.com.
36. Michael Hupp, « Reports Critical of Massey, Other Mining Operations », 22 avril 2010, www.statejournal.com.
37. Daniel Malloy, « Upper Big Branch Mine Forced to Shut Before », 9 avril 2010, www.post-gazette.com.
38. « Miners' Families Cling to "Sliver of Hope" », Associated Press, 7 avril 2010.
39. Emily C. Dooley, « Safety Violations Posted at Massey Mine », 7 avril 2010, www.timesdispatch.com.
40. Kim Bobo, « Psalm 20 and the Massey Mining Disaster », 19 mai 2010, www.huffingtonpost.com.
41. Steven Mufson, Kimberly Kindy et Ed O'Keefe, « West Virginia Mine Has Years of Serious Violations, Officials Say », 9 avril 2010, www.washingtonpost.com.
42. *Ibid.*
43. Thomas Frank, « Mines Carry Backlog of $90M in Violations », 8 avril 2010, www.usatoday.com.
44. *Ibid.*
45. Marcus Baram, « Big Oil Fought Off New Safety Rules Before Rig Explosion », 26 avril 2010, www.huffingtonpost.com.
46. Eric Lipton et John M. Broder, « Regulator Deferred to Oil Industry on Rig Safety », 7 mai 2010, www.nytimes.com.

47. Russell Gold, Ben Casselman et Guy Chazan, « Leaking Oil Well Lacked Safeguard Device », 28 avril 2010, www.wsj.com.
48. *Ibid.*
49. Marian Wang, « Oil Companies Pay a Pittance in Penalties to Offshore Drilling Regulator », 4 mai 2010, www.propublica.org.
50. *Ibid.*
51. Ian Urbina, « Despite Moratorium, Drilling Projects Move Ahead », 23 mai 2010, www.nytimes.com.
52. Marian Wang, « After Spill, More Gulf Drilling Plans Got Environmental Exemptions », 11 mai 2010, www.propublica.org.
53. Linda Keenan et Janine R. Wedel, « Shadow Elite : Think BP's the Bad Guy ? Think Bigger, Way Bigger », 13 mai 2010, www.huffingtonpost.com.
54. Matthew Vadum, « Goldman Sachs Government », 16 octobre 2008, www.spectator.org.
55. Public Citizen, « Stop Congress' Revolving Door of Corruption », www.citizen.org.
56. Arthur Delaney, « Big Bank Takeover : Report Blames Revolving Door for "Too Big to Fail" », 11 mai 2010, www.huffingtonpost.com.
57. Kevin Connor, « Big Bank Takeover : How Too-Big-to-Fail's Army of Lobbyists Has Captured Washington », Institute for America's Future, 11 mai 2010, www.ourfuture.org.
58. Arthur Delaney, « Big Bank Takeover : Report Blames Revolving Door for "Too Big to Fail" », 11 mai 2010, www.huffingtonpost.com.
59. Brad Johnson, « Don Blankenship's Record of Profits Over Safety : "Coal Pays the Bills" », 8 avril 2010, www.thinkprogress.org.
60. *Ibid.*
61. *Ibid.*
62. *Ibid.*
63. Stephen Labaton, « OSHA Leaves Worker Safety in Hands of Industry », 25 avril 2007, www.nytimes.com.
64. *Ibid.*
65. « Mary Sheila Gall Named to Chair CPSC », 20 avril 2001, www.consumeraffairs.com.

66. Lizette Alvarez, « Consumer Product Safety Chief Sets Deadline to Resign », 9 août 2001, www.nytimes.com.
67. Audition sur la nomination de Mary Sheila Gall à la présidence de la Commission de sécurité des produits de consommation devant la Commission du commerce, de la science et des transports, U.S. Senate, 25 juillet 2001, www.gpo.gov.
68. Matthew Robinson et Daniel Murphy, *Greed is Good : Maximization and Elite Deviance in America*, Lanham, MD, Rowman & Littlefield, 2009, p. 94-95.
69. Caroline E. Mayer, « Senate Panel Rejects Bush's Choice for Consumer Job », 3 août 2001, www.sfgate.com.
70. Daphne Eviatar, « Toy Story », 3 janvier 2008, www.thenation.com.
71. Center for Responsive Politics, « Pharmaceuticals/Health Products : Long-Term Contribution Trends », 1990-2010, www.opensecrets.org.
72. Mark Kaufman, « Former FDA Chief Illegally Held Stocks », 17 octobre 2006, www.washingtonpost.com.
73. Charlie Savage, « Sex, Drug Use and Graft Cited in Interior Department », 10 septembre 2008, www.nytimes.com.
74. Brian Beutler, « Do Baucus' Ties to Health Care Industry Compromise His Reform Efforts ? », 6 juillet 2009, www.talkingpointsmemo.com.
75. Dan Eggen et Kimberly Kindy, « Familiar Players in Health Bill Lobbying », 6 juillet 2009, www.washingtonpost.com.
76. Peter Dreier, « Citizens Confront WellPoint : Poster Child for Health Insurance Reform », 22 septembre 2009, www.huffingtonpost.com.
77. Sam Stein, « Dodd : Treasury Officials Insisted on Weakening Bonus Provision », 2 avril 2009, www.huffingtonpost.com.
78. Congressional Oversight Panel, « The AIG Rescue, Its Impact on Markets and the Government's Exit Strategy », 10 juin 2010, www.cop.senate.gov.
79. Raymond J. Lersy, « The Key Question No One Asked About Goldman's Role in the AIG Bailout », 20 novembre 2009, www.huffingtonpost.com.
80. *Ibid.*

81. Dan Ackman, « Enron Shifts Cash to Democrats », 27 décembre 2001, www.forbes.com.
82. Public Citizen, « Blind Faith : How Deregulation and Enron's Influence over Government Looted Billions from Americans », décembre 2001, www.citizen.org.
83. Interviews de Ken Lay, *Frontline*, 27 mars 2001, 22 mai 2001, www.pbs.org.
84. Robert Scheer, « Connect the Enron Dots to Bush », 24 décembre 2001, www.thenation.com.
85. « Enron Had Cheney's Ear », 8 janvier 2002, www.cbsnews.com.
86. Michael Abramowitz et Steven Mufson, « Papers Detail Industry's Role in Cheney's Energy Report », 18 juillet 2007, www.washingtonpost.com.
87. « Enron Had Cheney's Ear », 8 janvier 2002, www.cbsnews.com.
88. Brad Johnson, « Don Blankenship's Record of Profits over Safety : "Coal Pays the Bills," », 8 avril 2010, www.thinkprogress.com.
89. « Two for the Money », 20 octobre 2006, www.kentucky. com.
90. *Ibid.*
91. Doug Ireland, « I'm Linda, Fly Me », 23 janvier 2003, www.laweekly.com.
92. Paul Blumenthal, « Daschle, Dole Release Health Care Plan, Forget to Mention They Are Health Care Lobbyists », 18 juin 2009, www.huffingtonpost.com.
93. Jeff Zeleny, « Daschle Ends Bid for Post : Obama Concedes Mistake », 3 février 2009, www.nytimes.com.
94. Linda Keenan et Janine R. Wedel, « Shadow Elite : Think BP's the Bad Guy ? Think Bigger, Way Bigger », 13 mai 2010, www.huffingtonpost.com.
95. Tim Webb, « BP Boss Admits Job on the Line over Gulf Oil Spill », 14 mai 2010, www.guardian.co.uk.
96. Arthur Delaney, « How Tom Daschle Lobbies in Secret : Influence Laundering », 25 novembre 2009, huffingtonpost.com.
97. Eric Dash et Louise Story, « Rubin Leaving Citigroup : Smith Barney for Sale », 9 janvier 2009, www.nytimes.com.

98. Dan Froomkin, « Halliburton's Return : Oil Spill Puts Symbol of Cronyism and Corruption Back in the News », 11 mai 2010, www.huffingtonpost.com.
99. *Ibid.*
100. *Ibid.*
101. *Ibid.*
102. Charlie Cray, « Time to Drill Down into Halliburton's Role in Big Oil Spill », 30 avril 2010, www.huffingtonpost.com.
103. Robert F. Kenndy, « Sex, Lies and Oil Spills », 5 mai 2010, www.huffingtonpost.com.
104. *Hardball with Chris Matthews*, 11 mai 2010, www. msnbc.com.
105. Linda Keenan et Janine R. Wedel, « Shadow Elite : Think BP's the Bad Guy ? Think Bigger, Way Bigger », 13 mai 2010, www.huffingtonpost.com.
106. Robert Rubin, « Executive Profile and Biography », www.businessweek.com.
107. Robert E. Rubin, « Getting the Economy Back on Track », 29 décembre 2009, www.newsweek.com.
108. *Ibid.*
109. Jonathan Stempel et Dan Wilchins, « Robert Rubin Quits Citigroup Amid Criticism », 9 janvier 2009, www.reuters.com.
110. Robert E. Rubin, « Getting the Economy Back on Track », 29 décembre 2009, www.newsweek.com.
111. Timothy A. Canova, « The Legacy of the Clinton Bubble », *Dissent*, été 2008, www.dissentmagazine.org.
112. Mark Lewis, « Rubin Red-Faced over Enron ? Not in *The Times* », 11 février 2002, www.forbes.com.
113. Simon Johnson et James Kwak, *13 Bankers : The Wall Street Takeover and the Next Financial Meltdown*, New York, Pantheon, 2010, p. 14.
114. Owen Gingerich et James R. Voelkel, « Tycho and Kepler : Solid Myth Versus Subtle Truth », *Social Research*, vol. LXXII, n° 1, 22 mars 2005.
115. Galileo Galilei, *Discoveries and Opinions of Galileo*, trad. et notes par Stillman Drake, New York, Doubleday, 1957, p. 237-238.
116. Milan Kundera, *Le Livre du rire et de l'oubli*, trad. F. Kerel, Paris, Gallimard « Folio », 1985, p. 14.

117. Shahien Nasiripour, « Goldman Sachs Fraud Charges Could Be Just the Beginning, Say Analysts », 16 avril 2010, www.huffingtonpost.com.
118. Martin Z. Braun et William Selway, « JPMorgan Ends SEC Alabama Swap Probe for $722 Million », 4 novembre 2009, www.bloomberg.com.
119. William Selway et Martin Z. Braun, « JPMorgan Arranging Alabama Swaps Provided Payoffs, SEC Shows », 5 novembre 2009, www.bloomberg.com.
120. Michael J. Merced et Louise Story, « Nearly 700 at Merrill in Million-Dollar-Club », février 2009, www.nytimes.com.
121. *Ibid.*
122. Stephen Bernard, « Judge Overturns Bank of America-SEC Settlement over Merrill Bonuses », Associated Press, 14 septembre 2009.
123. Larry Neumeister, « Federal Judge Approves $150 Million Bank of America-SEC Settlement, but Calls It "Half-Baked Justice" », Associated Press, 22 février 2010.
124. *Ibid.*
125. *Ibid.*
126. Jonathan Stempel et Rachelle Younglai, « SEC May Wield Stronger Hand After BofA Bonus Case », 26 août 2009, www.reuters.com.
127. Associated Press, « BP Oil Spill Underwater Video Shows Oil Gushing Like Steam from Geyser », 13 mai 2010.
128. « Ken Salazar Calls Gulf Coast Disaster a "Grave Scenario" and "Very Catastrophic" », Associated Press, 2 mai 2010.
129. Joby Warrick, « White House Got Early Warning on Katrina », 24 janvier 2006, www.washingtonpost.com.
130. Ryan Grim, « Greenspan Wanted Housing-Bubble Dissent Kept Secret », 3 mai 2010, www.huffingtonpost.com.
131. Dan Levy, « U.S. Foreclosure Fillings Rise 16 % as Bank Seizures Set Record », 15 avril 2010, www.business.com.
132. Peter S. Goodman, « U.S. Unemployment Rate Hits 10,2 %, Highest in 26 Years », 6 novembre 2009, www. nytimes.com.
133. Marian Wang, « After Spill, More Gulf Drilling Plans Got Environmental Exemptions », 11 mai 2010, www.propublica.org.

134. Margaret Griffis, « Casualties in Iraq : The Human Cost of Occupation », 8 mai 2010, www.antiwar.com.
135. Matthew Dust, Peter Juul et Brian Katulis, « The Iraq War Ledger : A Tabulation of the Human, Financial, and Strategic Costs », Center for American Progress, 6 mai 2010, www.americanprogress.org.
136. *Ibid.*
137. Eric Schmitt, « Threats and Responses : Military Spending : Pentagon Contradicts General On Iraq Occupation Force's Size », 28 février 2003, www.nytimes.com.
138. House Committee on the Budget, Hearing on FY 2004 Defense Budget, 27 février 2003.
139. Andrew Natsios, *Nightline*, 1er octobre 2003, www.abcnews.com.
140. James Glanz et T. Christian Miller, « Official History Spotlights Iraq Rebuilding Blunders », 13 décembre 2008, www.nytimes.com.
141. *Ibid.*
142. Eric Dash et Julie Creswell, « Citigroup Saw No Red Flags Even as it Made Bolder Bets », 22 novembre 2008, www.nytimes.com.
143. *Ibid.*
144. *Ibid.*
145. *Ibid.*
146. Marcus Baram, « Fannie Mae, Freddie Mac Hearing », 9 décembre 2009, www.huffingtonpost.com.
147. Diana B. Henriquez et Alex Berenson, « The 17th Floor, Where Wealth Went to Vanish », 14 décembre 2008, www.nytimes.com.
148. Gregory Zuckerman, « Fees, Even Returns and Auditor All Raised Flags », 13 décembre 2008, www.wsj.com.
149. Dan Collins, « 99 Report Warned of Suicide Hijacking », Associated Press, 17 mai 2002.
150. *Ibid.*
151. Joby Warrick, « White House Got Early Warning on Katrina », 24 janvier 2006, www.washingtonpost.com.
152. Neil Irwin et Amit R. Paley, « Greenspan Says He Was Wrong on Regulation », 24 octobre 2008, www.washingtonpost.com.

5

Éviter la chute

1. John Kao, *Innovation Nation*, New York, Simon & Schuster, 2007, p. 4.
2. *Ibid.*
3. Barack Obama, « Remarks by the President on the "Education to Innovate" Campaign », 23 novembre 2009, www.whitehouse.gov.
4. Thomas Friedman, « Advice from Grandma », 21 novembre 2009, www.nytimes.com.
5. Frederick Lewis Schuman et George D. Brodsky, *Design for Power : The Struggle For the World*, New York, A.A. Knopf, 1942, p. 200.
6. Barack Obama, « Remarks by the President on the "Education to Innovate" Campaign », 23 novembre 2009, www.whitehouse.gov.
7. Fix Congress First !, www.fixcongressfirst.org.
8. Lawrence Lessig, « Why I'm Calling for a Constitutional Amendment », 27 janvier 2010, www.fixcongressfirst.org.
9. Fix Congress First !, www.fixcongressfirst.org.
10. Ted Kaufman, « The Rule of Law and Wall Street », 15 mars 2010, www.kaufman.senate.gov.
11. Louis D. Brandeis, *Other People's Money – and How Bankers Use It*, New York, Frederick A. Stokes, 1914, p. 92.
12. John Brewer, « Sunlight on Health Care Summit », 25 février 2010, www.huffingtonpost.com.
13. Tim O'Reilly, « Gov 2.0 : It's All About the Platform », 4 septembre 2009, techcrunch.com.
14. Betsy Kraat, « Mayor Cory Booker Serves as Keynote Speaker for Social Media Conference », 31 mars 2010, www.njand.com.
15. Tim O'Reilly, « Gov 2.0 : The Promise of Innovation », 10 août 2009, www.forbes.com.
16. William L. Sanders et June C. Rivers, « Cumulative and Residual Effects of Teachers on Future Student Academic Achievement », University of Tennessee Value-Added Research and Assessment Center, novembre 1996, www.mccsc.edu.

17. Pauline Vu, « Do State Tests Make the Grade ? », 17 janvier 2008, www.stateline.org.
18. Barack Obama, Discours sur l'état de l'Union, 27 janvier 2010, www.whitehouse.gov.
19. Bureau of Labor Statistics, « Alternative Measures of Labor Underutilization », Table A-15, 7 mai 2010, www.bls.gov.
20. « How Not to Write a Jobs Bill », 11 février 2010, www.nytimes.com.
21. Center on Budget and Policy Priorities, « An Update on State Budget Cuts », 19 avril 2010, www.cbpp.org.
22. *Ibid.*
23. Economic Policy Institute, « American Jobs Plan : A Five-Point Plan to Stem the U.S. Jobs Crisis », décembre 2009, www.epi.org.
24. Paul Krugman, « The Jobs Imperative », 29 novembre 2009, www.nytimes.com.
25. Economic Policy Institute, « American Jobs Plan : A Five-Point Plan to Stem the U.S. Jobs Crisis », décembre 2009, www.epi.org.
26. Alan Blinder, « How Washington Can Create Jobs », 15 novembre 2009, www.wsj.com.
27. Josh Voorhees, « White House Budget Seeks $4B for Transportation Infrastructure Bank », 1er février 2010, www.nytimes.com.
28. « About the EIB », European Investment Bank, www.eib.org.
29. Déposition de Rosa L. DeLauro sur le *National Infrastructure Development Bank Act*, Ways and Means Subcommittee on Select Revenue Measures, 13 mai 2010, www.waysandmeans.house.gov.
30. American Society of Civil Engineers, *2009 Report Card for America's Infrastructure*, www.infrastructurereportcard.org.
31. United States Senate, 110th Cong., 1st Sess., S. 1926, présentée le 1er août 2007, www.gpo.gov.
32. John Collins Rudolf, « Renewables Industry Promotes Its Potential », 10 février 2010, www.nytimes.com.
33. Solar Energy Industries Association, « New Study : Solar Industry Poised to Create 200 000 Jobs with Key Tax Policies », 19 mai 2010, www.seia.org.

34. John D. Podesta et Karen Kornbluh, « The Green Bank : Financing the Transition to a Low-Carbon Economy Requires Targeted Financing to Encourage Private-Sector Participation », 21 mai 2009, www.americanprogress.org.
35. Reed Hundt, dans un entretien avec l'auteur, 20 mars 2010.
36. Reed Hundt, www.coalitionforgreencapital.com.
37. Congressional Oversight Panel, « May Oversight Report : The Small Business Credit Crunch and the Impact of the TARP », 13 mai 2010, www.cop.senate.gov.
38. Barbara Kiviat, « The Workforce : Where Will the New Jobs Come From ? », 19 mars 2010, www.time.com.
39. Jonathan Ortmans, « In the National Interest : High-Skill Immigration Reform », 31 août 2009, www.entrepreneurship.org.
40. Douglas MacMillan, « Visas for Foreign Entrepreneurs », 11 mars 2010, www.businessweek.com.
41. Brad Feld, « StartUp Visa Act Introduced by Senators Kerry and Lugar », 24 février 2010, www.businessinsider.com.
42. John Kerry et Dick Lugar, « Visa for Start-ups Will Keep Innovation and Jobs in the U.S. », 18 mars 2010, www.mercurynews.com.
43. Douglas MacMillan, « Visas for Foreign Entrepreneurs », 11 mars 2010, www.businessweek.com.
44. Office of Management and Budget, Updated Summary Tables, Budget of the U.S. Government, Fiscal Year 2010, mai 2009, www.whitehouse.gov.
45. Anne Gearan et Anne Flaherty, « War Cost : Obama Wants $33 Billion More for Afghanistan, Iraq », 12 janvier 2010, www.huffingtonpost.com.
46. Stephen Ohlemacher et Andrew Taylor, « Senate OKs War Funding : House to Cut Spending Bill », Associated Press, 28 mai 2010.
47. Office of the Undersecretary of Defense, Program Acquisition Costs by Weapons System, 1er février 2010, www.comptroller.defense.gov.
48. National Priorities Project, « Federal Budget Trade-Offs », www.nationalpriorities.org.
49. Barney Frank, dans un entretien avec l'auteur, 21 février 2010.

50. Sam Stein, « Obama Deficit Commission Member Calls for Pentagon Audit », 26 mai 2010, www.huffingtonpost.com.
51. Office of Management and Budget, Updated Summary Tables, Budget of the U.S. Government, Fiscal Year 2010, mai 2009, www.whitehouse.gov.
52. Lawrence J. Korb, « Ten Myths About the Defense Budget », 2 avril 2001, www.inthesetimes.com.
53. Robert Gates, discours à la Dwight Eisenhower Presidential Library, Abilene, Kansas, 8 mai 2010, www.defense.gov.
54. Arthur Delaney, « Durbin Considers Cramdown-Related Amendment as Part of Wall Street Reform », 17 mai 2010, www.huffingtonpost.com.
55. Shahien Nasiripour, « Bank of America Now Supports Cramdown, Giving Judges Authority to Modify Home Mortgages », 13 avril 2010, www.huffingtonpost.com.
56. Arlen Specter, « Nation's Economic Repairs Must Include Homeowners », 24 octobre 2008, www.philly.com/inquirer.
57. Margo Irvin, « Homeowners Seeking "Making Home Affordable" Loan Modifications Frustrated by Inefficiency », 22 juin 2009, www.huffingtonpost.com.
58. Bob Casey, dans un entretien avec l'auteur, 16 février 2009.
59. Dan Geringer, « The Miracle of Courtroom 676 : Saving Lives, One Address at a Time », 28 janvier 2009, www.philly.com/dailynews.
60. *Ibid.*
61. Michael Powell, « A "Little Judge" Who Rejects Foreclosures, Brooklyn Style », 30 août 2009, www.nytimes.com.
62. Max Alexander, « Credit Card Tricks and Traps », mars 2010, www.readersdigest.com.
63. « Elizabeth Warren on Credit Card Tricks and Traps », *NOW*, 2 janvier 2009, www.pbs.org.
64. Max Alexander, « Credit Card Tricks and Traps », mars 2010, www.readersdigest.com.
65. *Ibid.*
66. *Ibid.*
67. Jeff Plungis, « Senate Nears Completing Credit Card Bill, Blocks 15 % Rate Cap », 14 mai 2009, www.bloomberg.com.

68. Aristote, *Éthique* à Nicomaque, livre IV, chapitre III, trad. J. Tricot, Paris, Vrin, 1979, p. 47-48.
69. Saint Thomas d'Aquin, *Somme théologique*, tome III, 2e partie, question 78, Paris, Cerf, 1999, p. 491.
70. Dante Alighieri, *La Divine Comédie*, chant XVII.
71. Jeff Zeleny, « Obama Weighs Quick Undoing of Bush Policy », 9 novembre 2010, www.nytimes.com.
72. Council on Foreign Relations, « Peter McColough Series on International Economics : The Global Financial Crisis : Causes and Consequences », transcription, 15 octobre 2009, www.cfr.org.
73. Michael Lynton, dans un entretien avec l'auteur, 31 janvier 2009.
74. « Greenspan Admits "Flaw" to Congress, Predicts More Economic Problems », 23 octobre 2008, www.pbs.org.
75. Robert F. Kennedy, discours de campagne à l'université du Kansas, 18 mars 1967, www.jfklibrary.org.
76. *New York Times Co. v. United States*, Supreme Court of the United States, n° 1873, Stewart, J., Concurring Opinion, 1971.
77. *Real Time with Bill Maher*, HBO, 7 mars 2008, www.hbo.com.
78. The National Center on Family Homelessness, « America's Youngest Outcasts : State Report Card on Child Homelessness », 2009, www.homelesschildrenamerica.org.
79. *Ibid.*
80. Erik Eckholm, « Surge in Homeless Pupils Strains Schools », 5 septembre 2009, www.nytimes.com.
81. Vanessa R. Wight, Michelle Chau et Yumiko Aratani, « Who Are America's Poor Children ? The Official Story », National Center for Children in Poverty, janvier 2010, www.nccp.org.
82. Paul Loeb, « "Soul of a Citizen" : Stories of Impact Will Push Us to Fix the Oil Spill, Homelessness, and Other Big Problems », 27 mai 2010, www.huffingtonpost.com.
83. Tip O'Neill et Gary Hymel, *All Politics Is Local, and Other Rules of the Game*, Holbrook, Bob Adams Inc., 1994, XII.
84. Colin Barr, « Big Banks Mint Money Again : $18,7 Billion », 21 avril 2010, www.money.cnn.com.
85. Kara McGuire, « "Move your Money" Campaign Wants to Sock It to Big Banks », 14 mars 2010, www.startribune.com.

86. *Ibid.*
87. Bill Maher, « Stop the Abuse : It's Time to Break Up with Your Big Bank », 13 janvier 2010, www.huffingtonpost.com.
88. Dennis Santiago, « For Bigger Banks, Deposits Remain Sticky », 10 mai 2010, www.huffingtonpost.com.
89. Commentaire de H. Lee Grove dans le Huffington Post, 7 janvier 2010.
90. Bob Trebilcock, « Bye, Bye, Banks : Time to Join a Credit Union », CBS Money Watch, 12 janvier 2010, www.bnet.com.
91. Péralte C. Paul, « Credit Unions Fare Better in Banking Downturn », 14 mai 2010, www.acj.com.
92. John Hielscher, « Region's Credit Unions Weather Downturn », 31 mai 2010, www.heraldtribune.com.
93. Frank Michael, déposition devant le Committee on Banking, Housing, and Urban Affairs, United States Senate, 8 juillet 2009, www.banking.senate.gov.
94. Mark Meremont, « U.S. Moves to Bail Out Credit Union Network », 29 janvier 2009, www.wsj.com.
95. Joe McKesson, en réponse à une demande de l'auteur sur Facebook et Twitter, printemps 2009.
96. Consuelo Flores, en réponse à une demande de l'auteur sur Facebook et Twitter, printemps 2009.
97. Deborah Bohn, en réponse à une demande de l'auteur sur Facebook et Twitter, printemps 2009.
98. « Hello Wallet : Our Story », www.hellowallet.com.
99. Keith Epstein, « Will HelloWallet Transform Online Financial A 'vice ? », 29 septembre 2009, www.businessweek.com.
100. www.hellowallet.com.
101. « HelloWallet : We Make Banks Work For You », www.hellowallet.com.
102. Virginia Heffernan, « Home Economics », 21 mai 2009, www.nytimes.com.
103. Liz Pulliam Weston, « Raise Your Credit Score to 740 », 10 mars 2010, www.moneycentral.msn.com.
104. Barack Obama, déclaration présidentielle sur le Financial Literacy Month, 2 avril 2010, www.whitehouse.gov.
105. « The New Money Rules », mai 2009, www.consumerreports.org.

106. Suze Orman, « Suze Orman's 10 Tips for a Fresh Financial Start », 16 décembre 2008, www.oprah.com.
107. Karen Reivich et Andrew Shatté, *The Resilience Factor*, New York, Broadway Books, 2002, p. 1, 3-4.
108. Dominique Browning, « Losing It », 22 mars 2010, www.nytimes.com.
109. Dominique Browning, *Slow Love*, New York, Atlas, 2010, p. 148.
110. *Ibid.*, p. 23.
111. *Ibid.*, p. 5, 165.
112. Lynette Curtis, « Jobless Volunteer Has Time to Spare », 16 novembre 2010, www.lvrj.com.
113. Nancy Wood, « After Losing His Job, Portland Man Founds a New Nonprofit », 6 mai 2009, www.komonews.com.
114. Seth Reams, « People Call Us with Tales of Hunger, Home Loss, Job Loss, and Myriad Difficulties », 6 mai 2010, www.wevegottimetohelp.blogspot.com.
115. Martin Luther King Jr., *Strength to Love*, Philadelphie, Fortress, 1963, p. 35 [*La Force d'aimer*, trad. J. Bruls, Paris, Casterman, 1964].
116. Sebastian Junger sur *Real Time with Bill Maher*, 14 mai 2010, www.hbo.com.
117. Rex Nutting, « GDP to Show More Balanced Growth, Survey Says », 29 avril 2010, www.marketwatch.com.
118. Kevin Drum, « Who Are the Long-Term Unemployed ? », 13 mai 2010, www.motherjones.com.
119. Arthur Delaney, « Tier 5 : The Despair of the 99ers », 28 mai 2010, www.huffingtonpost.com.
120. Jay Bookman, « Do Jobless Checks Subsidize Laziness ? Research Shows… », 21 avril 2010, www.ajc.com.
121. Laura Bassett, « Disturbing Job Ads : "The Unemployed Will Not Be Considered" », 4 juin 2010, www.huffingtonpost.com.
122. « Rising Unemployment Causes Higher Death Rates, New Study by Yale Researcher Shows », 23 mai 2002, www.yale.edu.
123. Arianna Huffington, *The Fourth Instinct : The Call of the Soul*, New York, Simon & Schuster, 1994, p. 147-148.
124. « Childhood and Poetry », *Neruda and Vallejo : Selected Poems*, Robert Bly (éd.), Boston, Beacon, 1993, p. 12.

125. Prov. 14, 21 (texte œcuménique de la Bible).
126. Barack Obama, discours de remise des diplômes à l'université Notre-Dame, 17 mars 2009, www.whitehouse.gov.
127. « Bush Says U.S. Will Wage "Long and Unrelenting War" », Associated Press, 15 septembre 2001.
128. George W. Bush, conférence de presse, 11 octobre 2001, www.georgewbush-whitehouse.archives.gov.
129. Andrew J. Bacevich, « He Told Us to Go Shopping. Now the Bill Is Due », 5 octobre 2008, www.washingtonpost.com.
130. Associated Press, « Teach for America Applications Soar », 28 mai 2009.
131. Alan Silverleib, « Hope in Cedar Rapids as Washington Pushes Volunteerism », 22 octobre 2010, www.cbb.com.
132. « S. 277, the Serve America Act », Democratic Policy Institute Legislative Bulletin, 23 mars 2009, www.dpc.senate.gov.
133. USA Freedom Corps, « Answering the Call to Serve », septembre 2008, p. 19.
134. « Independent Research Shows National Service Program Enlisting Tutors over Age 55 Produces Big Gains in Student Learning », 7 avril 2009, www.experiencecorps.org.
135. Nancy Morrow-Howell *et al.*, « Evaluation of Experience Corps », Washington University in St. Louis, janvier 2009, www.csd.wustl.edu.
136. Susan Conroy, *Mother Teresa's Lessons of Love and Secrets of Sanctity*, Huntington, IND, Our Sunday Visitor, 2003, p. 199.
137. Dan Collins, « Harlem's Miracle Man », 22 janvier 2010, www.huffingtonpost.com.
138. « A Model for Obama », *Metro*, 17 mars 2009, www. metro.us.
139. Geoffrey Canada, « Waiting For Whom ? » Harlem Children's Zone, www.hcz.org.
140. Citations et documents fournis par Susie Buffett à l'auteur lors d'entretiens et par email, mai 2010.
141. Jeremy Rifkin, *The Empathic Civilization : The Race to Global Consciousness in a World in Crisis*, New York, Penguin, 2009, p. 12.
142. *Ibid.*, p. 47.
143. Martin Luther King Jr., *The Measure of a Man*, Minneapolis, Augsburg Fortress, 2001, p. 43.

144. Julian Hattem, « Mom Goes Blind So Her Daughters Can See », 28 septembre 2009, www.huffingtonpost.com.
145. Victoria Fine, « Help the Steins : Mother Who Went Blind to Save Her Children's Sight Struggles with Medical Debt », 13 octobre 2009, www.huffingtonpost.com.
146. Jeremy Rifkin, *The Empathic Civilization : The Race to Global Consciousness in a World in Crisis*, New York, Penguin, 2009, p. 3.
147. *Ibid.*, p. 594.
148. Martin Luther King Jr., « Letter from a Birmingham Jail », www.africa.upenn.edu.
149. *Left, Right and Center*, 15 janvier 2010, www.kcrw.com.
150. www.miseryindex.us.
151. Barack Obama, éloge funèbre des mineurs de Virginie-Occidentale, 25 avril 2010, www.whitehouse.gov.
152. David Brooks, « The Broken Society », 18 mars 2010, www.nytimes.com.
153. Phillip Blond, « Cameron's "Big Society" », 25 avril 2010, www.guardian.co.uk.
154. « About 826 », www.826valencia.org.
155. Danny LaChance, « An Idea Grows in Brooklyn », University of Minnesota Alumni Association, printemps 2010, www.minnesotaalumni.org.
156. Howard Davies, « A New Take on Giving », 10 janvier 2009, www.guardian.co.uk.
157. Caroline Hsu, « Entrepreneur for Social Change », 31 octobre 2005, www.usnews.com.
158. Devin Leonard, « Microcredit ? To Him, It's Only a Start », 30 avril 2010, www.nytimes.com.
159. « About Us », www.grameenamerica.com.
160. « Grameen America Celebrates Grand Opening of Omaha Branch », 24 février 2010, www.grameenamerica.com.
161. Emily Belz, « Recession-Proof Banking ? » *World Magazine*, 20 juin 2009, www.worldmag.com.
162. « About Us », www.grameenamerica.com.
163. *Ibid.*
164. Laura Thompson Osuri, « Coming to America », *American Banker*, avril 2010, www.americanbanker.com.

165. « About ACCION USA : Who We Are », www.accionusa.org.
166. « Meet Our Borrowers : Bakery Delivery Service », www.accionusa.org.
167. « Meet Our Borrowers : Neighborhood Holistic », ACCION USA, www.accionusa.org.
168. « Impact to Date », mai 2010, www.donorschoose.org.
169. Daniel E. Slotnik, « New Sites Dabble with a Web Tool for Nudging Local Officials », 3 janvier 2010, www.nytimes.com.
170. Robin Wauters, « Google, Other Tech Heavyweights Back Volunteer Community Service All for Good », 15 juin 2009, www.techcrunch.com.
171. Andrea McCarren, « A Laid-off Journalist Charts a New Course via Social Media », *Nieman Reports*, hiver 2009, www.nieman.harvard.edu.
172. « About This Project », www.projectbounceback.com.
173. G. William Domhoff, « Wealth, Income, and Power », avril 2010, www.sociology.usc.edu/whorulesamerica.
174. Andrew Carnegie, *The Gospel of Wealth and Other Timely Essays*, New York, The Century Co, 1901, p. 43 (*L'Évangile de la richesse*, Paris, Fischbacher, 1891).
175. Carol J. Loomis, « The $600 Billion Challenge », 16 juin 2010, www.fortune.cnn.com.
176. Warren Buffett, « My Philanthropic Pledge », 16 juin 2010, www.fortune.cnn.com.
177. Dakin Campbell et Katya Kazakina, « Broad, Bloomberg Back Buffett Call for Billionaire Donations », 17 juin 2010, www.bloomberg.com.
178. Carol J. Loomis, « The $600 Billion Challenge », 16 juin 2010, www.fortune.cnn.com.
179. W.D. Wright, *Racism Matters*, Westport, CT, Praeger, 1998, p. 178.
180. « The Presidents : LBJ », 1991, www.pbs.org.
181. E.W. Kenworthy, « Johnson Signs Voting Rights Bill, Orders Immediate Enforcement », 7 août 1965, www.nytimes.com.
182. Jervis Anderson, *A. Philip Randolph : A Biographical Portrait*, Berkeley, University of California Press, 1972, p. 259.

183. Josh Fineman et David Mildenberg, « Thain Pushed Out at Bank of America After Merrill Loss Widens », 22 janvier 2009, www.bloomberg.com.
184. John Arlidge, « I'm Doing "God's Work". Meet Mr. Goldman Sachs », 8 novembre 2009, www.thetimes.co.uk.
185. Jad Mouawad et Clifford Krauss, « Another Torrent BP Works to Stem : Its CEO », 3 juin 2010, www.nytimes.com.
186. Barack Obama, discours de remise des diplômes à l'université Notre-Dame, 17 mars 2009, www.whitehouse.gov.
187. Jonas Salk, *The Survival of the Wisest*, Harper & Row, 1973, p. 20 (*Qui survivra ?*, trad. V.-A. Montassier, Paris, Fayard, 1978).

Et maintenant ?

1. Robert F. Kennedy, « Day of Affirmation Address », 6 juin 1966, www.jfklibrary.org.

Remerciements

Après avoir terminé mon douzième livre, j'ai demandé à mes filles et à mes meilleurs amis d'intervenir énergiquement s'il me venait l'idée d'en écrire un autre. « Plus de livres ! » C'était promis. Plus question de jongler entre les exigences de la rédaction d'un ouvrage et celles du HuffPost (qui est aujourd'hui un enfant de cinq ans infatigable et exubérant, qui refuse obstinément de faire la sieste).

Et voilà qu'un beau jour Richard Pine, mon merveilleux agent et ami, m'appelle : « Roger Scholl voudrait que tu écrives pour Crown un livre sur… » Poliment mais fermement, je l'ai interrompu : « Je ne veux pas le savoir. Je préfère ne pas être tentée. » Quelques jours plus tard, mon téléphone a sonné de nouveau et, sans me laisser le temps de le couper, Richard m'a expliqué que Roger avait lu ce que j'avais écrit sur le déclin de la classe moyenne américaine et voulait que j'en fasse un livre. Le déclin de la classe moyenne avait, il faut bien l'avouer, fini par être une véritable obsession qui se reflétait dans mes propres écrits aussi bien que dans le traitement de la crise économique qu'assurait le HuffPost. Nous avions même un journaliste, Arthur Delaney, qui s'y consacrait intégralement – mettant un peu de chair sur des statistiques sinistres. Nous avions envisagé de lui donner le titre de « correspondant en souffrance économique », mais c'était vraiment trop glauque, et il avait été nommé « correspondant en impact économique ».

C'est ainsi que je suis passée de « jamais plus » à « on le sort quand ? ». Et pour éviter toute intervention énergique, j'ai pris la précaution de ne pas prévenir mes filles ni mes amis avant d'avoir terminé le premier jet. Alors, avant tout, merci à Michael Palgon, éditeur assistant du Crown Publishing Group, et au directeur d'édition Roger Scholl d'avoir eu cette idée – et doublement merci à Michael Palgon pour le titre du livre. Merci également pour le brillant travail de relecture et d'édition accompli tout du long par Roger.

Merci à Katie Flynn, Nour Akkad, Anna Almendrala, Alex Amend et Michael Spies pour leur assistance en matière de recherches, de vérification des faits et de références bibliographiques. Toute ma reconnaissance va au rédacteur en chef de l'HuffPost, Roy Sekoff, qui a lu la première version de mon texte et l'a considérablement améliorée, à Stephen Sehrill, qui m'a apporté d'excellentes suggestions éditoriales, ainsi qu'à Grace Kiser et Kerstin Picht qui ont soutenu ce projet et tout le parcours de ce livre jusqu'à l'imprimerie avec un dévouement et un engagement remarquables.

Je remercie aussi Nick Penniman, Dan Froomkin, Adam Rose, Ryan Grim, Shahien Nasiripour, Marcus Baram, Alex Leo, Ryan McCarthy, Brian Sirgutz et Mario Ruiz qui ont lu les épreuves et m'ont suggéré de nombreuses améliorations.

Merci tout particulièrement à Brenda Carter, Johnny Parker, Matt Stagliano, Linda D. Wilson, Dean Blackburn, Ron Bednar, Mary McCurnin, Kimberly Rios, Faye Harris, Ricky Macoy, Heather Tanner, Amy Brisendine, Rajiv Narayan, Janet H., Patty C., Henry Chalian, Jim Laman, Troy Renault, Rebecca Admire, Monique Zimmerman-Stein, Gary Stein, H. Lee Grove et Lesa Deason Crowe pour avoir accepté de partager leurs récits de lutte et de résilience.

Merci infiniment, aussi, à Jeff Swafford et Patty Elvey, qui ont assuré le fonctionnement du reste de mon existence. Et merci à la merveilleuse équipe de Crown – notamment à Tricia Wygal, au directeur artistique Whitney Cookman qui a conçu cette excellente couverture, à Rachel Rokicki de la publicité et à Meredith McGinnis du marketing, qui se sont chargées de mettre ce livre au monde.

Enfin, j'adresse tous mes remerciements à mes filles, Christina et Isabella, et à ma sœur Agapi – une incroyable source d'amour et de soutien, comme toujours. Ce livre est dédié aux millions d'Américains de la classe moyenne qui luttent pour maintenir le rêve américain en vie.

Table

Préface 9

Les États-Unis, pays du tiers-monde 13
Cauchemar sur Main Street 63
~~La belle Amérique~~
L'Amérique délabrée 129
Enquête criminelle :
qui a tué le rêve américain ? 173
Éviter la chute 227

Notes 325
Remerciements 367

Photocomposition Nord Compo
Villeneuve-d'Ascq

Pour l'éditeur, le principe est d'utiliser des papiers composés de fibres naturelles, renouvelables, recyclables et fabriquées à partir de bois issu de forêts qui adoptent un système d'aménagement durable.
En outre, l'éditeur attend de ses fournisseurs de papier qu'ils s'inscrivent dans une démarche de certification environnementale reconnue.

CET OUVRAGE
A ÉTÉ ACHEVÉ D'IMPRIMER
SUR ROTO-PAGE
PAR L'IMPRIMERIE FLOCH
À MAYENNE EN AVRIL 2011

Dépôt légal : avril 2011
N° d'imprimeur : 79334
36-57-2684-3/01
Imprimé en France